PERSPECTIVES SOCIOCULTURELLES : DÉVELOPPEMENT ET RENAISSANCE DE LA RD CONGO

Collection Actes et manuels LMD/Kin
Fondée et dirigée par Kodjo Ndukuma Adjayi

La collection assure la publication d'écrits de portée universitaire à l'usage des étudiants, des chercheurs et des professionnels dans différents domaines de spécialité, de technicité, d'interdisciplinarité et de nouveauté des connaissances. Elle recueille les fruits des conférences, colloques, ateliers et travaux d'expertises, en restant ouverte au monde académique, au secteur pro, aux corps des métiers. Avec des comités spécifiques de lecture par ouvrage, elle conjugue intellectualisme et phénoménisme, en appui du savoir théorique et du savoir-faire pour les parcours LMD, la recherche ou le service à la communauté. Elle se présente comme un carrefour didactique de toutes disciplines : psychologie et éducation, sciences et technologies, homme et société, agronomie et environnement, arts et lettres, économie et gestion, politique et administration, droit...

Déjà parus

Miguel DA COSTA, *Geopolítica da RD Congo*, 2022.
Miguel DA COSTA, *Géopolitique de la RD Congo*, 2022.

Sous la direction de
Léonard Santedi Kinkupu, Daniel Ngoy Boliya et Kodjo Ndukuma

PERSPECTIVES SOCIOCULTURELLES : DÉVELOPPEMENT ET RENAISSANCE DE LA RD CONGO

L'Harmattan

5-7, rue de l'École-Polytechnique ; 75005 Paris

http://www.editions-harmattan.fr/

ISBN : 978-2-14-025965-4
EAN : 9782140259654

*

Coordination du Colloque

Recteur de l'UPC : Prof. Mgr Daniel NGOY BOLIYA
Recteur de l'UCC : Abbé professeur Léonard SANTENDI

Supervision du Colloque

Secrétaire général académique de l'UPC : Professeur Dr MAMPUNZA MA MIEZI
Secrétaire général académique de l'UCC : Professeur Jean ONAOTSHO KAWENDE

Comité scientifique du Colloque

Professeur Kodjo NDUKUMA, UCC/UPC, président
Professeur Sébastien KALOMBO, UPC, membre
Professeur Hippolyte MIMBU, UCC, membre
Professeur André KABASELE, UCC, membre
Professeur Dédé ALIANGO, UPC, membre

Comité logistique et communication du Colloque

Professeur Edgar MAKUNZA, UCC, membre
Professeur Claudine, TSHIMANGA, UCC, membre
Professeur David KUTANGILA, UPC, membre
Professeur Henry MWAYILA, UPC, membre
Professeur Philémon Muamba Mumbunda, UCC, membre

Secrétariat du Colloque

Prof Esther N'LANDU, Assistante du Secrétaire général académique, UPC
M. Déo MAKUTU, UCC, Assistant scientifique du Recteur, UCC
Mme Patricia MUSSAMBA, Assistante en communication du Recteur, UCC

Les vues et positions exprimées dans leurs communications par les auteurs sont les leurs et ne reflètent pas la position statutaire des universités sur les questions en présence, et ne doivent être considérées comme telles. Les ouvrages, articles, citations et autres exemples mentionnés sont à titre de référence et d'information scientifiques.

SOMMAIRE

INTRODUCTION

Présentation du Colloque

Professeur abbé Léonard SANTEDI
Recteur de l'Université catholique du Congo

Le 30 juin 2020, la République démocratique du Congo, notre cher pays, a célébré les 60 ans de son accession à la souveraineté nationale et internationale. Ce jubilé de diamant constitue un événement capital et vital pour la nation. En effet, au-delà de son aspect festif, ce jubilé est un « Kairos », une occasion propice, un moment favorable pour évaluer la marche de la nation et dégager de nouvelles orientations et des engagements fermes en vue de regarder résolument vers l'avenir. Mais on ne regarde pas l'avenir comme on regarde passer les véhicules. L'avenir, on le prépare, on le construit sinon on le subit. Nous avons donc rendez-vous avec l'histoire. Nous sommes à un tournant décisif pour l'avenir du pays.

Pour construire cet avenir de la RDC, le peuple congolais tout entier est appelé à mobiliser ses énergies créatrices, innovatrices en vue de l'instauration d'un nouvel ordre social susceptible de répondre à ses aspirations les plus profondes. Devant cette tâche, les forces intellectuelles en général, les universités en particulier, ont une responsabilité historique. Elles sont appelées à partir de leurs recherches fines et fignolées, de leurs analyses pointues et pointillées, à mettre en lumière les acquis de ces soixante ans d'indépendance, à relever les dérapages qui ont émaillé notre parcours, et à dessiner de nouvelles perspectives pour le développement intégral et la renaissance du pays.

L'Université en effet est appelée à contribuer efficacement au développement intégral de la société. Par-delà son rôle classique de vivier du savoir et de la formation, l'Université est davantage ce germoir de la pensée, ce haut lieu où s'élaborent les principes et les stratégies de développement. L'Université peut aider à former un arsenal d'outils intellectuels, éthiques et spirituels pour maîtriser la société, l'organiser et y vivre en harmonie, car la science, le savoir n'acceptent pas la fatalité ni la futilité, mais s'efforcent de construire librement l'avenir. Envisagée ainsi, cette la science est un moyen d'empêcher le fatalisme de l'avenir. Celui-ci n'est plus un destin à subir, mais un projet à réaliser, une tâche à accomplir, un défi à relever.

C'est pour répondre à cette exigence que l'Université catholique du Congo (UCC) et l'Université protestante au Congo (UPC) ont organisé ce colloque sur le thème capital à plus d'un titre : « Développement et renaissance de la RD Congo : perspectives politiques, économiques et socioculturelles ».

Ce colloque vise à dresser un bilan et à dessiner des perspectives aux plans politique, économique et socioculturel. Il est vrai qu'un regard superficiel et une lecture hâtive du parcours de la RDC font le gros plan sur l'accumulation des échecs et des erreurs. La misère indéniable de la majorité de la population semble laisser peu de place à l'espoir. Mais s'agit-il vraiment des seuls regards et lectures possibles ? L'historien Léon de Saint Moulin, témoin de la post-colonie congolaise, ne s'est jamais lassé d'écrire que les trois quarts des réalisations au Congo ont été accomplis après l'indépendance.

Quel bilan dresser scientifiquement de ces années de gestion politique, économique, socioculturelle et religieuse du Congo par les Congolais(es) ? En 60 ans, la RDC a perdu beaucoup dans le classement mondial des économies et des sociétés modernes. Il importe donc de resituer le pays dans le concert des nations, face aux mutations et enjeux contemporains du monde qui appellent des réformes multisectorielles. Quelle est la politique de développement qui inspire et coordonne la gestion publique et les activités quotidiennes ? Comment l'Université congolaise pourrait-elle devenir un outil efficace au service de la renaissance de la RDC ? Quel Congo léguer à la postérité au Congo ? Ces questions nous interrogent et ces interrogations nous questionnent.

Pour répondre à ces questions lancinantes dans une approche évaluative et une offre de perspectives meilleures, les organisateurs de ce colloque placé sous le haut patronage de Son Excellence Monsieur le président de la République, chef de l'État, ont fait appel à la crème de l'intelligence congolaise, en déployant les réflexions autour de trois axes : l'axe politique et juridique, l'axe économique et éthique, et l'axe social et culturel.

L'attelage des conférences présente une architectonique de toute beauté : deux matinées pour des travaux en plénière et deux après-midis pour des travaux en atelier. Une matinée pour la cérémonie d'ouverture et un après-midi pour la cérémonie de clôture. Trois conférences dans l'après-midi pour chaque perspective et quatre conférences en matinée. Le menu concocté pour ces conférences offre une gamme prodigieusement variée des thèmes.

Dans l'axe juridique et philosophico-politique, on proposera de penser ou repenser la souveraineté de la RDC (Prof. Mabaka), de s'interroger au sujet des démocrates sans démocratie (Prof. Ongendangenda), de relire l'histoire des prédations en RDC des origines à nos jours, d'examiner les dérivés et défis congolais (Prof. Onaotsho), ainsi que les véritables enjeux des découpages territoriaux (Prof. Munayi).

On abordera également dans cette perspective les questions de la société de l'information (Prof. Kodjo Ndukuma) en RDC et de la requalification de la communication d'État 60 ans après (Prof. Kayembe). Deux juristes de renom proposeront des communications de grand intérêt d'une part sur la

Constitution, pour quoi faire (Prof. Jean-Louis Esambo), et d'autre part sur les crises institutionnelles en RDC de 1960 à nos jours (Prof. Eugene Banyaku).

Pour l'axe économique, le grand économiste congolais MabiMulumba nous offrira une réflexion sur la politique économique de la RDC depuis l'indépendance et les perspectives d'un développement durable. On notera également d'une part les réflexions sur la politisation des entreprises du secteur public (Prof. Bakangela), sur la PME (Prof. Makunza) et sur l'entreprise publique en RDC (Prof. Okana) et d'autre part des réflexions sur révolution du système fiscal (CT Ngoma), sur le commerce extérieur (Prof. Sumata) et sur les questions démographiques (Prof. Mika).

Dans l'axe socioculturel, on abordera notamment les questions incontournables de l'éducation comme facteur des puissances politiques et économiques (Prof. Mimbu), de la recherche scientifique et du rôle de l'Université congolaise dans le développement de la RDC (Prof. Musibono), les questions de la santé avec le professeur Dr Muyembe, de l'éthique pour le nouvel homme congolais et de la mission de l'Église dans la transformation de la société congolaise...

La conférence inaugurale est réservée au grand historien congolais Isidore Ndaywel. L'histoire est incontournable pour penser l'avenir, car il n'y a pas d'avenir sans souvenir. Le souvenir est à l'homme ce que la sève est à l'arbre : sa source vitale. Si nous ne savons d'où nous venons, comment saurons-nous où aller ? Le professeur Ndaywel nous proposera justement un regard prospectif pour vivre le devenir du Congo, pour être les bâtisseurs de ce Congo plus beau qu'avant.

Chacune des contributions de ce colloque voudrait apporter sa pierre à cette construction projetée, ouvrir une porte, jalonner une route, ébaucher un plan, rassembler des matériaux, crayonner des perspectives ou silhouetter des paysages dans les lointains.

Dans cette perspective, nous souhaitons que les ateliers qui seront organisés soient de véritables lieux de la disputation au sens médiéval du terme, c'est-à-dire, des lieux d'un débat riche et enrichissant, fécond et fécondant et dynamique et dynamisant, vivant et vivifiant ; des lieux de créativité et d'inventivité, c'est-à-dire des lieux d'éclosion d'une manière de penser et d'agir orientée vers la production communautaire de nouvelles logiques sociales, de nouvelles structures d'action et de nouvelles possibilités de vie pour inventer la RDC de nos rêves, le Congo de nos aspirations, le Congo de solidarité et du bonheur partagé.

Nous souhaitons un fructueux colloque à tous et demandons au Seigneur, le Maître des temps, des circonstances, de nous conduire à bon port pour la plus grande gloire de son nom et l'avenir radieux, pimpant, scintillant et flamboyant de la RD Congo.

Fait à Kinshasa, le 16 décembre 2020.
L'Abbé Recteur de l'UCC

Catalogue des autres thématiques politiques (vol. 1) et économiques (vol. 2) du Colloque

Volume I : Perspectives politiques

1. Philémon MUAMBA	60 ans après, quel bilan pour le vouloir vivre ensemble en RDC
2. Bernard LUTUTALA	66 ans de l'université, une quête permanente de notoriété et de reconnaissance sociopolitique
3. Eugène BANYAKU	Les crises institutionnelles en RDC, de 1960 à nos jours
4. Jean ONAOTSHO	Dérives et défis politiques congolais. Regard rétro-prospectif pour la renaissance de la RDC
5. Kodjo NDUKUMA	Des télécoms précoloniales à la société contemporaine de l'information en RD Congo : une histoire d'antan et de notre temps
6. Jean-Pierre LODI	Gouvernance éthique dans un État éthique : préalables pour le développement socioéconomique en RD Congo
7. Richard ONGENDANGENDA	Démocrates sans démocratie ? Difficile odyssée de la cohérence en politique
8. Thomas MUNAYI	Les véritables enjeux des différents découpages territoriaux dans le Congo indépendant 1960-2015

Volume II : Perspectives économiques

1. Grégoire NGALAMULUME	Du paysannat indigène au mouvement paysan. Essai d'analyse historico-systémique de l'évolution de l'encadrement agricole et de l'organisation rurale en RD Congo
2. Sinaseli TSHIBWABWA, Claudine TSHIMANGA et Ndiadi KABONGO	Environnement et biodiversité en RD Congo : perspectives pour le développement
3. Evariste MABI	La politique économique de la RDC depuis l'indépendance et les perspectives d'un développement durable
4. Dédé ALIANGO	La propriété des coopératives d'épargne et de crédit congolaises : configuration et ruptures
5. Claude SUMATA Dieumerci ZUMBU Léonin NKONGO	Commerce extérieur et performance économique en RD Congo : quelques enseignements d'une petite économie exportatrice des ressources naturelles
6. Edgard MAKUNZA	La PME en RDC. Son extension et sa visibilité
7. Héritier MAMBI	RDC : Histoire de la prédation, des origines à ces jours
8. Justin OKANA	L'entreprise publique congolaise à l'épreuve de l'indépendance
9. Patrick BAKENGELA	Entreprises publiques en RD Congo et recrutement des dirigeants. Quelles leçons de management, 60 ans après l'indépendance ?
10. Ruffin MIKA	Pression démographique et développement de la RDC : corrélation linéaire ou curvillaire
11. Guy NGOMA	Évolution du système fiscal congolais. De l'indépendance à nos jours

CONFÉRENCES SUR LES PERSPECTIVES SOCIOCULTURELLES DU COLLOQUE

Penser la renaissance de la RDCongo à partir de ses crises[1]... Cas de la crise 1960-1965

Ghislain TSHIKENDWA MATADI

Nous n'aurions peut-être jamais pris l'initiative de réfléchir sur la relation entre « crise » et « renaissance » dans le cadre de ce colloque, n'eût été la crise actuelle provoquée par la pandémie de Coronavirus. L'ampleur de cette crise, sa dangerosité et sa fulgurante progression non seulement nous effraient, nous terrorisent et nous tuent, mais aussi, et surtout mobilisent les énergies et les intelligences pour des solutions durables et urgentes. L'augmentation du nombre des décès enregistrés dans le monde depuis l'apparition de cette pandémie en décembre 2019 à Wuhan, en Chine, ainsi que l'ampleur des dégâts collatéraux tant sur le plan social, économique que politique [...] interpellent notre conscience.

Il n'y a donc pas que ce côté « sombre et troublant » de la crise. Il y a aussi des « lumières » et des « espoirs » suscités par le contexte de la crise vécue. Ne sont-ils pas impressionnants et admirables les efforts déployés, ici et là, pour faire face à cette pandémie redoutable et montrer que la mort et la souffrance n'auront jamais le dernier mot ? Autour de la Covid-19 et de ses conséquences néfastes, les scientifiques ne se mobilisent-ils pas à travers leurs centres de recherche et leurs laboratoires, dans l'unique et seul objectif (avoué) de démystifier ce minuscule et dangereux virus qui défie l'intelligence humaine ? N'est-elle pas à la fois admirable, étonnante et impressionnante, dans cette perspective, la rapidité avec laquelle certains scientifiques sont parvenus à proposer au monde soit un vaccin, soit un *médicament* capable de guérir les malades ou de prévenir la maladie !

[1] Coach en entrepreneuriat des jeunes et membre de l'espace Francophone Georges Ngal, l'auteur de cet article, le professeur Ghislain TSHIKENDWA Matadi, SJ, enseigne la sociologie et l'analyse sociale à l'Université Loyola du Congo. Auteur de plusieurs livres dont le principal est *De l'absurdité de la souffrance à l'espérance. Une lecture du livre de Job en temps du VIH/SIDA* (traduit en anglais et en allemand), Ghislain TSHIKENDWA est promoteur de la sociologie de la banalité dont son premier roman et dernier livre, *Le Départ*, est une première esquisse.

N'avons-nous pas appris, avec grande fierté, la mise sur le marché d'un vaccin purement congolais, le Manacovid-19[2] ?

Voilà donc une crise sanitaire, et non de moindre, qui non seulement nous permet de nous découvrir fragiles, vulnérables et mortels, mais qui, aussi et surtout, éveille nos intelligences et notre esprit créatif pour y faire face et pour faire face à toute crise ultérieure quelles qu'en soient l'ampleur et la nature si, grâce à notre intelligence et à notre sagesse, nous en tirions des leçons qui s'imposent.

Le contexte de l'annonce, le 10 mars 2020, des premiers cas de Coronavirus à Kinshasa notamment et la panique qui s'en est suivie ont suscité en moi des questions qui, petit à petit, ont révélé plutôt notre timidité, voire notre incapacité à apprendre de nos crises et à renaître ainsi de nos cendres. Comment expliquer le fait qu'un pays ayant connu précédemment diverses crises sanitaires – Ebola, paludisme, SIDA et autres – se trouve si mal préparé pour gérer la pandémie de Coronavirus et éviter ainsi la panique et la peur, voire les morts que le pays a enregistrés ? Dans quelle mesure les milliers des morts causées par ces maladies ont-elles mobilisé nos intelligences et initié des recherches scientifiques pour des solutions locales durables ? Pourquoi notre gouvernement n'a-t-il pas profité de ces crises sanitaires pour doter le pays d'infrastructures sanitaires et hospitalières dignes et compétitives ? Pour quelles raisons n'a-t-il pas doté de moyens conséquents aux chercheurs congolais capables d'innover ? Qu'est-ce qui nous empêche de créer dans nos facultés de médecine et dans nos institutions d'enseignement médical des spécialisations autour de ces maladies ?

C'est ce genre de questions que nous nous posons également en rapport avec la situation politique de notre pays dont les crises se succèdent et semblent se ressembler. Ces questions se résument en une seule : *avons-nous suffisamment profité de nos crises pour susciter le génie qui sommeille en chacun et chacune de nous* ? Ma réponse est : *pas suffisamment*, voire *pas du tout*.

Voilà pourquoi notre réflexion entend démontrer qu'une relecture lucide et courageuse des crises majeures ayant émaillé les 60 ans d'indépendance de la RD Congo est une des stratégies possibles pour oser penser sa renaissance. Nous pensons que l'étude rigoureuse des crises récurrentes qu'ont connues notre pays, leur analyse et leur interprétation adéquates pourrait déboucher sur l'élaboration d'une stratégie intelligible susceptible d'aider à la gestion des crises actuelles et ultérieures. La relecture de notre histoire, dans ce qu'elle a connu de brutal, de fâcheux, de révoltant, voire de sadique est, selon nous, un chemin à la fois difficile et obligatoire de renaissance.

---

[2] L'inventeur du ManaCovid-19, le célèbre pharmacien Étienne-Flaubert Batangu Mpesa, est décédé aux premières heures du matin, vendredi 5 mars 2021, dans un hôpital à Kinshasa. Il avait 78 ans.

La thèse que nous défendons sera démontrée à partir de notre relecture de la première crise majeure que notre pays a traversée au début de l'indépendance, c'est-à-dire celle de 1960-1965. Notre réflexion est structurée en quatre points. Le *premier* décrit, en ses grandes lignes, la crise que nous avons retenue et que nous tenterons d'analyser, à savoir celle de 1960 à 1965 que le professeur Georges Nzongola-Ntalaja appelle *La Crise de la décolonisation*[3]. Nous faisons ressortir, au *deuxième point*, les causes possibles de cette première crise institutionnelle en nous appuyant sur deux auteurs et sur notre propre analyse. Nous tentons de montrer, ici, combien cette crise peut être considérée comme annonciatrice des crises qui ont suivi, dont celle ayant conduit à la fin de la coalition FCC-CACH. Ceci nous aidera à tenter de montrer que nous n'avons pas suffisamment appris de cette première crise.

Le *troisième point* s'efforcera d'identifier, en partant de la crise décrite dans sa réalité historique et dans sa complexité, des acteurs visibles et connus, ainsi que ceux qu'il n'est pas toujours aisé d'identifier avant de proposer une stratégie globale susceptible de contribuer au développement de notre pays. Le rôle de l'intellectuel congolais sera mis en exergue, car c'est à lui que revient la lourde mission d'identifier les vraies raisons des crises que nous traversons afin de les transformer en stratégie de renaissance. Le *quatrième point* est conclusif et invite l'intellectuel congolais à se servir des crises traversées par son pays comme prétexte pour penser sa renaissance.

I. La première grande crise congolaise : 1960-1965

D'aucuns pensent que la première crise institutionnelle congolaise est celle d'instabilité politique et de guerre civile qui s'étend du 5 juillet 1960 au coup d'État de 1965. Selon Nzongola-Ntalaja, trois événements majeurs caractérisent cette période, à savoir : la *sécession katangaise*, l'*assassinat d'Emery Patrice Lumumba* et la *consolidation du pouvoir politique* par certains Congolais qualifiés, en relisant notre histoire, de « modérés ».

Trois raisons expliquent le choix de cette première crise. La *première* est liée au fait qu'elle est la toute première crise qui a secoué notre pays quelques mois seulement après son accession à l'indépendance. La *deuxième raison* est le fait que les causes de cette première crise ressemblent *mutatis mutandis* à la crise actuelle[4]. La *troisième raison*, c'est qu'à des tournants

[3] G. NZONGOLA-NTALAJA, *The Congo from Leopold to Kabila. A people's History*, London, Zed Books, 2002, p. 95.

[4] Crise ayant conduit à la dissolution, le dimanche 6 décembre 2020, de la coalition gouvernementale FCC-CASH et la création de l'Union sacrée de la nation d'où est issu l'actuel gouvernement dit des guerriers que dirige monsieur Sama Lukonde.

décisifs de l'histoire d'une personne ou d'une nation, il faut retourner aux sources, aux origines pour y trouver de l'inspiration et les raisons d'espérer.

1.1. Présentation générale de la crise de 1960-1965

Notre pays accède à l'indépendance le 30 juin 1960. Messieurs Joseph Kasa-Vubu et Patrice Emery Lumumba deviennent respectivement président de la République et Premier ministre. Ces deux responsables ont chacun un poids politique et social incontestable. Monsieur Kasa-Vubu est président de l'Association des Bakongo (ABAKO). Patrice Emery Lumumba est, pour sa part, non seulement leader du Mouvement national congolais (MNC-L), mais aussi, et surtout vainqueur des élections législatives de mai 1960.

La célébration de l'indépendance sera pourtant de très courte durée, car quelques jours à peine après, notre pays fait face à « une série de conflits internes qui menacent son unité et exposent ses populations aux affres de la guerre civile[5] ». Le 10 juillet, mécontents de leur situation sociale, les soldats de la Force publique se mutinent contre leurs officiers européens. Les forces métropolitaines belges basées à Kamina et à Kitona interviennent essentiellement pour la protection et l'évacuation des ressortissants étrangers qui se disent victimes des exactions des mutins.

C'est dans la foulée de cette mutinerie et des troubles qui s'étendent très rapidement dans tout le pays que, le 11 juillet 1960, Moïse Tshombe, fort du « soutien de l'Union minière du Haut-Katanga (UMHK) et d'une grande majorité de colons, profite de l'intervention belge et du chaos à Léopoldville pour proclamer l'indépendance du Katanga[6] ». La sécession du Katanga est consommée. Le 8 août, l'État minier du Sud-Kasaï fait, à son tour, sécession sous le leadership d'Albert Kalonji du Mouvement national congolais/minoritaire (MNC-K).

Comme si cela ne suffisait pas, Patrice Emery Lumumba prend, le 13 juillet, deux décisions graves qui n'arrangeront en rien la situation. La première est la rupture des relations diplomatiques avec la Belgique. La deuxième : le recours à l'Organisation des Nations unies pour venir à sa rescousse.

Le 5 septembre, le gouvernement de Patrice Lumumba tombe. En effet, sur décision du président Kasa-Vubu, monsieur Joseph Ileo remplace monsieur Patrice Lumumba à la tête du gouvernement congolais. Les choses s'accélèrent. Le 14 septembre, le colonel Mobutu suspend les institutions et prend le pouvoir. Joseph Kasa-Vubu est maintenu à la tête de l'État alors que Patrice Lumumba est assigné en résidence surveillée. Le colonel Mobutu

---

[5] O. LANOTTE, « Chronologie de la République démocratique du Congo/Zaïre (1960-1997) », *Mass Violence & Résistance* [en ligne], publié le 24 février 2010, consulté le 17/12/2020, http://bo-k2s.sciences-po.fr/mass-violence-war-massacre-resistance/fr/document/chronologie-de-la-republique-democratique-du-congo-zaire-1960-1997, ISSN 1961-9898. Notre présentation générale de la crise 1960-1965 s'inspire de cet article.
[6] *Ibid.*

confie dès lors le pouvoir à un Collège de commissaires constitué de jeunes universitaires. Le Collège des commissaires, connu sous l'appellation de « Groupe de Binza » sera dirigé par Justin-Marie Bomboko. Pendant ce temps, les partisans et alliés de Patrice Lumumba se réfugient à Stanleyville (l'actuel Kisangani) où monsieur Antoine Gizenga, leader du Parti solidaire africain (PSA) et ancien vice-premier ministre du gouvernement Lumumba, révoqué lui aussi le 5 septembre, reconstitue un gouvernement central regroupant un certain nombre de ministres lumumbistes.

Le 17 janvier 1961, Patrice Lumumba est transféré à Élisabethville où il est assassiné après avoir tenté, en vain, de rejoindre Antoine Gizenga à Stanleyville. Après la dissolution du Collège de commissaires le 13 février, un gouvernement provisoire que dirige Joseph Ileo est nommé. La situation est de plus en plus grave. Et la gravité de la situation s'explique, entre autres, par la présence de trois gouvernements concurrents dans le pays : le premier gouvernement est à Léopoldville et est dirigé par monsieur Ileo. Le deuxième, dont monsieur Gizenga est le chef, s'installe à Stanleyville. Avec Tshombe, le troisième gouvernement est à Élisabethville.

En août 1961, le président Kasa-Vubu tente une réconciliation. Il remplace Joseph Ileo par Cyrille Adoula chargé de former un gouvernement d'union nationale qui regroupera nationalistes lumumbistes (dont Gizenga et Gbenye) et membres du Groupe de Binza. Il gouvernera le Congo jusqu'en juin 1964 avec l'aide des Nations unies. Le calme tant espéré ne retournera pourtant pas. Chacun ayant préféré camper dans ses positions.

Entre août 1961 et janvier 1963, les Casques bleus des Nations unies lancent trois grandes offensives afin de réduire la sécession katangaise. Il faudra attendre le 15 janvier 1963 pour que le Katanga capitule. Moïse Tshombe part en exil. La plupart des mercenaires et gendarmes katangais se réfugient en Angola.

Après la sécession katangaise, l'unité est retrouvée. Mais elle ne sera que de très courte durée, car les querelles politiques reprennent de plus belle à Léopoldville. Et cela avec d'autant plus d'acuité que l'action du gouvernement Adoula est de plus en plus régie par les membres du « Groupe de Binza » qu'on dit favorables à l'Occident. Les remaniements gouvernementaux successifs affaiblissent la tendance nationaliste. Le 29 septembre 1963, le président Kasa-Vubu dissout le Parlement afin de mettre un terme aux attaques de l'opposition nationaliste qui ne cessait d'importuner le gouvernement du Premier ministre Adoula. Cette décision incite l'assemblée extraordinaire des partis nationalistes à s'organiser dans la clandestinité et à opter pour la voie de l'insurrection armée.

Le 3 octobre, les partis unitaristes réunis à Brazzaville s'organisent en cartel. Le Conseil national de libération (CNL), dirigé par Christophe Gbenye, se fixe un objectif : la « seconde indépendance », autrement dit, la chute du régime « néocolonial » de Léopoldville et l'instauration de la *révolution* que doivent constituer l'avènement de la décolonisation totale et effective du Congo et le règne de la *prospérité économique*, de la *paix* et de la *démocratie*.

Pour atteindre un tel objectif, il faut combattre non plus les Belges ou les Américains, mais les nationaux à leur solde. Ceux-ci sont qualifiés de *néocolonialistes* ou de *valets de l'impérialisme*, ceux ayant vendu le pays aux Américains. L'expression sous laquelle ils sont désignés en dit long : *Pene pene na mundele* (PNP), se référant ainsi au Parti national du progrès (PNP). Ce parti sera ironiquement appelé : *Parti des nègres payés*. On qualifie ainsi ce parti simplement parce que les positions de ses membres s'accommoderaient aux intérêts belges. Cette rupture consomme la longue dégradation des relations entre les lumumbistes radicaux et les modérés du MNC.

En janvier 1964, le député Pierre Mulele, alors ministre de l'Instruction publique dans le gouvernement Lumumba, et Théodore Bengila déclenchent la première grande insurrection au Kwilu. Ce fut une des premières grandes insurrections paysannes de l'Afrique indépendante. Devant la paralysie de l'État résultant de la rivalité croissante entre le président Kasa-Vubu et le Premier ministre Moïse Tshombe, révoqué le 13 octobre au profit d'Evariste Kimba, le haut commandement militaire organise un coup d'État qui confie le pouvoir au général Mobutu. Nous sommes le 24 novembre 1965. Le général Mobutu instaure immédiatement un pouvoir fort, s'octroyant des « pouvoirs spéciaux », puis les « pleins pouvoirs ». Il déstabilise l'opposition et impose le parti unique, le Mouvement populaire de la révolution (MPR). C'est un règne sans partage.

Durement réprimée au cours des quinze premières années de la Deuxième République, la contestation interne au régime commence à s'organiser à partir du début des années 1980 quand treize parlementaires, parmi lesquels l'ancien ministre de l'Intérieur, Étienne Tshisekedi, s'opposent ouvertement au président Mobutu en lui adressant un mémorandum dans lequel ils rejettent ses pratiques de mauvaise gouvernance et de personnalisation du pouvoir et la déliquescence de plus en plus perceptible du tissu socioéconomique du Zaïre. En février 1982, après avoir passé de longs mois dans les prisons du régime, ils fondent le premier parti d'opposition au Zaïre, l'Union pour la démocratie et le progrès social (UDPS) aujourd'hui au pouvoir.

La relecture rapide de cette première crise montre combien elle s'est prolongée jusqu'à ce jour si l'on considère les batailles politiques de l'heure. Certains pensent que la crise de légitimité décriée et la contestation récurrente des pouvoirs qui se sont succédé au Congo-Kinshasa tirent leur origine de cette première crise. Si tel est le cas, pourquoi ne prenons-nous pas le temps nécessaire pour étudier cette première crise, en identifier les vraies causes et éviter que ce genre de crise ne continue de freiner le développement de notre pays ? Qu'est-ce qui manque pour le faire ? C'est à ces questions que nous tentons de répondre au deuxième point.

II. Les causes de la crise 1960-1965

Avant de donner notre point de vue personnel sur les causes de la première crise brièvement décrite, nous présentons d'abord les avis de deux chercheurs sur ses causes : François Perin[7] et Georges Nzongola-Ntalaja à qui nous avons déjà fait allusion.

François Perin fut un homme politique belge, professeur de droit et militant wallon. Georges Nzongola-Ntalaja est congolais. Professeur d'études africaines et afro-américaines à l'Université de Caroline du Nord à Chapel Hill, il est auteur de plusieurs livres sur l'histoire de la RD Congo dont *Congo de Léopold à Kabila : Une histoire populaire* dont nous avons la version anglaise[8].

2.1. François Perin et les causes de la crise

Dans son article « La crise congolaise et les institutions politiques africaines », François Perin reconnaît d'emblée que « les causes de la crise congolaise sont multiples et s'enchevêtrent[9] ». Il se demande dès lors si la « la structure des institutions politiques telles que prévues par la conférence de la table ronde de Bruxelles en janvier-février 1960 et par la Loi belge du 19 mai 1960[10] » ne devrait pas être située parmi les causes éventuelles de cette première crise. Le chercheur belge pense que la forme du gouvernement central de la République du Congo décidée à la Conférence de la table ronde ne semble pas avoir tenu compte des réalités congolaises et que l'appréciation de la réalité politique congolaise par les politiciens belges était fausse.

Il regrette que la résolution de la Conférence de la table ronde ait « opté pour le régime parlementaire traditionnel en Europe caractérisé par la dualité de l'Exécutif » : un chef d'État irresponsable dont les actes ne peuvent avoir d'effets que s'ils sont contresignés par un ministre du gouvernement congolais, seul responsable, et un Premier ministre « dont la tâche consiste entre autres : dans la conduite de la politique de l'État en accord avec le Conseil des ministres ; dans la direction de l'action du gouvernement ; à soumettre au chef de l'État les propositions relatives à l'exercice du pouvoir réglementaire et à l'exécution des lois[11] ».

Pourquoi avoir choisi, voire imposé, un tel régime dualiste propre à l'Europe ? Le professeur Perin répond : « Les milieux politiques belges caressèrent longtemps l'espoir de voir maintenir la Couronne belge à la tête

---

[7] F. PERIN, « La crise congolaise et les institutions politiques africaines » in *Civilisations*, vol. 11, n° 3 (1961), 281-295.

[8] G. NZONGOLA-NTALAJA, *The Congo from Leopold to Kabila. A people's History*, London, Zed Books, 2002, 304 p.

[9] F. PERIN, *op.cit*., 281.

[10] *Ibid.*

[11] *Ibid*., p. 282.

du Congo devenu indépendant à la manière de certains pays du Commonwealth britannique[12] ». Perin se demande si une erreur quasi-fatale n'a pas été commise par les négociateurs belges. Reprenons les questions telles que se les pose Perin : « S'est-on lourdement trompé à Bruxelles sur les formes qu'il convenait de donner au nouvel État ? Une fausse appréciation de la réalité politique congolaise a-t-elle été à l'origine de la catastrophe ? L'erreur, si erreur il y a, pouvait-elle être évitée ? Les institutions des États indépendants d'Afrique peuvent-elles donner la clef du problème au Congo de l'avenir[13] ? » Ces questions sont importantes. Elles traduisent en même temps un certain malaise. Et ce malaise doit, en principe, être ressenti à la fois par les intellectuels belges, les intellectuels congolais et les hommes et les femmes politiques de deux pays.

Le professeur Perin fait deux observations qui me paraissent importantes. La première : le mot « République » n'avait été prononcé à aucun moment durant la table ronde. La deuxième : la désignation du chef de l'État devait être faite avant le 30 juin par les deux Chambres réunies. Il se laisse clairement voir que le régime adopté est dualiste et qu'il est d'inspiration européenne. Qu'est-ce qui peut expliquer le recours à ce régime [...] qui, on le verra, sera à la base de la première crise que connaîtra le tout jeune État ?

Pour le professeur Perin, il ne fait aucun doute que la dualité de l'Exécutif comme forme de gouvernement ne pouvait s'inspirer que du régime parlementaire européen, monarchique ou républicain. Il estime que « les débats de la table ronde ont été à cet égard fortement influencés par les ministres, parlementaires et fonctionnaires belges pour lesquels il n'y a pas d'autre régime démocratique concevable. Le régime présidentiel, par exemple, avec son chef d'État qui est aussi un chef de gouvernement élu au suffrage universel et que le parlement ne peut renverser est regardé avec plus grande méfiance comme un risque certain de dictature, malgré l'exemple américain[14] ».

Le système dualiste eut quelques avantages dont « la neutralisation des tendances séparatistes des Bakongo ». En effet, Perin estime que « l'élection rapide de Kasa-Vubu avec la participation massive de parlementaires MNC s'explique par ce souci de ne pas voir décevoir les Bakongo et notamment ceux de Léopoldville et d'étouffer dans l'œuf la sécession menaçante d'une partie importante de la province de Léopoldville[15] ».

Nonobstant ces quelques avantages, il faut reconnaître que les inconvénients avaient fini par prévaloir. Le contraire aurait étonné dans la mesure où « Joseph Kasa-Vubu ne pouvait se contenter d'être un roi constitutionnel. Il se rendit très vite compte du fait que la puissance du

---

[12] *Ibid.*
[13] *Ibid.*
[14] *Ibid.*
[15] *Ibid.*, 284.

Premier ministre aboutirait à son élimination[16] ». C'est ce sentiment de peur devant son Premier ministre qui poussa, il nous semble, le président Kasa-Vubu à révoquer son Premier ministre. Perin pense que la révocation de Lumumba sans l'accord et l'appui du Parlement a eu des conséquences très graves sur l'évolution de la situation politique au Congo.

Il écrit que « la dualité de l'Exécutif a été mortelle pour le nouvel État. Bien entendu », nuance-t-il, « cet aspect institutionnel n'est pas la cause unique de la crise. Sous un autre régime, le Congo n'aurait évité ni la mutinerie de l'Armée ni les menaces séparatistes. Mais la controverse juridique sur la légitimité du pouvoir a certes contribué à accentuer la confusion et le désordre[17] ».

La position du professeur Perin peut être résumée de la manière suivante : le dualisme de l'Exécutif adopté par la Conférence de la table ronde est la cause principale de la crise. Le contexte congolais n'a pas été pris en compte dans la proposition du régime politique du jeune État. Nous pensons, pour notre part, que les aspects culturels congolais ne sont pas suffisamment pris en compte dans l'élaboration des constitutions qui ont suivi. Nous y reviendrons. Mais passons en revue, de manière très rapide, la position du professeur Georges Nzongola-Ntalaja.

2.2. Georges Nzongola-Ntalaja et les causes de la crise

La position du professeur Nzongola est facile à résumer. Il reprend plusieurs éléments évoqués par Perin. Nous avons choisi de ne relever que les points sur lesquels le professeur Perin ne s'est pas beaucoup attardé.

Le chercheur congolais décrit la crise de 1960-1965 comme étant la crise de la décolonisation. Il en situe la cause dans une sorte de scission idéologique entre ceux qu'il qualifie de « radicaux », d'une part, et les « modérés », de l'autre. À ses yeux, les succès de l'ingérence dans les affaires intérieures du Congo, l'ascendance de Mobutu et l'émergence d'une opposition organisée dont il devient le chef effectif à partir de septembre 1960, tout cela est attribuable à cette *scission idéologique*.

Les « radicaux » – parmi lesquels on trouve Patrice Lumumba, Antoine Gizenga et Pierre Mulele – étaient des nationalistes progressistes. Ils cherchaient à créer des partis politiques à orientation nationale. S'appuyant sur les masses populaires, les « radicaux » considéraient l'indépendance comme une opportunité pour atteindre certains changements susceptibles de profiter au peuple ordinaire tant sur le plan économique que social. Pour eux, un gouvernement central fort dans un État unitaire était la forme de gouvernement la plus appropriée pour atteindre de tels objectifs. Il fallait donc, pour y arriver, une véritable indépendance, politiquement et

---

[16] *Ibid.*, 285.
[17] *Ibid.*

économiquement, même s'ils n'étaient pas très clairs sur la manière d'y parvenir[18].

En face des « radicaux », il y avait les « modérés » parmi lesquels on trouve Kasavubu, Tshombe, Kalonji, Ileo Adoula, Cléophas Kamitatu, Victor Nendaka, Justin Bomboko et Joseph Mobutu. Nzongola-Ntalaja estime que tout en étant nationalistes, les « modérés » étaient de tendance « conservateurs » dans leur conception politique en général, qu'ils soient unitaristes ou fédéralistes. Étant donné qu'ils étaient prêts à accepter la tutelle occidentale, ils bénéficiaient d'un haut niveau de soutien de la part des Belges et d'autres milieux gouvernementaux et corporatifs occidentaux. Nzongola-Ntalaja estime donc que cette scission idéologique entre les radicaux et les modérés est la cause majeure de la première crise que le Congo a connue de 1960-1965.

S'étendre à expliquer la position du professeur Nzongola ne nous paraît pas nécessaire. Mais son insistance sur la scission entre deux groupes à cause des idéologies différentes peut faire penser aux crises qui ont divisé notre pays et l'ont plongé dans des crises institutionnelles. Il faudra sûrement étudier les aspects culturels de cette tendance à ne pas trouver des terrains d'entente pour régler nos différends. Que dire de ces deux points de vue ? C'est le point suivant qui y répond.

2.3. Notre point de vue

Beaucoup peut être dit sur cette première crise de notre pays, mais nous pensons que l'essentiel a été dit. Nous partageons, dans l'ensemble, les causes évoquées par les deux chercheurs pour expliquer la crise de 1960-1965. Leurs analyses font ressortir des éléments importants sur lesquels nous aimerions insister : les aspects culturels dont il faudra tenir compte dans l'élaboration de nos lois constituent le premier élément. Le deuxième élément est relatif aux richesses du sol et du sous-sol congolais comme élément perturbateur.

2.3.1. Aspects culturels

Le président Joseph Kasa-Vubu et son Premier ministre Patrice Lumumba ont fini par se neutraliser mutuellement au détriment de la stabilité du pays. Nous pensons que cette crise aurait probablement été évitée si l'on avait considéré tous les aspects culturels du pouvoir dans le contexte congolais. Le professeur Perin révèle les propos de Daniel Kanza à la Conférence de la table ronde : « Il n'y a pas deux places dans la peau du léopard ». La notion de « régner sans gouverner » semble ne pas avoir beaucoup de sens dans le contexte culturel congolais. Il n'est pas facile de concevoir, dans l'imaginaire congolais, qu'un président de la République

---

[18] NZONGOLA-NTALAJA, *op.cit.*, p. 96.

règne, mais ne gouverne pas. Comment trouver un mécanisme pour éviter une telle pratique qui, nous l'avons vu, est source de conflit ?

2.3.2. Les richesses du sol et sous-sol congolais

La crise de 1960-1965 a mis en jeu différents acteurs. Chacun y a joué un rôle. Ces acteurs visibles ne nous intéressent pas beaucoup. Il y a un acteur qui nous intéresse davantage. Il est omniprésent dans la crise et il est *invisible*. Il ne parle pas. Mais il contrôle tout. Il est au cœur de l'idéologie mercantile : *le Congo et ses richesses*. Cet acteur est au cœur des rivalités et des tensions bien décrites par les professeurs Perin et Nzongola-Ntalaja. Les amitiés et les inimitiés dépendent en très grande partie de lui. Pourquoi la sécession katangaise ? Pourquoi la sécession du Sud-Kasaï ? Pourquoi la métropole souhaite prolonger son influence au Congo ? Pourquoi la présence de l'ONU et ses troupes au Congo ?

Les Congolais présents à la Conférence de la table ronde ne savent peut-être pas que le sous-sol de leur pays est un scandale, et qu'il intéresse les acteurs présents et absents à Bruxelles. Si les Congolais n'en prennent pas beaucoup conscience, les interlocuteurs – Belges, Américains et autres – le savent très bien. Ils ne laisseront jamais aux Congolais la gestion de cette richesse. Ils se battront par les Congolais interposés et chercheront à contrôler ses richesses en contrôlant le pouvoir de Kinshasa, même au prix des divisions idéologiques des Congolais savamment orchestrées. Ils installeront au pouvoir celui qui leur facilitera la tâche de puiser à leur guise ce que renferment de précieux le sol et le sous-sol congolais. Comment prendre en compte ces deux éléments dans la réflexion sur la renaissance congolaise ? Qui devra s'investir pour en tenir compte ? Le point suivant y répond.

III. De la crise à la renaissance : un chemin obligé…

Rappelons la thèse que nous défendons : qu'elle soit politique, économique, sentimentale ou sanitaire, toute crise – comme c'est le cas aujourd'hui de la crise sanitaire provoquée par la pandémie de Coronavirus – peut s'offrir comme une rare occasion de renaissance à moins d'y consacrer l'intelligence et le temps nécessaire pour en tirer, de manière lucide et courageuse, des leçons salutaires.

3.1. Quelques exemples dont on peut s'inspirer…

L'histoire de la Compagnie de Jésus dont je suis membre en est un exemple éloquent. Cette histoire nous enseigne, entre autres, que certaines de ses grandes œuvres sont nées à cause et/ou grâce aux crises ayant traversé les parties du monde où elle était présente. Les exemples ne manquent pas. J'en citerai trois.

Le Service jésuite des réfugiés (JRS) fondé en 1980 par le Père Pedro Arrupe est une réponse jésuite lucide et courageuse à la misère des réfugiés et des migrants, victimes des conflits armés et de la pauvreté qui, malheureusement, continuent de faire des victimes. Le JRS est dès lors devenu un service où sont impliqués jésuites et non-jésuites pour la dignité humaine et la promotion de la justice.

La *pandémie de SIDA* – et c'est le deuxième exemple – a favorisé la création du Réseau africain contre le VIH/SIDA (AJAN).

Le 3e exemple concerne l'expérience d'Ignace de Loyola, fondateur de la Compagnie de Jésus. C'est à Pampelune, en Espagne, que se dessinent les germes de la Compagnie de Jésus. C'est là que, dans la douleur, Dieu pénètre le corps et le cœur de celui dont toute la vie sera orientée vers la Plus Grande Gloire de Dieu. Lorsqu'Ignace y est blessé, il n'imagine pas que la suite des événements serait ce que nous connaissons aujourd'hui grâce à lui-même et à de nombreux historiens et chercheurs, jésuites et non jésuites. Il est clair qu'à l'instant où il est blessé, le *pèlerin* pense et est convaincu que, à cause de cet échec provoqué par sa blessure, tous ses projets sont anéantis. Il en ressent la douleur. Il souffre.

Cependant, c'est grâce à sa crise, à son échec, à sa blessure, qu'Ignace, dont la vie était fortement orientée vers des succès personnels et « mondains », trouvera une autre direction : celle de la rencontre fraternelle et universelle, à l'exemple de saint Dominique… Grâce – ce n'est plus « à cause de » – à sa blessure, Ignace se laisse rejoindre par celui dont le projet est de sauver toute l'humanité… La crise réveille en lui l'homme soucieux des autres dont la croissance spirituelle et humaine devient la préoccupation. Les rêves pour soi-même cèdent la place aux rêves pour d'autres, pour les âmes que Dieu mettra sur son chemin. Les âmes à sauver à tout prix…

3.2. Le rôle de l'intellectuel dans l'étude de nos crises pour la renaissance

Partout où les crises ont servi de tremplin pour le renouveau, le rôle des intellectuels a été déterminant. On revient à la question, lancinante, de départ : pourquoi ces intellectuels congolais n'aident-ils pas comme partout ailleurs, par leur savoir et leur expérience, notre pays à décoller, même et surtout à partir de ses crises ? Pourquoi, pour reprendre les propos de certains de nos compatriotes, ces hommes et femmes de « Français » ont-ils « abîmé » le pays au lieu de le rendre attrayant et vivable et en faire un paradis terrestre ?

3.2.1. Comprendre le vrai rôle de l'intellectuel

Les intellectuels congolais ont-ils tous failli à leur mission, à la fois noble et exigeante, pourrait-on se demander ? Non pas ! Il y a eu, il y a encore et il y aura toujours de « l'ivraie » et du « bon grain » (Mt 13, 25-40).

Il faut en effet reconnaître qu'il a existé et qu'il existe dans ce pays des intellectuels qui, fascinés par le progrès à inventer à tout prix grâce à l'ascèse intellectuelle et spirituelle, ont tenté et tentent encore de sortir ce pays de sa léthargie éhontée. De ces vaillants intellectuels, très rares, hélas, fils et filles du pays, nous gardons et garderons le souvenir avec une satisfaction toute légitime.

Leur grand mérite est d'avoir compris que l'intellectuel est celui qui prend en compte la réalité de son peuple et de son histoire en établissant un rapport entre le sérieux de sa pensée et le sens éthique. Ceci exige de tout intellectuel qu'il soit visionnaire, qu'il ait un sens éthique élevé et qu'il incarne l'esprit de l'excellence.

a. *Être visionnaire*, c'est être celui dont le discours et les actions sont tendus vers l'avenir qu'il scrute avec lucidité. Un visionnaire est un homme pleinement historique : il tient compte du passé, ses difficultés, ses crises. Il vit son présent en acteur lucide et projette, en tenant compte du passé et du présent, l'avenir avec réalisme.

Un visionnaire est celui qui aide à créer un environnement qui rappelle le début de la création où Dieu, le Créateur du monde, vit que tout ce qu'il avait fait était très bon (Gn 1, 31). Un visionnaire est celui qui croit, dur comme fer, que les yeux n'ont pas été créés pour voir la laideur, celle à laquelle nous habituent les rues de nos villes et de nos villages. Les yeux, devra se convaincre l'intellectuel visionnaire, n'ont été créés que pour voir la beauté, beauté à créer à tout prix par le travail bien pensé.

b. Avoir un sens éthique élevé : cela veut dire que là où un visionnaire vit, au lieu du mensonge, il fera régner la vérité quoiqu'il en coûte ; là où il y a la corruption, il fera régner l'honnêteté ; là où il y a division, il fera régner l'unité ; là où il y a le pillage et le vol, il fera régner le partage et l'effort honnête ; là où il y a la pauvreté, il fera régner la richesse. Bref, là où il y a des antivaleurs, il fera régner des valeurs, celles sans lesquelles tout progrès, même bien pensé, ne peut qu'être voué à l'échec.

c. Incarner l'esprit de l'excellence : se contenter du succès récolté et dormir ainsi sur ses lauriers ne s'identifie pas à l'intellectuel dont nous parlons. L'esprit de l'excellence s'exprime mieux à travers le concept de *« magis »* auquel s'identifient les jésuites. Nous nous permettons de remplacer le mot « jésuite » par « intellectuel » : *« L'intellectuel ne se contente jamais du statu quo, du déjà connu, du déjà essayé, du déjà existant. Il est sans cesse conduit à découvrir, à redéfinir le magis et à y tendre. Pour lui, les frontières et les bornes ne sont pas des obstacles ou des points d'arrivée, mais de nouveaux défis à relever, de nouvelles occasions à accueillir. Oui, sien est une sainte audace, "une certaine agressivité intellectuelle dans sa manière de faire"* » (3ᵉ Congrégation générale des jésuites, n° 561).

L'intellectuel devra continuellement se mettre en question, défendre son identité tout en s'ouvrant à l'universel. Mais pour arriver à cette première triade, il faut une autre triade : « Silence-Discours-Praxis ».

Le silence permet de puiser de l'énergie non pas en dehors de soi, mais au-dedans de soi. Il permet l'écoute de soi-même et du monde autour de soi. Il permet à celui qui le garde et qui vibre à son rythme de découvrir cette force qui lui vient d'un ailleurs invisible et qui communique de sa force et sa sagesse dans un silence qui se fait parole.

Le silence dont nous parlons ici est celui qui permet à celui qui le garde d'être attentif aux leçons de l'histoire, de ses crises et de ses succès. Il est, dans cette perspective, l'acte premier et l'étape suivante est le discours.

Le discours est le deuxième geste grâce auquel ce qu'on a expérimenté dans le silence risque d'être vécu seul, dans l'égoïsme et l'indifférence. Le discours permet de dire que la laideur autour de nous est une honte faite à l'humanité, que la guerre est et restera à jamais un acte barbare et que la pauvreté qui nous tue est une insulte à Dieu qui a doté notre pays de si nombreuses richesses, naturelles et humaines.

Le discours est l'acte qui permet de rendre compte de ce que les yeux ont vu et les oreilles ont entendu. Il rend compte de l'expérience vécue au fond de soi-même et autour de soi.

La praxis (action) est le troisième et dernier élément de la triade. La praxis permet d'orienter son discours vers quelque chose de faisable. La praxis aide à s'éloigner le plus possible du rêve, mieux de faire du rêve de bâtir une nation forte une réalité palpable. Ce qu'on a contemplé dans le silence et ce qu'on a coulé en discours devient transformateur de la société, c'est-à-dire une force sociale de laquelle tout progrès émerge.

De tout ce que nous venons de dire, peut émerger une définition de l'intellectuel : c'est une personne qui, grâce à ses études, à son sens éthique élevé et à l'esprit de l'excellence qui l'habite, aide son peuple et l'humanité à passer de l'état moins humain à un état plus humain. Ainsi compris, l'intellectuel devient un acteur premier du développement. C'est de cet intellectuel que, plus que jamais, le Congo a besoin.

IV. En guise de conclusion : nos crises sont une opportunité pour penser la renaissance de la RD Congo

Que notre pays évolue de crise en crise sans que ses intellectuels ne s'arrêtent pour en étudier rigoureusement les causes et proposer des solutions durables nous interpelle. Ne s'agit-il pas là d'une paresse intellectuelle ? L'actuelle pandémie sanitaire due au Coronavirus nous fait voir comment le monde se mobilise pour y trouver des solutions. On peut imaginer que le jour où le paludisme sera une menace pour l'Occident comme il l'est pour notre continent, en général, et pour notre pays, en particulier, les scientifiques occidentaux étudieront les possibilités pour y faire face.

C'est à cause et/ou grâce à des crises que les vrais intellectuels se lèvent pour proposer des solutions à leur peuple. Si certaines maladies comme la tuberculose et la poliomyélite ont quasiment disparu sous d'autres cieux, c'est parce que les scientifiques ont mené des études pour y apporter une solution.

Notre pays vient d'accomplir ses 60 ans d'indépendance. Que les difficultés continuent de freiner son élan vers le progrès pose problème. La responsabilité de l'intellectuel congolais dans cette situation est importante. Au-delà du fait que l'État congolais doit fournir à l'intellectuel congolais les moyens dont il a besoin pour inventer des stratégies de développement, nous pensons que sa capacité à s'attaquer aux vrais problèmes de sa population fera de lui le vrai inventeur de l'avenir. Notre système éducatif devra, nous semble-t-il, faire de nos crises et de nos épreuves comme peuple la source d'inspiration, d'innovation et d'action. Les conditions pour que l'intellectuel congolais joue un tel rôle ont été suggérées dans cette réflexion. Le temps est venu pour les remplir. La renaissance de notre pays en dépend.

Bibliographie

Ouvrages

NZONGOLA NTALAJA G., *The Congo from Leopold to Kabila. A people's History*, London, Ed. Zed Books, 2002, p. 95.

Articles

François Perin, « La crise congolaise et les institutions politiques africaines », in *Civilisations*, vol. 11, n° 3 (1961), 281-295.

Webographie

OLIVIER LANOTTE, « Chronologie de la République démocratique du Congo/Zaïre (1960-1997) », Mass Violence & Résistance [en ligne], publié le 24 février2010, consulté le 17/12/2020, [http://bo-k2s.sciences-po.fr/mass-violence-war-massacre-resistance/fr/document/chronologie-de-la-republique-democratique-du-congo-zaire-1960-1997], ISSN 1961-9898.

Vivre le devenir du Congo

Isidore NDAYWEL È NZIEM

Quel privilège immense, mais redoutable qui est mien de prendre la parole en premier à ce grand colloque. Mais laissez-moi d'abord me réjouir d'être le témoin privilégié de cette belle synergie entre nos deux grandes universités dont le prestige dépasse les limites du pays. J'ai cité : l'Université protestante du Congo et l'Université catholique du Congo. Toutes deux ont décidé d'additionner leurs compétences, leurs expertises et leurs dynamismes autour de cette question majeure du « développement et de la renaissance de la RDC : perspectives politiques, économiques et socioculturelles ». Comment ne pas s'en féliciter ?

Ce grand projet a déjà hanté les forces vives de la nation, voici près de trente ans, à la fin du régime Mobutu. Il fut en effet à l'ordre du jour du forum majuscule que fut la Conférence nationale souveraine. Ses vingt-quatre commissions alignèrent une multiplicité de recommandations, couvrant tous les secteurs de la vie nationale ; des recommandations qui tombèrent en veilleuse hélas à la suite de la mutation politique qui intervint brutalement vers la fin des années 1990.

Aujourd'hui, soixante ans après l'indépendance, ce questionnement s'offre à nous comme une interpellation incontournable et impitoyable, même si nous ne nous y penchons qu'en ce mois de décembre, au moment où s'éteignent, un par un, les lampions de la célébration de cet anniversaire. Il s'agit de l'interpellation de l'ensemble de notre peuple ; interpellation des acteurs de notre gouvernance, mais aussi et surtout, interpellation des professionnels de la pensée que nous sommes ; interpellation également de nos « cénacles et monastères » des temps modernes : les universités, les instituts supérieurs, les centres de recherche.

Mais, qu'on soit rassuré. Le rôle de l'historien n'est pas celui de juge. Il se limite au constat des faits et des comportements et s'efforce d'en saisir l'intelligibilité, en les plaçant dans le cours du temps.

Quel constat peut être fait ?

60 ans d'âge postcolonial, c'est, dans notre histoire, plus du double de la période léopoldienne ; c'est une trajectoire bien plus longue que les 52 ans de l'âge colonial. Mais, dans l'histoire d'une nation, il s'agit d'une assez courte période. Par les multiples convulsions qu'ils ont connues, dans la guerre froide et dans une mondialisation fondée sur une sorte de « malédiction des matières premières », les Congolais, apparemment, auraient investi ces 60 ans, presque totalement, dans une sorte d'apprentissage ; leur propre apprentissage à l'autogestion politique, économique et socioculturelle. L'heure est venue de faire une évaluation de cet apprentissage et d'amorcer une ère nouvelle. Ce colloque pluridisciplinaire et interuniversitaire sur les perspectives politiques, économiques et socioculturelles tombe donc à point nommé.

D'ores et déjà, les indicateurs les plus pertinents semblent confirmer que la renaissance du Congo ne serait pas un « retour » à une ère de prospérité révolue, pour la simple raison que cet âge d'or n'a jamais existé, en dépit de l'idéalisation qui est faite de l'âge précolonial et surtout de l'âge colonial qui continue à habiter nos imaginaires. Le rêve est plutôt de vivre une renaissance qui serait une *nouvelle naissance* ; un réenfantement susceptible de conduire à l'émergence d'une véritable nation congolaise, une nation bâtie pour les Congolais et par les Congolais ; une nation construite non pas « par le haut », mais « par le bas », une nation dans laquelle nous nous reconnaîtrons tous parce qu'elle sera l'œuvre de nos mains.

Il est utile, à ce sujet, de lire les récits des premiers étrangers qui sont arrivés dans nos contrées, missionnaires, géographes ou simples voyageurs que nous continuons à qualifier d'« explorateurs ». Ils nous renseignent sur l'état de nos anciennes sociétés. L'une de ces descriptions nous rapporte ceci au sujet de l'alimentation de la population, le révélateur de la vie sociale :

> « Pour faire de la farine, ils [ces habitants] ne se servent pas de meules de moulin, mais de grands mortiers en bois. Ils y versent le grain quelque peu mouillé, et avec des pilons également de bois, ils le broient ; puis, à l'aide de tamis de paille très fins, ils séparent la farine du son [...].
>
> Il poursuit :
>
> Leur façon de monter sur les palmiers est vraiment merveilleuse et je crois que peu de gens de chez nous se risqueraient à monter ainsi. Ils ne se servent ni d'échelle ni de corde, mais d'un cerceau très résistant, de forme ovale, qui s'ouvre et se ferme. Ils s'entourent le corps et le palmier de ce cerceau, en se tenant à quelque distance du palmier, de sorte que commodément ils puissent y mettre pied en appuyant les reins contre le cerceau. Comme le tronc du palmier est rugueux, tant le cerceau que les pieds s'y accrochent facilement. Ainsi, soulevant successivement le cerceau et déplaçant les pieds vers le haut, ils arrivent facilement à la cime du palmier. Il arrive souvent qu'un tireur tombe en bas, non pas parce que la façon de monter inventée par eux ne soit pas sûre, mais parce que, parvenus en haut et voyant les calebasses pleines de vin fumant, ils se

sentent pris d'une telle envie de boire ce vin dont ils sont friands qu'ils en dégustent une bonne quantité. Ayant l'esprit troublé, ils ne retrouvent plus les mouvements synchronisés de la descente et ainsi facilement ils tombent en bas ».

Cette description, qui a l'air d'être d'actualité, tant sur notre façon de préparer le *fufu* que d'extraire le vin de palme, date en réalité de 1648. Elle a été faite par un missionnaire capucin, Fra Giovanni Francesca Romano, en séjour au royaume du Kongo.

Voilà un témoignage qui nous permet de faire le constat que depuis le milieu du XVIIe siècle, au plus tôt, jusqu'à ce jour, il n'y a jamais eu de changement notable, dans nos villages, dans la manière de se nourrir. C'est le même mode de cuisson de la farine de millet, de maïs ou du manioc qui serait en vogue. Aucune ombre de modernité n'aurait pénétré dans notre vie sociale. Depuis des siècles, notre technologie alimentaire serait faite de mortier et de pilon, de petite houe pour le champ ou de cerceau en liane pour monter sur le palmier, malgré la prospérité du caoutchouc, du cuivre, du diamant, de l'or, de l'uranium, du coltan, ou du cobalt.

À se demander de quel développement et de quelle modernité parle-t-on si la feuille sauvage qui fait fonction de feuille d'aluminium, cueillie dans les bois pour servir d'emballage à la *chikwangue* notre pain de manioc ou au *liboke*notre cuisson de poisson à l'étouffée, continue à demeurer identique, sans qu'il n'y ait eu le moindre effort de modernisation, ne fût-ce que de domestication de cet arbuste si utile dans nos pratiques alimentaires.

Pour avoir accumulé un si grand retard, se décider à s'autodévelopper suppose au préalable l'exigence de se fixer des repères, car le temps est une richesse non renouvelable qu'il faut apprendre à gérer à bon escient.

Revisitons ici quelques rêves du passé.

Au temps de Léopold II, à la fin du XIXe siècle, en vue du développement rapide du Congo, il existait quelques esprits éclairés qui recommandaient que cette tâche soit confiée aux Noirs américains. Tel fut le cas de Paul Otlet qui a osé écrire, en son temps, un petit ouvrage intitulé *L'Afrique aux Noirs*, sans doute sous inspiration de la doctrine de James Monroe « L'Amérique aux Américains ». Cet auteur avait préconisé :

> « Que le vaste État indépendant du Congo ouvre ses portes à ces citoyens américains qui sont ses enfants. Une fois transplantés dans un climat qui leur convient, sur un sol qui est le leur, avec, pour les aider, des populations issues du même sang, ces nègres auront vite fait de couvrir de plantations les riches vallées du Congo et du Kasaï, et de relier par des voies ferrées les principales sources de production, de créer des ports nouveaux. Ils auront bientôt mis fin eux-mêmes aux misères de l'esclavage, organisé la défense du territoire, assaini le pays, ouvert cette riche région aux entreprises européennes. Il n'y a guère d'exagération à affirmer qu'avant un siècle, Boma, Léopoldville et Banana puissent devenir les New York, les Chicago et les Washington du continent africain. »

« Avant un siècle… ! », c'est-à-dire, avant 1985, avait prédit l'auteur, il n'y aurait eu aucun doute que le Congo soit doté de ses New York, Washington et Chicago.

Cette prédiction fait penser à une autre, nettement plus tardive. Je veux évoquer ici celle de Paul Salkin, pour qui le développement du Congo rimait tout naturellement avec l'avènement de son indépendance.

Dans son ouvrage, *L'Afrique centrale dans cent ans*, publié en 1926, avec une préface prestigieuse de Maurice Delafosse, cet ancien magistrat à Élisabethville, imagina que l'indépendance du Congo interviendrait cent ans plus tard, également après Berlin. Dans un Congo totalement développé, avec des infrastructures routières enviables, des lignes aériennes et des voies ferrées reliant toutes ses grandes villes, l'indépendance serait provoquée par une révolte, non pas des militaires, mais des étudiants, lors de la cérémonie d'ouverture de l'année académique, dans cette université de Léopoldville où enseignait entre autres, monsieur Saxe-Cobourt, l'ancien roi belge, devenu professeur d'université, après que la Belgique fut devenue une république.

Le récit prospectif commence avec l'arrivée en train des invités provenant de toutes les régions du Congo. L'auteur commence par rapporter les termes d'un grand débat qui intervint parmi les invités dans le train entre Coquilhatville et Léopoldville sur la conduite à tenir face à la tradition. On se situait au lendemain de la condamnation à mort de Simon Kimbangu, commuée en une détention à perpétuité. L'on s'interrogerait sur la pertinence au non d'« africaniser » le christianisme.

Lors de la séance d'ouverture académique, le même débat entre « anciens » et « modernes » réapparut. La conférence inaugurale, présentée par un professeur d'histoire, se mit à contredire le discours officiel et fort classique du recteur de l'université. Le débat dégénéra en échauffourées entre étudiants, à la base de la révolte qui s'étendit sur toute l'étendue du pays.

Toujours sur cette échéance de 1985, à la fois comme date de l'indépendance et du développement du pays, c'est Georges Caprasse, journaliste du Couraf, le *Courrier d'Afrique*, le grand journal colonial à Léopoldville, qui fut le plus explicite. Dans la livraison du 2 juillet 1946, ce journaliste avait prédit : *« L'État indépendant du Congo redeviendra l'État indépendant du Congo […]. Cent ans après la proclamation de Vivi, nous vivrons la proclamation de Léopoldville »*. Cent ans après, la proclamation de Vivi du 1er juillet 1885 correspondait, une fois de plus, à… l'année 1985.

C'est pour se conformer à ces prédictions antérieures, que Jef Van Bilsen, professeur à l'école coloniale d'Anvers, élabora en 1955, un *« plan de trente ans pour l'émancipation du Congo »*. Entre 1955 et 1985, l'année du centenaire après la conférence de Berlin, il restait exactement 30 ans.

Toutes les prévisions anciennes aboutissaient donc au décollage du Congo à l'horizon de 1985, cent ans après sa fondation. Nous voici en 2020, 35 ans plus tard. On serait en droit de reprendre ici le cri du cœur de Joseph

Ki-Zerbo, qui constitue le titre de son dernier ouvrage : *à quand l'Afrique* ? Traduisons : *à quand le Congo* ?

De cet exercice chronologique, retenons au moins un élément : l'échéance de 30 ans, la moitié de l'âge postcolonial que nous venons de vivre, qui est en principe dans la vie, l'âge de pleine maturité, l'âge charnière entre l'adolescence et le démarrage de l'autonomie sociale et professionnelle.

Après les soixante ans d'apprentissage, le Congo ne pourrait-il pas accéder à sa pleine capacité à s'autogérer ? Pourquoi, au cours des trente prochaines années, si pas plus tôt, ne pourrait-il pas se réaliser comme une nation moderne, démocratique et ruisselante de prospérité, au cœur de l'Afrique ? Ses immenses richesses naturelles, intellectuelles et humaines ne l'autorisent-elles pas à brûler des étapes, à effectuer de grandes enjambées, voire à emprunter des raccourcis pour atteindre cet objectif ?

Que pourrait être l'amorce de cet effort de développement national ?

À cette question, j'ai tenté naguère d'apporter un début de réponse dans un essai auquel j'avais, en son temps, donné un titre métaphorique : *« la saison sèche est pluvieuse* : *l'audace de dresser le front pour un autre Congo ».* Permettez-moi d'évoquer ici quelques points de repère de cette réflexion qui, naturellement, ne présente aucune prétention à l'exhaustivité.

D'abord, en préambule à toute action, il paraît indispensable d'avoir la maîtrise des données de base concernant la population. Il n'y a pas de politique prévisionnelle possible, dans le domaine de l'éducation, de la santé ou du logement, sans maîtrise des données statistiques. Combien y a-t-il de Congolais dans le monde : des hommes, des femmes et des enfants ? Les chiffres utilisés jusqu'ici sont de simples projections réalisées à partir des données du dernier recensement qui date des années 1980, sans assurance d'une prise en compte suffisance de toutes les naissances dont la plupart ne sont pas déclarées ni de décès devenus cumulatifs du fait des accidents, des catastrophes naturelles, des guerres et des violences urbaines.

Depuis des lustres, les services d'état civil seraient en panne. Pour preuve, suivant une enquête réalisée dans notre ville, aucun bourgmestre ne connaît le chiffre réel de la population de sa commune ; aucune de nos ambassades ne serait en mesure de préciser le nombre exact de ses ressortissants. Il est jusqu'à certaines universités et certains instituts supérieurs qui sont incapables de fournir le nombre exact de leurs étudiants. Si les activités de recensement sont chaque fois renvoyées à plus tard, c'est sans doute parce qu'on n'en ressent pas le besoin, au niveau de la gestion.

Ainsi, le Congo demeure une république des « sans-papiers », puisque la carte d'identité n'y a pas cours. La dernière distribution de cartes *pour citoyen* date de 1973, à l'exception de la ville de Kinshasa dont certaines communes avaient bénéficié en 1986 de la distribution d'une nouvelle *carte d'identité*.

Comment peut-on admettre que la *carte d'électeur* puisse servir de carte d'identité, alors que celle-ci ne devrait être délivrée qu'à des électeurs potentiels et pour une validité déterminée et limitée à la période concernée. De plus, lors de la délivrance desdites cartes d'électeur, la démarche, au lieu de s'en tenir à des précisions pertinentes de nom, de date et de lieu de naissance et d'adresse, exige des indications de type colonial, sur le village d'origine, le secteur ou la chefferie, comme pour conforter des divisions dans la population, en ignorant totalement que la plupart de nos concitoyens sont d'origine urbaine, nés souvent de parents d'origine communautaire ou provinciale différente. De plus, tous ces renseignements sont consignés sur base de simples déclarations des intéressés, sans aucune possibilité de vérification.

Au-delà des préalables, les préoccupations pour l'avenir du devenir sont également de plusieurs ordres, en commençant par la nécessité urgente de ramener la pratique politique au Congo dans de plus justes proportions, sans imaginer qu'elle constituerait une panacée. Ainsi, après la succession des désillusions connues depuis 1960, on doit se convaincre qu'il n'existe aucun verset biblique qui recommande de chercher avant tout le royaume du politique et que le reste serait donné par surcroît. Loin de là.

L'enjeu fondamental est ailleurs. La priorité concerne l'accumulation des actions de production de richesse nationale ; autrement dit, des actions de transformation de nos richesses potentielles en richesses réelles puis, celles d'assurer une distribution équitable de ce revenu à la population, dans le cadre des politiques sociales. Cette perspective suppose l'élaboration et l'adoption d'un *plan national de développement*, à même de servir de boussole aux différents gouvernements et régimes politiques successifs de la République, suivant des étapes de leur mise en œuvre.

Ainsi, la vente massive et immédiate des minerais revendiqués par l'économie mondiale, notamment le coltan, l'or et le cobalt devraient servir avant tout à la mise en valeur d'autres richesses potentielles, plus pérennes, nécessitant des investissements de plus long terme.

Pour rappel, c'est exclusivement avec les revenus de l'ivoire et du caoutchouc que Léopold II avait bâti l'immense fortune qui lui a permis, en son temps, de réaliser des investissements somptuaires en Belgique, comme la construction de l'arcade du cinquantenaire et du musée de Tervuren, la transformation du château de Laeken, du palais de justice et de la porte de Namur, ou l'embellissement de la ville balnéaire d'Ostende. Les grandes sociétés minières, comme l'Union minière du Haut-Katanga, l'ancêtre de la Gécamines ou la Forminière (Société internationale forestière et minière), l'ancêtre de la MIBA, n'ont été créées qu'en 1906, sur base des accumulations antérieures de revenu et cela, deux ans avant la fin de ce régime léopoldien, et trois ans avant la mort du monarque.

Dans la programmation nationale, les bénéfices du pactole minier devraient donc rendre possible particulièrement la mise en valeur du *potentiel hydraulique, hydroélectrique et agricole.*

La pénurie d'eau, d'électricité et de nourriture constitue le plus grand de tous les scandales du Congo. La consommation d'eau au Congo est même en dessous de la moyenne sahélienne, alors que nous constituons le plus grand château d'eau du continent avec le fleuve Congo et ses affluents qui peuvent irriguer les 23 % du territoire africain, en plus de la dizaine de nos lacs. Il ne manque qu'un effort d'adduction d'eau pour mettre cet immense potentiel à la portée de la population.

L'eau du fleuve, à cheval sur les deux hémisphères, c'est le sang qui coule dans les veines du corps national. Provoquer une hémorragie, voire une simple saignée, c'est mettre en cause l'ensemble de l'équilibre écologique du bassin du Congo et même d'une bonne partie du continent. Pourtant, dans la perspective de la guerre de l'eau qui a démarré dans le monde, il existe plusieurs projets d'assassinat du fleuve Congo, en détournant une partie de ses eaux. Les besoins de la bonne gouvernance environnementale doivent ici être pleinement en éveil, pour ne pas provoquer, pour quelques billets de banque, la ruine de la grande forêt équatoriale nourrie par les marécages du fleuve, et rendre caduques, en aval, les chutes d'Inga.

La pénurie de l'énergie électrique relève, elle aussi, du surréalisme, puisque le Congo, à lui seul, détient les 13 % du potentiel hydroélectrique de la planète. Sans parler de l'énergie solaire, encore largement sous-exploitée, il existerait environ 766 chutes d'eau avec pour chacune un potentiel de 500 kilowatts au minimum. Si les gîtes d'énergie hydroélectrique abondent, la concentration énergétique d'Inga est la plus grande du monde. Ici même à Kinshasa, en 1986, lors du symposium international sur « L'Afrique et son avenir », Cheikh Anta Diop avait déclaré :

> « Le barrage d'Inga pourrait couvrir à lui seul tous les besoins énergétiques du continent africain en temps de paix et… qu'en élevant la tension de ce courant et en le redressant pour le transformer en continu à travers toute l'Afrique, le Sahara jusqu'en Espagne, le Portugal et le sud de l'Italie, on pourrait le moduler encore pour obtenir de l'alternatif et que le kWh ainsi vendu à l'Europe pauvre, resterait compétitif malgré les pertes en ligne ».

Lors du cinquantenaire de l'indépendance, Théophile Obenga, le disciple de Cheikh Anta Diop, nous rappelait encore en juillet 2010, dans sa conférence au Palais de la Nation :

> « L'énergie a toujours été une fée pour les nations, l'indice le plus important de la productivité et, du coup, de l'accroissement de la consommation intérieure…L'électrification accélérée est de nature à impulser l'industrialisation, la production et la consommation à grande échelle, puisque les productions agricoles mécanisées sont elles aussi de grandes consommatrices d'énergie ».

Que dire de nos *pénuries alimentaires*, nées particulièrement à la suite de la politique désastreuse de la « zaïrianisation » au cours de laquelle des infrastructures de l'industrie alimentaire (fermes, boucheries, pêcheries) avaient toutes été nationalisées ? Ces pénuries persistantes auraient pu se résoudre d'elles-mêmes, si l'on avait développé les savoirs alimentaires locaux et si, au cours de la période coloniale, l'on avait accordé à l'agriculture vivrière, une importance au moins égale à l'agriculture destinée à l'exportation.

Que des Congolais vivent surtout des productions alimentaires locales, cela est une évidence. Il est frappant de constater que les voyageurs congolais, voire africains, en partance pour l'Europe pourtant continent d'abondance, emportent toujours dans leurs bagages des réserves de nourriture du terroir. Signe du temps, corollaire à ce mouvement, il se développe dans les grandes capitales d'Europe et d'Amérique un grand réseau d'épiceries dites de la diversité où des commerçants asiatiques vendent aux diasporas africaines les nourritures de leur continent, mais provenant parfois des tropiques asiatiques. L'échec partiel de la politique de la FAO en Afrique réside dans la politique quasi exclusive d'importation des produits et des techniques qui, dit-on, auraient fait leurs preuves ailleurs, au lieu de mettre en valeur les innovations locales.

En matière agricole, puisque toutes les terres congolaises sont cultivables, on aurait dû s'attendre à de grandes réalisations dans le domaine. La marginalisation de cette activité est d'origine coloniale. Le péché originel, en la matière, est que l'agriculture, digne d'intérêt à l'époque, était essentiellement celle d'exportation. L'agriculture vivrière, celle de production de nourriture pour la consommation locale, était considérée comme allant de soi et ne méritait pas de gros efforts d'investissement. Cette distinction était même inscrite dans la sémantique en vogue. On parlait de *plantation*, pour qualifier les produits destinés à l'exportation ou à l'industrie. Ainsi y avait-il des plantations de palmeraie, de café, de thé ou de coton, mais de simples champs, s'agissant de manioc, d'arachide ou de maïs. Les vergers étaient inexistants, sauf exception. Les manguiers, orangers, avocatiers, étaient plantés par des missionnaires ou des agents coloniaux, parfois pour le bénéfice de l'ombre qu'ils procuraient. À l'occasion, leurs fruits s'offraient à la consommation.

La politique coloniale des « cultures obligatoires » fut à la base du discrédit qui pèse encore aujourd'hui sur le travail agricole. Celui-ci passe pour une « corvée », hier comme de nos jours. Ainsi, être envoyé au village pour faire de l'agriculture, à l'ère de Mobutu et même au-delà, était une punition infligée aux opposants politiques. Même de nos jours, pour mettre fin aux violences urbaines, les *kulunas* ne sont-ils pas punis d'être envoyés à Kaniama-Kasese...« pour faire l'agriculture », par imposition et non par choix ?

Et, pourtant, l'agriculture traditionnelle, qui était itinérante sur brûlis, avait ses lettres de noblesse ; elle rendait possible la régénérescence des forêts. Et, dans l'état actuel du pays, la promotion des métiers agricoles et environnementaux est le seul secteur qui peut résorber durablement le chômage et mettre fin au scandale des pénuries alimentaires.

Voilà pourquoi l'accès à l'autosuffisance alimentaire devrait faire l'objet d'une planification prioritaire, en adoptant pour principe de ne consommer que ce qu'on produit et de produire par soi-même ce qu'on décide de consommer. Si ce principe est acquis, les Congolais devraient logiquement se préparer à cesser de consommer du pain, puisqu'ils ne pratiquent pas des cultures de blé. Et, s'ils veulent maintenir cette pratique alimentaire, ils doivent s'affranchir de la dictature de la dépendance et se dépêcher de produire, par eux-mêmes, du blé. Ce qui est naturellement possible dans plusieurs régions du pays.

Pour réaliser cette mise en valeur des potentialités locales, il faut des hommes et des femmes capables de l'effectuer. Ceux-ci se doivent de se doter d'une organisation efficiente de développement.

L'intervention des ressources humaines efficaces suppose la mobilisation des intelligences et la mise à contribution des forces vives de la nation. La première exigence est de notre ressort. Un des acquis majeurs des soixante ans de notre indépendance est que le Congo a été capable de produire ses propres élites universitaires ; des élites qui cumulent des expertises diverses. Formés à la fois en Afrique, en Amérique du Nord, dans les pays d'Europe, comme au Japon, en Chine ou en Corée, et fonctionnant dans des structures diverses de par le monde, les experts congolais cumulent ensemble une expérience riche de cette diversité et de ses apports spécifiques. Ensemble, ils peuvent réaliser la synthèse de toutes les expertises disponibles de par le monde et les mettre au service du développement de leur pays continent.

Le premier chantier, à leur portée, est celui de la formation des jeunes qui ont droit à un enseignement de qualité pour pérenniser cet apport et en assurer une redistribution au niveau de l'ensemble de notre peuple. Les jeunes diplômés de nos universités devraient participer à l'effort général de l'éducation populaire, en assurant l'animation des campagnes d'alphabétisation ou d'enseignement non formel. Pourquoi nos églises, nos temples, nos communautés diverses, ne constituent-ils pas des lieux de formation en cours du soir ; des espaces de diffusion des principes de base d'hygiène ou d'éducation sanitaire ; des lieux d'initiation aux données de l'économie, du commerce ou du droit ; des lieux d'information sur l'histoire du Congo et du monde ou simplement ; des lieux d'apprentissage des langues nationales, le lingala et le kikongo dans l'est du pays, le swahili et le ciluba dans sa partie ouest ?

Développer le pays, c'est aussi former et faciliter l'émergence d'une classe d'hommes d'affaires. C'est la condition première pour prétendre « introvertir » notre économie extravertie, au lieu de se laisser berner par le mirage de l'intervention massive des commerçants libanais, indo-pakistanais et chinois. On doit reprendre courageusement les efforts entamés naguère, mais trop souvent interrompus.

Au sortir de la colonisation, l'annuaire du Congo belge alignait déjà 96 noms des Congolais versés dans les « affaires », notamment le couple Joseph Nsimba et Colette Kwango, propriétaire de l'hôtel Jocol (*Jocol* étant la contraction de leurs prénoms). Il y avait aussi au Kasai David Mukeba propriétaire de plusieurs plantations à Tshikapa ; Joseph Kapend Tshombe, au Katanga, premier Congolais à avoir effectué un voyage d'affaires en Belgique en 1948. Il y avait aussi les Badjoko, Joseph et son fils, Jean, à Lileko entre Isangi et Basoko ; les Thienza à Dibaya-Lubue, sans oublier à Léopoldville, Joseph Davier dont les établissements s'appelaient *Tala Ngai*, appellation devenue nom de famille dans l'authenticité.

Après l'échec de cette classe moyenne d'origine coloniale, on aurait pu s'attendre à ce que la politique de zaïrianisation serve de rampe de lancement à quelques grandes fortunes congolaises. Il n'en fut rien, malgré l'émergence de quelques noms comme *Moleka*, *Dokolo*, *Litho*, *Rwakabuba* ou *Bemba*. Jusqu'à ce jour, il n'existerait que quelques promesses, avec des établissements comme *Ledya*, *Kiwakana*, *Kindwelo*, *Lukama*, *Nzolantima*, *Tshiyoyo* ou *Ndombasi*,sans oublier les commerçants de *Beni*, *Butembo* et *Goma*.

L'organisation du pays doit aussi être revue. En fonction des impératifs du développement, il faut faire la chasse non seulement aux « *éléphants blancs* » (des constructions pharaoniques sans rentabilité conséquente), mais aussi aux « *éléphants roses* » (des institutions qui ne servent que de faire-valoir ou pour être miroités devant des étrangers, mais qui n'apportent aucun dividende réel). On peut ainsi noter que, pour développer le Congo, il n'est guère indispensable de se doter de deux Chambres de représentants, un Sénat et une Assemblée nationale auxquels s'ajoute un Conseil économique et social ; de disposer d'un gouvernement à la composition éléphantesque, ou de subdiviser le pays en26 provinces, de surcroît dotées chacune d'un Parlement et d'un gouvernement.

Pour peu qu'on revisite l'histoire administrative du Congo, on ne peut manquer de faire un double constat. Le premier est que, pendant 28 ans, de 1933 à 1961, le Congo a connu une sorte de stabilité administrative représentée par ses 6 provinces de base. Il s'agissait des provinces du Kivu, du Katanga, de l'Équateur, du Kasaï, de la Province orientale et celle de Léopoldville. Cette mémoire institutionnelle a forgé des solidarités qui demeurent vivantes et fonctionnelles. En témoignent le retour et recours à ce découpage, réalisé sous les terminologies nouvelles de *Grand Kasaï*, *Grand Katanga*, *Grand Équateur*, *Grand Oriental*, etc. Seule l'ancienne province de Léopoldville, à cause du statut spécifique accordé à la capitale, a éclaté en *Kongo central* et *Grand Bandundu*. Le second constat est le besoin tant de fois exprimé, au cours de cette période, d'assurer une décentralisation, pour rapprocher les administrations des administrés et prendre en charge de manière plus efficace les entités rurales et urbaines.

Ces deux intuitions peuvent parfaitement se tutoyer, en introduisant une distinction entre *région* et *province*. La région serait le regroupement des provinces ayant les mêmes affinités historiques et la *province*, la subdivision administrative de la région. La *région* serait une instance politique, dotée d'une assemblée et d'un exécutif régional présidé par un président régional et la *province*, une instance administrative de polarisation des entités plus restreintes, dirigée par un gouverneur nommé, épaulé par une administration provinciale performante.

De la sorte, le pays serait doté de 26 provinces administratives, placées sous la tutelle exclusive de 7 régions, disposant chacune, comme on l'a dit, d'un président de Région, chef du gouvernement régional, et d'un Parlement régional. Il s'agirade la région du *Grand Équateur*,du *Grand Oriental*,du *Grand Kivu-Maniema*,du *Grand Katanga, du Grand Kasaï*, du *Grand Bandundu-Kongo central* et de la *Ville-Région de Kinshasa.*

Quelles que soient les options qui pourraient être retenues pour l'avenir, reconnaissons pour l'heure que ce colloque offre une belle opportunité de revisiter l'ensemble des projets disponibles pour planifier le devenir de notre grand pays.

En définitive, comme vous l'avez noté, vivre le devenir du Congo, c'est acquérir un *savoir-être* qui, en lui-même, est la synthèse dynamique d'un *savoir-regarder et d'un savoir-écouter* ;le *savoir-regarder* des visages des Congolaises et des Congolais et le *savoir-écouter* de leurs cris de misère et leurs aspirations.

Dans son *Cahier d'un retour au pays natal*, Aimé Césaire ne dit pas autre chose quand il écrit :

> « À force de penser au Congo, je suis devenu un Congo bruissant de forêts et de fleuves, où le fouet claque comme un grand étendard, l'étendard du prophète… ! »

Puissent vos réflexions fécondes, ambitieuses, audacieuses, préconiser la « feuille de route » de la « marche du pays » au cours des prochaines années.

Puissent-elles vous engager tous, nous engager tous, à contribuer à sa mise en œuvre effective.

Le rôle de l'Université congolaise dans le développement de la RDC, noyée dans un environnement naturel opulent avec une population indigente

Dieudonné MUSIBONO EYUL'ANKI

I. Introduction

La République démocratique du Congo (RDC), le 2e pays le plus vaste d'Afrique, est plongée dans une pauvreté durable. Classée de ce fait comme pays pauvre très endetté, la RDC plombe son développement. Pourtant, ce territoire africain regorge d'innombrables ressources naturelles dont certaines sont encore inconnues ainsi que d'immenses ressources culturelles négligées. Il y a donc un paradoxe ahurissant entre l'opulence naturelle et socioculturelle d'une part et l'indigence sociétale d'autre part. C'est ici qu'il faudra investir toutes les intelligences nationales afin de casser l'inertie intellectuelle qui caractérise l'universitaire congolais à quelques exceptions près ; ce qui en confirme bien la règle. Malheureusement, plongé dans un système de gouvernance frustrant inerte basé sur des politiques toxiques de prédation et de terreur d'État (Musibono, 2018 ; 2006), l'intellectuel congolais a enfermé son intelligence dans un coffre-fort qui empêche la créativité, l'inventivité et l'innovation. Nos intelligences sont inertes avec comme seule expression de la destruction de l'autre. Cette situation nous a plongés dans une indigence clinique régulée par les instincts de survie. Les questions fondamentales sont restées attachées à l'alimentation, à la reproduction et à l'autodéfense : une expression de l'instinct de conservation ou de survie.

Évidemment, dans un pareil environnement, l'égoïsme domine l'altruisme.

Rôle de l'Université congolaise dans le développement du pays

1.1Commençons par définir quelques concepts-clés

1.1.1. Une université est une institution d'enseignements supérieurs, d'études et de recherches, constituée par la réunion de divers établissements nommés suivant les traditions « collèges » ou « facultés », « instituts »,

« départements », « centres », « sections », « unités » ou écoles spécifiques, mais aussi bibliothèque… C'est donc la source de savoirs organisés.

Si initialement l'Université était considérée comme une académie où les savants haranguaient leurs disciples, aujourd'hui, l'Université est un lieu d'enseignement, de recherche et de création, invention et d'innovations relatives aux solutions aux problèmes de société. L'Université est donc le laboratoire du développement d'une société, d'un pays. En effet, on ne peut pas parler du développement et de la renaissance de la RDC sans y associer l'Université.

On comprend facilement pourquoi les universités les plus performantes sont dans des pays les plus industrialisés, donc les plus développés. Les USA battent le record du top 500 universités les plus performantes dans le monde (avec 387/500 meilleures universités du monde). Ce classement se fonde sur la recherche scientifique (ressources et qualité), le nombre et la qualité des thèses doctorales, les publications scientifiques à impact sociétal dans les revues spécialisées, le nombre des brevets d'invention et des prix distingués dont le prix Nobel, la facilité d'emploi, la prospérité le prestige du diplôme, etc.

En Afrique, les universités les plus performantes sont en Afrique du Sud, au Nigeria et en Égypte. La RDC, notre pays, reste très loin dans tous les classements des meilleures universités africaines et au niveau mondial. Il est clairement établi qu'il y a une relation directe entre la qualité des universités et le niveau de développement du pays porteur. Dites-moi dans quel pays vous avez fait l'université et je vous donnerai la note idoine.

II. Le cas des USA

Ce pays a compris que la gestion de l'intelligence humaine est la première ressource du développement. C'est ainsi que leurs universités sont très performantes à divers degrés. Il en est de même pour tous les pays industrialisés ou émergents. Ci-dessous, nous reprenons le cas de 23 universités américaines réputées les plus performantes.

En effet, il ne suffit pas de diplômer les gens, mais il faut suivre leur ascension sociale à la suite de leurs diplômes. Ces 23 universités américaines sont les suivantes :

1) Université de Stanford avec un budget annuel de 28 milliards USD

L'université de Stanford est une université de recherche privée Ivy à Stanford, en Californie. Elle est connue pour sa force académique, sa richesse et sa proximité avec la Silicon Valley.

L'université a été fondée en 1885 par Leland et Jane Stanford en souvenir de leur seul enfant, Leland Stanford Jr., décédé de la fièvre typhoïde à l'âge de quinze (15) ans l'année précédente.

Stanford était un sénateur américain et ancien gouverneur de Californie qui a fait fortune en tant que magnat des chemins de fer.

L'école a admis son premier groupe d'étudiants sur le 1er octobre 1891, se classant parmi les meilleures universités du monde. L'université de Stanford est également l'une des principales institutions de collecte de fonds du pays, devenant la première école à lever plus d'un milliard de dollars en un an.

Basée sur Palo Alto, juste à côté de la Silicon Valley, Stanford a joué un rôle de premier plan en encourageant le développement de l'industrie technologique de la région.

Un grand nombre de membres de son corps professoral, d'étudiants et d'anciens élèves ont fondé des entreprises de technologie et des start-ups à succès, notamment Google, Snapchat et Hewlett-Packard. Au total, les entreprises fondées par des diplômés de Stanford gagnent 2 700 milliards USD par an.

2) Université de Harvard avec un budget de 41 milliards USA

Harvard est une université de recherche privée de la Ivy League à Cambridge, Massachusetts. Environ 20 000 étudiants sont inscrits, dont un quart sont internationaux. Bien que le coût des frais de scolarité soit coûteux, la dotation financière de Harvard permet une aide financière importante aux étudiants.

L'université de Harvard a été fondée en 1636 et porte le nom de son premier bienfaiteur, le pasteur John Harvard. Harvard est la plus ancienne institution d'enseignement supérieur des États-Unis et son histoire, son influence et sa richesse en ont fait l'une des universités les plus importantes du monde. La Harvard Corporation est sa première société à charte.

L'université Harvard est peut-être l'une des meilleures universités au monde, en tête de classement de *Times Higher Education* pour plusieurs années. Le système de bibliothèque de Harvard est composé de soixante-dix-neuf (79) bibliothèques et compte comme la plus grande bibliothèque universitaire au monde.

Harvard compte huit présidents américains, 157 lauréats du prix Nobel, lauréats du *14 Turing Award* et milliardaires vivants. Contrairement à d'autres universités figurant en tête de liste, l'université de Harvard est au moins aussi réputée pour les arts et les sciences humaines que pour la science et la technologie uniquement, voire davantage.

3) Université de Princeton avec un budget de 26 milliards USA

L'université de Princeton est une prestigieuse université de recherche *Ivy League* située à Princeton, dans le New Jersey.

L'université a été fondée en 1746 à Elizabeth sous le nom de *College of New Jersey*. *Princeton* est la quatrième plus ancienne institution d'enseignement supérieur des États-Unis et l'un des neuf collèges coloniaux (9) agréés avant la Révolution américaine.

L'environnement social distinct de Princeton comprend des « clubs de restauration » privés, qui servent à la fois de foyers sociaux et de restaurants.

Un grand nombre de clubs sont sélectifs et compétitifs, mais d'autres obligent tout simplement les étudiants à s'inscrire. L'institution a déménagé à Newark en 1747, puis sur le site actuel neuf ans plus tard, où elle a été renommée Université de Princeton en 1896.

4) Massachusetts Institute of Technology (MIT) avec un budget de 40,9 USD

Le Massachusetts Institute of Technology est une prestigieuse université de recherche située à Cambridge, dans l'État de Massachusetts en face de l'université d'Harvard. L'université a été fondée l'année de 1861 en réponse à l'industrialisation croissante des États-Unis. Le Massachusetts Institute of Technology a adopté un modèle universitaire polytechnique européen enseignement de laboratoire en sciences appliquées et en génie.

L'université est traditionnellement connue pour ses recherches et son enseignement en sciences physiques et en génie, mais plus récemment en biologie, en économie, en linguistique, en génie de l'environnement et en gestion. Le Massachusetts Institute of Technology est souvent classé parmi les meilleures universités du monde.

Au mois d'août 2018, 91 lauréats du prix Nobel, 25 lauréats du prix Turing et 8 médaillés Fields ont été affiliés au MIT en tant qu'anciens, membres du corps professoral ou chercheurs.

Le MIT entretient également une forte culture entrepreneuriale, qui a permis à de nombreux diplômés de créer des entreprises renommées telles qu'Intel et Dropbox.

5) Institut de technologie de Californie (Caltech) avec 21 milliards USD

Caltech est une université de recherche privée délivrant un doctorat, située à Pasadena, en Californie, aux États-Unis. Reconnue pour sa force en sciences naturelles et en génie, elle est souvent classée parmi les dix meilleures universités du monde.

L'université a été créée en tant qu'école préparatoire et professionnelle par Amos G. Throop en 1891. Au début du XXe siècle, le collège attira des scientifiques influents tels qu'Arthur Amos Noyes, George Ellery Hale et Robert Andrews Millikan.

Les écoles professionnelles et préparatoires ont été dissoutes en 1910 et le collège a pris son nom actuel au cours de l'année 1921.

En 1934, Caltech a été élu à l'Association des universités américaines et les antécédents du Jet Propulsion Laboratory de la NASA, que Caltech continue de gérer et d'exploiter, ont été créés entre 1936 et 1943 sous Theodore von Kármán.

Il y a environ deux mille (2 000) étudiants à Caltech, et le campus principal de Pasadena, près de Los Angeles, couvre 124 ha. Presque tous les étudiants de premier cycle vivent sur le campus.

Dans les six (6) facultés, l'accent est mis sur les sciences et l'ingénierie. Caltech a la plus forte proportion d'étudiants qui poursuivent des études de doctorat, et le trophée du troisième cycle Caltech s'est filtré dans la culture populaire ; tous les personnages principaux de la comédie de télévision The Big Bang Theory travaillent ou étudient à *California Institute of Technology*.

6) Université Johns Hopkins avec 18 milliards USD

L'université Johns Hopkins (JHU) est une université de recherche privée américaine située à Baltimore, dans le Maryland. Fondée dans l'année 1876, elle tire son nom de son premier bienfaiteur, l'abolitionniste américain, philanthrope et entrepreneur, Johns Hopkins.

Ses legs de 7 millions de dollars (environ 141,2 millions de dollars d'aujourd'hui), dont la moitié finançait la création de l'hôpital Johns Hopkins, constituaient le plus grand don philanthropique de l'histoire des États-Unis à cette époque.

L'université Johns Hopkins possède quatre campus à Baltimore, ainsi que des campus satellites régionaux dans tout le Maryland et un centre de biotechnologie au nord de Washington, DC.

Il est présent dans plus de cent cinquante (150) pays, dont l'Argentine, la France, la Chine, l'Italie et Singapour, et un vaste programme d'études à l'étranger.

Plus de trois mille (3 000) des étudiants de l'université sont internationaux, totalisant 20 % des effectifs étudiants et représentant 120 pays différents.

L'université compte jusqu'à 36 lauréats du prix Nobel parmi les professeurs et les étudiants passés et présents.

Parmi les autres anciens élèves notables figurent le journaliste P. J. O'Rourke, le réalisateur Wes Craven, Woodrow Wilson, le 28e président des États-Unis, et le chroniqueur lauréat du prix Pulitzer, Russell Baker.

Son campus principal comprend des bâtiments en briques rouges, une tour de l'horloge emblématique et de vastes étendues boisées.

7) Université de Pennsylvanie avec un budget annuel 15 milliards USA

L'université de Pennsylvanie est une institution de recherche privée de la Ivy League. Située dans la partie universitaire de West Philadelphia.

Elle fait partie de quatorze membres fondateurs (14) de l'Association des universités américaines et de l'un des neuf collèges coloniaux agréés avant la Révolution américaine.

Le fondateur de Penn, Benjamin Franklin, préconisait un programme éducatif axé autant sur l'éducation pratique pour le commerce et le service public que sur les classiques et la théologie, bien que son programme proposé n'ait jamais été adopté.

Avec une dotation de 12,21 milliards de dollars en 2017, elle disposait de la septième dotation la plus importante de tous les collèges des États-Unis. Au cours de son exercice 2015, le budget de recherche universitaire de Penn s'élevait à environ 851 millions de dollars, impliquant plus de 4 300 100 professeurs, 5 500 boursiers postdoctoraux et membres du personnel de soutien/assistants diplômés.

Parmi les anciens élèves distingués de 2018, on compte 14 chefs d'État, 25 milliardaires ; trois juges de la Cour suprême des États-Unis ; 33 sénateurs des États-Unis, 42 gouverneurs des États-Unis et 158 membres de la Chambre des représentants des États-Unis ; 8 signataires de la Déclaration d'indépendance américaine ; 12 signataires de la Constitution des États-Unis et le président Trump.

8) Université de Yale avec 30,3 milliards USA

L'université de Yale est une université de recherche privée américaine, l'Ivy League, qui est la troisième plus ancienne institution d'enseignement supérieur des États-Unis.

Yale retrace son histoire depuis l'année 1701 lors de sa fondation sous le nom de Collegiate School à Saybrook, dans le Connecticut, qui a ensuite déménagé à New Haven, 15 années plus tard.

Le campus central de l'université de Yale couvre 260 hectares de New Haven et comprend des bâtiments datant du milieu du XVIIIe siècle.

Environ un étudiant sur cinq de Yale est un étudiant international et plus de la moitié de tous les étudiants de premier cycle reçoivent des bourses ou des subventions de l'université.

Yale a une dotation dépassant le milliard de dollars US (milliards de livres sterling), ce qui en fait la deuxième institution d'enseignement la plus riche au monde, et une bibliothèque contenant plus de 25 millions de volumes, ce qui en fait le troisième en importance aux États-Unis.

Les anciens et les équipes sportives de Yale sont connus sous le nom de « Bulldogs ». De nombreux diplômés ont connu des carrières remarquables dans la politique, les arts, la science, etc.

9) Université de Chicago avec 12 milliards USD

L'université de Chicago est une université de recherche urbaine qui a poussé de nouvelles méthodes de pensée depuis 1890. Son engagement en faveur d'une enquête libre et ouverte attire des universitaires enthousiastes sur ses campus mondiaux, où naissent des idées qui défient et changent le monde.

Les universitaires de l'université de Chicago ont joué un grand rôle dans le développement de nombreuses disciplines universitaires, notamment l'économie, la sociologie, le droit, la critique littéraire, la religion et l'école de comportementalisme des sciences politiques.

L'université abrite également l'University of Chicago Press, la plus grande presse universitaire des États-Unis.

Les étudiants en création et les anciens de l'université de Chicago stimulent l'innovation, mènent des conversations internationales et réalisent des chefs-d'œuvre. Anciens et professeurs, conférenciers et post-doctorants deviennent ensuite des PDG, des procureurs généraux, des géants de la littérature, des présidents d'université et des astronautes.

10) Université de Californie à Berkeley 23 milliards USD

L'université de Californie à Berkeley (UC Berkeley) est l'une des universités de recherche publiques les mieux classées aux États-Unis. Située dans la ville de Berkeley, elle a été fondée l'année 1868 et est l'institution phare des dix universités de recherche affiliées au système University of California.

Berkeley a depuis grandi pour former plus de quarante mille étudiants (40 000) dans des programmes de premier cycle et de cycles supérieurs à 350 couvrant un large éventail de disciplines.

L'université est l'un des 14 membres fondateurs de l'Association des universités américaines.

La création de cette université découle d'une vision dans la constitution de l'État qui dit que la création d'une université contribuerait encore plus que l'or de la Californie à la gloire et au bonheur des générations futures.

Elle a une tradition en tant que centre d'activisme politique. Au cours des années, les campus 1960 et 1970 ont été le théâtre de manifestations estudiantines contre la guerre du Vietnam. Les attractions sur le campus incluent un jardin botanique qui a été créé en 1890 et le California Memorial Stadium d'une capacité 60 000 places ; il est utilisé par les équipes sportives de l'université.

Plus de 400 universités américaines ont un budget annuel supérieur à 5 milliards USD. L'objet social des universités américaines ou de toute université est avant toute chose la recherche pour créer l'information à transmettre (enseigner) aux jeunes (étudiants) et à développer en start-up industrielle. Aucune industrie n'est possible sans la recherche en amont.

III. Rôle de l'université dans l'écosystème industriel

Rappelons qu'un écosystème industriel comprend 3 parties interdépendantes, successivement : la source d'approvisionnement en matières premières et en énergie, l'usine et le marché. Partant de ce schéma, la RDC dispose d'immenses matières premières et sources énergétiques, la RDC a près, voire plus de 100 millions de consommateurs. Il lui manque le niveau 2 ou usinage. En effet, sans recherches appliquées, pas d'inventions, ni d'innovations et donc pas de propriété ou formule industrielle. Ceci semble lié à la faiblesse de nos universités de mener de la recherche. Étant limitées dans leur capacité opérationnelle (sans budget pour la recherche), les universités congolaises sont réduites au rôle d'enseignement livresque du savoir des autres ou savoirs importés. Ce qui ne peut en aucun cas contribuer au développement national. Si aux USA (Californie) l'université est plus importante que l'or, en RDC c'est l'inverse. Bref, en l'état actuel des choses, la RDC ne peut rien attendre quant à la performance de ses universités dont en voici quelques raisons :

1) Les universités fonctionnent encore sur le modèle colonial de formation d'assistants devant aider le maître. Nos programmes sont extravertis et distants des problèmes de société. Par exemple, au cours de zoologie, on parle d'animaux exotiques des régions tempérées. Ce qui laisse rêver ou planer nos enfants.
2) Nos universités manquent de bibliothèques à jour ; d'où l'emprise des théories dépassées des barrières entre les sciences naturelles et humaines qui plombent encore nos raisonnements. D'ailleurs, on n'avait jamais lié l'enseignement au développement.
3) Les laboratoires modernes sont quasi absents.
4) La recherche est absente par manque d'infrastructures et de matériel.
5) Nos universités sont popularisées avec le nivellement par le bas. Tout fonctionne sur la base des moyennes et non pas de l'excellence. Exemple, un licencié avec distinction est retenu comme assistant. Il lui faut une charge horaire. Malheureusement le cours où il a obtenu de bonnes notes est déjà pris par un autre assistant ; lui va se contenter d'un cours qu'il ne comprend pas bien. Que va-t-il transmettre aux étudiants ? Le système LMD actuellement en développement devra mettre fin à cette pratique médiocre. Pour cela, adaptons le système américain comme partout ailleurs :
   Les travaux pratiques sont assurés par le professeur, aidé par ses meilleurs diplômés ou tuteurs. Ceux-ci sont des apprenants en DEA/master ou doctorants. Les assistants sont des docteurs (Ph. D.).
6) L'État, pouvoir organisateur, a transformé ses savants en fonctionnaires clochardisés attendant un salaire toxique ou salaire de pauvreté durable.
7) Des enseignants bien que qualifiés sont diminués par la lutte pour la survie. Que peut-on attendre d'un chercheur sans infrastructures de

base, avec un salaire toxique qui le plonge dans une pauvreté durable ? Rien si ce n'est que la recherche du pain quotidien.

Ce tableau sombre de nos universités explique bien le manque des prix d'excellence, des inventions et de l'innovation. D'où le sous-développement chronique ou durable.

1.1.2. Le développement (durable). 1) Mme Gro Harlem Brundtland, Premier ministre norvégien (1987), définit comme ce qui suit :

Le développement durable est « un développement qui répond aux besoins du présent sans compromettre la capacité des générations futures à répondre aux leurs ».

2) Musibono (2006 ; 2020) définit le « développement durable comme un bien-être individuel et communautaire garanti par la viabilité économique due à la création des richesses réelles, par la prudence écologique sans déséquilibrer l'environnement et la justice sociale distributive de la richesse nationale, et cela de génération en génération ».

3) Bref, de façon simple, le développement durable est une conception de la croissance économique qui s'inscrit dans une perspective de long terme et qui intègre les contraintes écologiques et sociales.

Ceci nous amène à parler de trois piliers du développement durable (DD). Il s'agit bien a) du pilier économique. Pour cela, il faut produire de la richesse réelle à partir de nos ressources naturelles et culturelles. Ce qui exige en amont un bon système de gouvernance. La RDC souffre du déficit de l'intelligence économique pour créer de la richesse réelle. Il n'existe aucune banque d'investissement ou de développement. Nos petites banques commerciales restent limitées dans leur capacité à encaisser des sommes importantes. Il y a donc limitation institutionnelle.

Le pilier écologique ou environnemental : la création des richesses ne peut pas rompre les équilibres écologiques naturels. Il faudra donc veiller à concilier la chèvre et le chou. Les changements climatiques rentrent dans ce panier des conséquences du développement économique sans intelligence écologique ou environnementale.

Enfin, le pilier social basé sur la justice sociale distributive. Le revenu national devra être redistribué équitablement dans la société. Ceci motive et sécurise tout travailleur. Il est anormal qu'une poignée d'individus brasse la richesse nationale produite par le travail de tous et se contente de maintenir dans la misère la majorité. Comment comprendre qu'un retraité politique touche un salaire de 680 000 USD par mois alors qu'un professeur ordinaire n'a que 1 300 USD par mois, et un huissier de la fonction publique 100 USD ? C'est la source des frustrations diverses et d'inertie sociétale. Pour mieux illustrer mes propos, je prends l'exemple d'une mutuelle dont les membres cotisent chaque mois 100 USD, voire moins ou plus. Si le comité de gestion utilise cet argent pour la villégiature au détriment des membres. Peuvent-ils se cotiser les 100 USD ?

Il en est de même du travail de tous et la mauvaise gestion de la richesse commune par une minorité kleptomane et prédatrice.

Avec le vieil homme prédateur qui caractérise notre gouvernance, le développement durable demeure un simple vœu pieux. D'où l'urgente nécessité de renaître des cendres afin de prendre un bel élan de développement durable. C'est ici qu'il faut se battre pour un État de droit afin de garantir les droits et les devoirs de chacun pour le bien commun. Un partenariat objectif et impératif entre l'État gouvernant et les chercheurs congolais devient la voie obligée de notre renaissance. Le passage du système éducatif colonial au LMD est un pas dans la bonne direction. Il faut rendre cela opérationnel de façon optimale. La connexion à l'Internet doit être gratuite à l'université pour permettre aux chercheurs et étudiants d'accéder aux bibliothèques en ligne et en réseaux. Le nombre d'étudiants doit être réduit pour favoriser les interactions entre professeurs, tuteurs et étudiants.

IV. Rôle de l'Université congolaise dans le développement du pays richissime potentiellement et indigent réellement. Que faire ?

Le constat fait plus haut montre que l'Université congolaise a un rôle dilué dans le développement du pays. Les universitaires sont des spectateurs de la société plutôt que des acteurs engagés pour le bien commun. S'ils sont aux affaires décisionnelles, ils deviennent des chantres des systèmes de gouvernance toxiques et rétrogrades. Ils développent des incohérences scientifiques et imposent la médiocrité aux jeunes. Des savants se transforment en ignorants abrutis. L'intelligence pratique fonctionnelle disparaît en faveur du sophisme.

Devant cette situation, la construction de l'État de droit s'impose. Ce dernier, en effet, libère les intelligences, booste la créativité, l'invention et l'innovation. C'est le modèle dynamique innovant qui favorise le développement.

L'amélioration de la gouvernance est la clé du succès et du développement national.

Pour évaluer votre niveau de pauvreté, considérez votre revenu mensuel et dressez la liste de vos besoins fondamentaux (consommables). Si votre revenu R est inférieur à la consommation C, avec 0 % d'épargne, vous êtes très pauvre ; si R = C, avec 0 % ou moins de 20 % d'épargne, vous êtes vulnérable ; si votre R est supérieur à la consommation, avec au moins 20 % d'épargne, vous êtes socialement sécurisé ; donc, pas pauvre.

Conclusion

Au regard de la situation sus-décrite, des réformes importantes s'imposent si l'on veut que nos universités puissent jouer un rôle-clé dans le développement national. Celles-ci partent des programmes et du financement de la recherche ainsi que des conditions de vie des chercheurs. Si nos universités refusent de réfléchir sur le devenir du pays parce que placées dans un environnement de survie, qui d'autre le ferait ? L'idée de la création de l'Académie congolaise est une opportunité qui pourra remettre de l'ordre dans l'organisation et le fonctionnement de l'intelligence congolaise si nous voulons nous développer. Ceci n'est possible que dans un État de droit et non pas dans des États squelettes des hommes forts fabriqués et vénérés par les intellectuels congolais. Il y a trop de faux diplômes universitaires et beaucoup de faux docteurs. Ce qui pollue l'intelligence nationale en favorisant le charlatanisme. On croit à l'hyperpuissance métaphysique, la sorcellerie, l'ésotérisme luciférien illusoire plutôt qu'au don inaliénable (intelligence) reçu de Dieu Créateur. On comprend dès lors pourquoi notre rationalité objective a disparu au profit des émotions subjectives. Tout le monde veut paraître et on s'appelle Professeur, Maître, Président, un vocable à la mode d'autorité morale même si la référence est amorale. La honte et la conscience fonctionnelle qui distinguent l'homme de l'animal ont disparu. D'où le marasme global et intégral qui détruit la RDC.

Ainsi, il convient de retenir que le rôle de l'Université congolaise dans le développement du pays exige bien des réformes audacieuses pour qu'enfin l'Université congolaise, spectatrice, inerte, restée longtemps en marge de la société porteuse devienne l'instrument réel du développement national.

Pour cela, il faudra :

- inculturer les programmes de recherches et d'enseignements afin de réfléchir sur les véritables défis de notre développement ;
- affecter les ressources matérielles et financières conséquentes ;
- veiller sur la qualité des chercheurs et enseignants afin d'éviter des faussaires qui polluent les milieux académiques ;
- créer une académie congolaise pour réguler nos intelligences ; ce qui nous éviterait la cacophonie juridique qui désoriente la nation ;
- donner des salaires et frais de recherche conséquents aux chercheurs, savants commis à la réflexion pour le développement et la renaissance du pays.

Bibliographie

Afrique Espoir, *Le Monde dans ma poche*, Éd. Afrique Espoir, Kinshasa, 2020.

MUSIBONO D. E., *Pollution culturelle en Afrique : viols psychiques, lumières et drogues obscurantistes*, Éd. universitaires européennes, Dusseldorf, Allemagne, 2020.

MUSIBONO D. E., *Gouvernance de l'environnement mondial : politiques toxiques et pollutions généralisées*, Éd. universitaires européennes, Dusseldorf, Allemagne, 2018.
MUSIBONO D. E., *Gestion de l'environnement en République démocratique du Congo*, Éd. universitaires européennes, Dusseldorf, Allemagne, 2020.
MUSIBONO D. E., *RDC face aux enjeux de la géostratégie des ressources naturelles*, Éd. L'Harmattan, Paris, 2009.

De la transformation de l'éducation à l'éducation de transformation en RD Congo : une approche missiologique

Prof. Fohle LYGUNDA LI-M

1. Introduction

La problématique du décollage des pays de l'Afrique subsaharienne se pose avec acuité et implique plusieurs facteurs dont l'éducation, qui n'est pourtant pas à considérer comme un fait isolé[1]. De quelque nature qu'elle soit, l'éducation touche à la vie d'une société. Nelson Mandela avait donc raison de dire que l'éducation est une arme dont quelqu'un peut se servir pour changer le monde. Bien sûr, et pour des raisons évidentes de tueries connues chez nous, nous parlerions plutôt de la métaphore de l'éducation comme un *outil* et non comme une *arme*. D'ailleurs et malheureusement, on ne cesse d'expérimenter la réalité d'une mauvaise éducation qui devient une arme d'abrutissement ou une bombe de destruction massive.

Les organisateurs de ce colloque ont raison de se poser la question de savoir pourquoi, malgré son indépendance acquise il y a 60 ans, les choses ne décollent pas en République démocratique du Congo. Cette préoccupation a souvent été abordée d'une manière sectorielle et isolée en se servant de l'une ou l'autre perspective, à savoir historique, psychologique, pédagogique, politique, économique, etc. Généralement, en suivant une approche sectorielle de ces genres, on parvient à des conclusions partielles ou incomplètes. Ces conclusions incluent tantôt le besoin de la transformation de l'éducation seulement, tantôt, mais pas souvent, l'envie de l'éducation pour la transformation aussi. Étant entendu qu'*éducation* et *transformation* sont deux concepts polysémiques et manipulables, la tâche dévolue aussi bien à l'éducation qu'à la transformation devient elle aussi polysémique et manipulable avec des résultats qu'on déplore aujourd'hui. Il est fait mention de cas de crise multiforme (corruption, points

---

[1] Par exemple, le processus de Bologne (LMD) a vu le jour en Europe en 1999 dans le même souci de rendre compétitifs les pays d'Europe. Voir une discussion détaillée dans FOHLE LYGUNDA LI-M, *Transforming Missiology: An Alternative Approach to Missiological Education*, Carlisle, UK, Langham, 2018, pp. 155-171.

financièrement, sexuellement ou politiquement transmissibles, tricherie, plagiat, incompétence, inadéquation entre les diplômes et le rendement sur terrain, manque de patriotisme, etc.).

Lorsque professeur Kambayi Bwatshia parle de « la faillite de la raison et raisons de la faillite » avec nécessité de « la stratégie de rupture positive[2] », il évoque certainement la même préoccupation d'une éducation à transformer, mais dans une approche philosophique, très ésotérique et revendicatrice au point de rester trop théorique et infertile. Professeur Richard Ngub'Usim est parmi ceux qui ont fait des recherches fouillées sur le contexte général de l'évolution du système d'enseignement en RDC des origines (État indépendant du Congo et Congo belge)en passant par Lovanium jusqu'à l'Université nationale du Zaïre (UNAZA) et après. Au regard des problèmes traités, y compris les incertitudes liées à l'avenir de ce système d'enseignement, Ngub'Usim soulève une question révélatrice d'un malaise persistant : « Faut-il recréer Lovanium[3] ? » Père Ekwa avait déjà publié le résultat de son étude sous un titre alarmant, *L'École trahie*, et démontre, chiffres à l'appui, la déchéance du système éducatif congolais tant au niveau primaire, secondaire que supérieur et universitaire[4]. Professeur N'Sial s'est préoccupé de la problématique de multitudes d'universitaires congolais en passe d'influencer positivement leur pays vers le développement et a insisté sur la nécessité de former pour transformer[5]. Tout récemment dans sa leçon d'ouverture de l'année académique 2020-2021 à l'Université chrétienne bilingue du Congo (Beni), Professeur Honoré Bunduki Kwany a réfléchi sur la question « Quelle éducation pour former quel cadre en RDC aujourd'hui ? ». La conclusion de sa réflexion révèle la réponse suivante :

> Une éducation avec une nouvelle finalité bien définie : faire des apprenants des entrepreneurs avec un esprit critique, un savoir-vivre avéré, un esprit de créativité et innovation prouvé et des apprenants à vie. Une éducation avec une approche méthodologique visant la finalité d'abord et non le contenu de la matière d'abord. Une éducation qui produit des cadres thermostats [qui décident de la température qu'on veut avoir] et non thermomètres [qui n'indiquent que la température environnante[6]].

---

[2] Bwatshia Kambayi Jean. *L'Avenir de l'enseignement supérieur et universitaire en RD Congo. Faillite de la raison et raisons de la faillite*, Kinshasa, MÉDIASPAUL, 2018, p. 26.

[3] Ngub'Usim M. N. Richard, *Pour la refondation de l'Université de Kinshasa et du Congo, Faut-il recréer Lovanium ?*, Paris, L'Harmettan, 2010, 406 p. Voir aussi Aimé Mpevo Mpolo, *Les Quatre Tournants manqués de l'Université congolaise. Analyse des réformes académiques du Congo-Zaïre (1971-2011)*, L'Harmattan, Paris, 2012, 366 p.

[4] Ekwa B. I. M., *L'École trahie*, Kinshasa, Édition CADICEC, 2004.

[5] N'Sial S. C., *Former pour transformer*, Kinshasa, Édition de la CPE, 2007.

[6] Bunduki Kwany, « Quelle éducation pour former quel cadre en RDC aujourd'hui ? », Leçon académique de l'ouverture de l'année académique 2020-2021, Université chrétienne bilingue du Congo, Beni.

Ces quelques exemples, pour ne citer que ceux-là, indiquent que d'une manière générale les différentes réformes engagées en RDC n'auront pas produit un résultat satisfaisant et que le malaise persiste encore.

Dans cette réflexion, nous aimerions clarifier la notion de la transformation de l'éducation d'une part, et d'autre part celle de l'éducation de transformation, pour interpeller l'Église à travers ses institutions de formation supérieure et universitaire à passer de la phase de la réactivité qui a souvent caractérisé le discours de l'intellectuel africain à celle de la proactivité. Cette proactivité implique les réflexions et actions d'innovation soit par rénovation (sur base de ce qui existe), soit par création (à partir de rien[7]). Nous insisterons sur les points suivants :

1. Considérations épistémologiques des concepts-clés (*éducation*, *transformation* et *missiologie*)
2. Perspectives de la *transformation de l'éducation*
3. Perspectives de l'*éducation de transformation*
4. Propositions prospectives : *Éducation comme mission*

2. Considérations épistémologiques des concepts-clés

De par sa racine étymologique, l'*éducation* (du latin *educare*) est le processus par lequel une personne passe d'un état d'ignorance et d'immaturité à un état de connaissance et de maturité. Cette maturité se fait remarquer dans tout l'être et dans son environnement en termes de transformation. L'apôtre Paul fait intervenir cette dynamique de l'éducation dans son principe de la transformation par le renouvellement de l'intelligence[8]. Pour lui, il ne peut y avoir de la transformation que si l'intelligence était renouvelée. D'ailleurs, ce principe est intimement lié à la philosophie de l'éducation de Jésus-Christ qui prône qu'un bon maître devait servir de modèle au disciple avec double finalité, soit que le disciple devient comme son maître[9], soit qu'il devient plus que son maître[10]. À la lumière de ce qui précède et s'inspirant de chaque lettre du mot *éducation*, il y a lieu de comprendre l'éducation comme une Épreuve Difficile d'Unifier le Caractère, l'Aptitude et les Traditions Invisibles à l'Œil Naturel (É.D.U.C.A.T.I.O.N.). En effet, le processus éducatif est une épreuve difficile, une expérience personnelle de l'apprenant bien qu'accompagné par l'enseignant. Cette expérience n'est pas généralement facile, car elle requiert un effort de concilier le caractère, l'aptitude et les traditions de l'apprenant. Sans cette combinaison chimique, il serait difficile d'atteindre les vrais objectifs de

---

[7] Nous avons largement cogité sur ces concepts et leur fonctionnalité dans un manuscrit sous presse intitulé *De la fragmentation à l'intégration : Quête d'un nouveau corpus théologique pour une Afrique missionnaire*.

[8] Romains 12 :2.

[9] Luc 6 :39, 40.

[10] Jean 14 :12.

l'éducation. Toute cette épreuve interne d'unifier le caractère, l'aptitude et les traditions pour former un tout cohérent n'est pas pourtant visible à l'œil nu. Tout se passe à l'intérieur de l'apprenant, dans son subconscient, mais c'est seulement le résultat de cette expérience invisible qui devient plus que visible. Pendant que la réussite à cette épreuve conduirait à la construction de la société, son échec déboucherait sur la destruction de la société. C'est cette dernière expérience qui justifie tous les efforts à déployer dans le cadre de la transformation de l'éducation.

Le concept de *transformation de l'éducation* (*educational transformation ; transforming education* ; *the transformation of education*) induit le fait de transformer le processus éducatif, d'en donner une autre forme et un autre fond pour parvenir à des résultats meilleurs. En d'autres termes, il s'agit de la réforme de l'éducation, du changement de système scolaire ou universitaire. Il est cependant attesté que toute réforme ou transformation de l'éducation ne conduit pas nécessairement à une éducation qui transforme. Pour preuve, depuis l'indépendance de la RDC il y a de cela 60 ans, plusieurs réformes ont été initiées, mais le résultat ne cesse d'être décrié. Bref, la transformation de l'éducation ne signifie pas nécessairement l'éducation de transformation. Par conséquent, plusieurs décennies après son indépendance, la RDC a besoin de passer de la transformation de l'éducation à l'éducation de transformation.

Par l'*éducation de transformation*, il faut entendre une éducation offerte pour la transformation holistique de l'individu et de sa société. Il ne s'agit pas de n'importe quelle éducation, telle que celle faite pour des raisons purement mercantiles. Dans le contexte d'une éducation de transformation, le contenu et le processus d'enseignement-apprentissage visent la transformation de parties prenantes et de leur société en général. Dans ce sens, la conviction est que la véritable transformation positive, celle qui s'avère durable parce que communautaire, résulte de l'éducation, et non de la politique politicienne ou des autres moyens, car c'est l'homme transformé qui peut être en mesure de transformer sa société. Il est évident dans le contexte congolais que l'éducation fondée sur les calculs politiciens ou sur les intentions à but lucratif est à la solde des intérêts égoïstes et les théories y découlant sont subjectives et instables. C'est ainsi qu'un professeur peut enseigner avec conviction une théorie pendant plusieurs années et la contredire avec déshonneur pour des raisons de positionnement politique ou social. Comme l'a dit Joseph Rabelais dans ce qu'est devenue une maxime populaire, « science sans conscience n'est que ruine de l'âme ». Bien que toute éducation puisse viser la transformation, la thèse de Rabelais insinue le fait qu'il peut y avoir transformation positive et transformation négative. En d'autres termes, il y a transformation en bien et il y a transformation en mal. On pourrait donc, pour raison de clarté et précision, parler respectivement de la *transformation* et de la *déformation*. Plutôt que de véritablement transformer (c'est-à-dire construire), un système éducatif défaillant pourrait plutôt déformer (c'est-à-dire détruire).

Cela conduit au troisième concept-clé de la présente réflexion, à savoir *missiologie*, qui est rattachée à la mission de l'Église dans le monde. Plusieurs raisons justifient une telle approche dont les deux principales suivantes.

D'abord, le fait que l'être humain est une créature complexe, formée d'une partie matérielle (*soma*, corps physique) et d'une partie immatérielle (*psychè*, âme, et *pneuma*, souffle, esprit). En conséquence, tous les contours de la vie humaine ne pourraient être jugulés que par une cure holistique qui prend en considération ces différentes parties ou dimensions de l'homme. Une éducation qui ne touche pas ces trois dimensions de l'être ne serait qu'une éducation partielle et incomplète. Or, la plupart des réformes en cours ou en vue semblent ne pas tenir compte de cette réalité inhérente à la vraie nature humaine qui transcende tout effort purement humain. La Bible dit : « Le cœur est tortueux par-dessus tout, et il est méchant : qui peut le connaître[11] ? » Elle détaille le rôle que joue le cœur de l'homme dans des termes on ne peut plus clairs : « Mais ce qui sort de la bouche vient du cœur, et c'est ce qui rend l'homme impur. En effet, c'est du cœur que viennent les mauvaises pensées, les meurtres, les adultères, l'immoralité sexuelle, les vols, les faux témoignages, les calomnies[12] ». Un système éducatif qui ne touche pas le cœur, mieux le caractère, serait en passe d'atteindre ses vrais objectifs.

La deuxième raison de choisir une approche éducationnelle autre que celle ayant souvent caractérisé les différentes réformes connues porte sur les effets de la société sur l'être humain. En disant que « l'homme est né bon et que c'est la société qui le rend mauvais », Jean-Jacques Rousseau faisait référence non seulement à la complexité de la situation dans laquelle se trouve tout être humain, mais aussi à l'influence souvent négative que la société exerce sur lui. Dans un sens, Rousseau a raison parce que tout ce que Dieu avait fait (y compris l'homme) était très bon[13]. Il est toutefois indéniable que c'est le péché qui a perverti l'homme qui naît déjà avec la semence du péché, avec un cœur enclin au péché[14]. Bien que « les mauvaises compagnies corrompent les bonnes mœurs[15] », la société n'intervient qu'au second degré. La racine du mal dans l'homme est plus profonde et ses mauvaises actions ne sont que le reflet de cette racine, au point de dire que c'est plutôt l'homme qui corrompt la société. De toute évidence, la société dans laquelle vit l'homme n'est pas stable et ses normes varient au gré de vagues au point de changer les valeurs en antivaleurs et vice versa. Les valeurs sont ainsi définies en rapport avec les contextes et sur base des intérêts souvent égoïstes de ceux qui édictent les lois. C'est ainsi que la

[11] Jérémie 17 :9.
[12] Matthieu 15 :18, 19.
[13] Genèse 1 :31.
[14] Psaumes 51 :7 ; Romains 5 :12.
[15] I Corinthiens 15 :33.

Bible insiste en ces termes : « Ne vous conformez pas au siècle présent, mais soyez transformés par le renouvellement de l'intelligence, afin que vous discerniez quelle est la volonté de Dieu, ce qui est bon, agréable et parfait[16] ». Une intelligence renouvelée conduit à la transformation de l'individu et conséquemment de sa société.

L'approche missiologique prônée dans cette réflexion prend en considération la complexité des réalités qui caractérisent l'être humain dans lesquelles le rôle à jouer par l'Église est incontestable.

3. Église à la base de la transformation de l'éducation

À son origine, l'éducation n'a pas été l'initiative de l'Église. Mais la transformation de l'éducation est venue de l'Église. La notion de l'éducation est récurrente dans la Bible avant même la naissance de l'Église. Déjà dans l'Ancien Testament, les parents avaient le mandat d'éduquer, c'est-à-dire d'assurer une bonne éducation de leurs enfants. D'ailleurs, l'éducation commença dans la maison, au sein de la famille.

Il n'y a cependant aucun doute que le système éducatif universitaire en cours dans nos milieux relève de l'initiative de l'Église médiévale qui visait une éducation de qualité pour les clergés[17]. Tout était parti du cercle ecclésiastique et tout se faisait d'abord à l'intérieur de l'Église. C'est ainsi qu'on parlera de la théologie comme étant la mère des sciences. Plus tard, l'éducation deviendra une affaire publique, et la théologie va malheureusement perdre sa place de reine. La théologie qui était au centre de l'éducation deviendra à la périphérie des autres sciences. Mais la vérité est que l'Église aura joué un rôle de premier plan dans la transformation du système éducatif.

Avec la deuxième évangélisation de la RDC au XIXe siècle, d'abord par les missionnaires protestants en 1878 suivis par des missionnaires catholiques en 1893, l'éducation sera au cœur de la mission ecclésiastique, se transformant au fil des ans, et cela au rythme de l'état du développement du pays[18]. C'est ici qu'il y a lieu de soulever la question de savoir, historiquement parlant, si le développement de la RDC était le résultat de l'éducation offerte ou s'il était plutôt la cause de la transformation de l'éducation. En termes clairs, est-ce le développement de la RDC qui a

---

16 Romains 12 :2.

17 V. TROGER et J-C. RUANO-BORDALAN, *Histoire du système éducatif.* Paris : Presses universitaires de France, 2005.

18 Les premiers missionnaires protestants arrivèrent au Congo en 1878 et s'installèrent à Palabala en février de la même année. Du côté catholique les premiers missionnaires, six jésuites belges, arrivèrent au Congo en 1893 à la demande de Léopold II. Cfr. Wikipédia, « Mission jésuite au Congo », [https://fr.wikipedia.org/wiki/Mission_j%C3%A9suite_au_Congo].

nécessité le besoin de la transformation de l'éducation en RDC, ou bien c'est à cause de l'éducation en RDC que le pays se serait développé ?

Quelle que soit la réponse qu'on puisse fournir à ce sujet, il est cependant indiscutable que l'Église (protestante et catholique) ait été au cœur de l'action éducative et du système éducatif congolais, mais suivant la vision politique des autorités du pays. De l'époque coloniale à ce jour, l'autorité politique a toujours été à la base de la philosophie de l'éducation et l'Église aura généralement joué le rôle d'accompagnatrice. Sans risque d'être contredit, bien qu'ayant la responsabilité de créer et de gérer des institutions de formation, l'Église en RDC n'aura pas vraiment joué le rôle catalyseur de la philosophie de l'éducation à laquelle se conformerait l'État même si elle pouvait en avoir le privilège au regard de la faillite de l'État. Par contre, l'Église n'a fait qu'appliquer les mesures édictées par l'autorité politique. Bien sûr, à travers l'histoire, les institutions de formation supérieure et universitaire de l'Église, sans parler de l'enseignement primaire et secondaire, ont souvent été préférées de celles dites publiques. L'Église aura donc joué un certain rôle dans la *transformation de l'éducation* même si l'idéal serait plutôt de concevoir, d'articuler et de promouvoir une *éducation de transformation* qui faisait souvent défaut dans le système édicté par le pouvoir public. Bien que l'Université de Lovanium ou l'Université protestante aient été initiées par l'Église, elles étaient en réalité au service de la vision politique des autorités. Il s'agissait donc d'un des aspects de la *transformation de l'éducation*[19].

4. Église appelée à promouvoir l'éducation de transformation

Parce que l'Église (protestante et catholique) fait partie des partenaires privilégiés de l'État congolais dans plusieurs matières y compris en ce qui concerne l'éducation, un appel vibrant qui peut lui être lancé aujourd'hui porte sur la nécessité et l'urgence d'initier et de promouvoir une *éducation de transformation*. Plutôt que d'agir simplement en accompagnatrice de la vision de l'État de *transformer l'éducation*, elle pouvait prendre l'initiative de mettre en branle l'*éducation de transformation* qui en réalité fait partie de sa mission biblique d'assurer un salut holistique.

C'est ici qu'intervient l'approche missiologique de l'éducation à prôner par l'Église. L'approche *missiologique* est non seulement pluridisciplinaire en ce qu'elle inclut les autres disciplines de sciences humaines et sociales. Elle tient fortement compte de l'apport biblique et théologique du fait

[19] Cette transformation de l'éducation est à comprendre comme les différentes réformes ayant pris cours en RDC de 1971 avec l'unification de l'enseignement supérieur et universitaire en une seule Université nationale du Zaïre (UNAZA). D'autres réformes ont suivi en 1981, 1986 et 2003 répondant à la demande nationale (vision politique de l'autorité, besoins exprimés par la société congolaise) et internationale (standards internationaux et exigences de la mondialisation –langues et technologie).

éducation et *transformation* comme une réalité à pratiquer et à vivre. Étant au cœur de la missiologie, l'Église a aussi une mission évidente d'affecter, mieux de transformer la société. La missiologie aidant, la question sera d'évaluer le rôle de l'Église dans sa mission idéale d'être le sel de la terre et la lumière du monde[20], de communicatrice de la sagesse infiniment variée de Dieu[21], et comment le passage d'une transformation de l'éducation à une éducation de transformation serait l'antidote au poison mental qui gangrène la société de nos jours.

À cet effet, il convient d'abord de définir ce qu'est *missiologie*, ce néologisme monstrueux (*missio* du latin et *logia* du grec) forgé en 1915 par le père jésuite Ludwig J. van Rickenvorsel, mais coopté par les protestants plus tard après la Seconde Guerre mondiale[22]. Littéralement, il s'agit d'une discipline qui s'occupe de la mission de l'Église, c'est-à-dire de la tâche confiée à l'Église par Jésus-Christ. C'est à travers cette discipline qu'une étude approfondie de la mission de l'Église devait être amorcée. Malheureusement, comme nous l'avons démontré ailleurs, la missiologie est une discipline à haut risque, non seulement en Afrique francophone, mais aussi à travers le monde[23]. Dans beaucoup de facultés de théologie, la missiologie est absente. Dans certains autres contextes, aussi bien dans les milieux protestants que catholiques, elle est simplement rayée du curriculum. Dans le gros manuel contenant les programmes de filières de l'enseignement supérieur et universitaire en RDC suivant la réforme de 2003, la missiologie y est totalement absente[24]. On peut donc observer que l'absence de missiologie en tant que discipline à part entière ou encore comme une sève qui devait infiltrer tout le corpus théologique ferait que la théologie donne l'impression de cesser d'être au service de l'Église et de sa mission. S'il est vrai comme l'a dit le théologien suisse Emil Brunner que « l'Église existe par la mission comme le feu en brûlant[25] », l'absence de missiologie dans le corpus théologique dans plusieurs facultés de théologie serait un manquement grave susceptible d'induire l'Église en erreur par rapport à sa mission dans le monde.

Dans une étude récente conduite dans le cadre de ma deuxième thèse doctorale à North-West University, Afrique du Sud, laquelle thèse est publiée en Angleterre en 2018, je propose une définition qui prend en compte toutes les dimensions de la mission de l'Église. Cette définition est

---

[20] Matthieu 5 :13-16.

[21] Éphésiens 3 :10.

[22] J. A. B. Jongeneel, *Philosophy, Science and Theology of Mission in the Nineteenth and Twentieth Centuries*, vol. 1, Frankfurt, P. Lang, 1995, p. 63.

[23] F. Lygunda li-M, « Missiologie comme une discipline à haut risque », exposé présenté à la Conférence panafricaine de 30 ans de missiologie protestante en Afrique francophone tenue en visioconférence du 26-27 novembre 2020.

[24] *Programmes des cours : Réforme de la table ronde des universités du Congo*, Kinshasa, CPE, 2010.

[25] E. Btunner, *The Word and the World*, New York, Charles Scribner's Sons, 1931, p. 108.

en réalité une remise en question de celles existant depuis 1945 jusqu'au moment de ma recherche. Sans revenir sur toutes ces autres définitions, parfois simplistes, incomplètes ou ambiguës, je propose la définition suivante de la missiologie : « une étude scientifique et appliquée, basée sur la parole de Dieu et les autres sciences humaines et sociales, concernant comment la mission de Dieu confiée à l'Église, une mission à la fois *glocale* et holistique est et devrait être perçue est et devrait être enseignée, est et devrait être pratiquée[26]. »

Comme on peut le constater, cette façon de comprendre la missiologie met également au clair la mission de l'Église. Il s'agit d'une mission qui tire ses origines de Dieu lui-même, le créateur de l'être humain (homme et femme) à son image (*imago Dei*[27]), mais une mission confiée à l'Église[28]. Comme déjà indiqué plus haut, l'être humain est une créature complexe à la fois corps, âme et esprit[29]. Dieu s'intéresse à son corps, à son âme, et à son esprit[30]. Il veut que l'être humain l'aime et le serve de toute son âme, de toute sa force et de toute sa pensée[31]. Dieu voudrait sanctifier tout l'être humain, corps, âme et esprit[32]. Il veut le bonheur de tout l'être, corps, âme et esprit[33]. C'est cela le salut holistique, celui qui touche tout l'être entier[34].

Dans le cadre de la présente réflexion, l'approche missiologique voudrait tout simplement signifier qu'une étude soit faite pour évaluer et orienter ce que l'Église, à travers ses institutions de formation, devait faire concernant l'éducation. À la lumière de ce qui précède, l'éducation offerte par les institutions de formation appartenant à l'Église devait s'intéresser à tout l'être humain, corps, âme et esprit de sorte à transformer tout l'être de l'apprenant en vue de la transformation de sa société. Il faut à cet effet insister sur le fait que notre définition de la missiologie indique que l'approche missiologique évalue les actions de l'Église et les oriente. Une telle entreprise devra tenir compte de ce qui existe avant de proposer ce qui devait plutôt être fait. C'est tout cela qui constitue l'évaluation missiologique de ce qui devrait être la tâche de l'Église en matière d'éducation.

---

[26] FOHLE LYGUNDA LI-M, *Transforming Missiology: An Alternative Approche to Missiological Education*, Carlisle, UK, Langham, 2018, p. 47.
[27] Genèse 1 :26, 27.
[28] Matthieu 5 :14-16 ; 28 :19, 20 ; Éphésiens 3 :10.
[29] Genèse 2 :7.
[30] Luc 4 :17-21 ; Jean 7 :23.
[31] Matthieu 22 :37-39.
[32] 1 Thessaloniciens 5 :23.
[33] 3 Jean 2.
[34] C'est le sens du verbe grec *sozo*, le fait de pourvoir un salut complet.

5. Éducation comme mission de l'Église

En visant le salut holistique de l'être humain et la transformation positive de son environnement, l'église à travers ses institutions de formation supérieure et universitaire ferait bien de promouvoir une éducation de transformation dans les aspects particuliers suivants :

1. Passer de l'éducation basée sur la quantité de la matière à mémoriser à l'éducation axée sur le problème et la résolution des problèmes. Le processus d'apprentissage devra aider l'apprenant à identifier et résoudre les problèmes personnels et ceux de la société, non pas d'une manière essentiellement réactive comme il en est souvent le cas, mais plutôt d'une manière proactive. Il faut donc passer d'un système éducatif marqué par l'insistance sur la quantité de la matière à dispenser au système éducatif qui privilégie la qualité des acquis à mettre en œuvre par l'apprenant.
2. Passer du processus enseignement-apprentissage marqué par la dépendance de l'apprenant à l'enseignant à un processus caractérisé par l'interdépendance entre l'enseignant et l'apprenant. Le rôle de l'enseignant doit changer ; pas seulement un communicateur d'information, mais un modèle de vie. Il faut donc passer d'un processus éducatif mettant l'enseignant au centre à celui plaçant l'apprenant au centre. C'est l'étudiant qui vient apprendre ce à quoi il est appelé à devenir et à accomplir à la fois pour lui-même et pour la société. Par contre, il ne vient pas simplement pour être impressionné par l'érudition du grand maître au point de répéter les éléments théoriques de cette érudition sans la possibilité de remettre son contenu en question.
3. Passer d'un système éducatif voué à la production des quémandeurs d'emplois à celui produisant des créateurs d'emplois. Cela ne peut être possible que si les apprenants sont initiés aux notions du raisonnement critique et créatif (*critical and creative thinking*) pour identifier et choisir des alternatives apparentes et non apparentes. Il faut donc passer d'une approche pédagogique misant sur la transmission de l'information (connaissances) à une approche heutagogique visant le transfert des compétences.
4. Inclure dans toutes les facultés des matières stimulant les apprenants à la responsabilisation et à la pro-activité, mais enseignées selon les principes 1 à 3 ci-dessus. Il s'agit par exemple de ***Leadership*** dans ses différentes approches de trait, compétence et style dans une perspective biblique et non pas essentiellement dans une démarche séculière ; ***Management*** dans ses différentes considérations du changement permanent, du changement organisé, du changement imposé, et du changement négocié ; ***Éthique*** dans ses approches de conviction, de responsabilité et de discussion, mais aussi et surtout dans une perspective biblique ; ***Entrepreneuriat*** dans ses approches

théoriques et pragmatiques ; ***Recherche scientifique*** non pas simplement comme une « initiation théorique » absurde, mais comme un processus réellement formatif de *capacity building* pour des travaux originaux, pertinents, appropriés et décapants ; ***Communication transculturelle*** dans ses différentes facettes de dialogue et de pluralisme culturel d'interculturalité et d'intraculturalité ; ***Raisonnement critique et créatif*** dans la double tâche intentionnelle de générer et d'évaluer des idées ; ***Foi et culture*** pour la transformation communautaire incluant une évaluation objective des éléments de convergence et de divergence ; ***Technologies de l'information et de communication*** incluant les aspects théoriques de l'intelligence artificielle appliqués à plusieurs secteurs (santé, systèmes bancaires, transport, commerce, industrie, droit, etc.), etc.

Cette liste qui n'est certes pas exhaustive, mais qu'on ne doit cependant pas allonger outre mesure, tient à valoriser une remise en question du système éducatif existant qui aura subi des réformes non concluantes, et propose des orientations nouvelles (en contenu, en processus d'apprentissage, en méthodologie d'enseignement ainsi qu'en assurance qualité) en vue d'une éducation de transformation. Parce que le pays fait cruellement face à la crise de leadership, de gouvernance, de gestion, de valeurs morales, de créativité, de communication interpersonnelle, etc., de telles matières jusqu'à présent confinées dans des filières exclusives enrichiraient sans doute tout le corpus académique universitaire en vigueur.

Comme on peut le remarquer, les matières transversales et pluridisciplinaires ainsi mises en exergue visent à développer le savoir, le savoir-être, et le savoir-faire de l'apprenant de n'importe quelle filière académique. Cela d'autant plus que la pluridisciplinarité va de pair avec la nature holistique de l'être humain qui ne doit pas être indéfiniment traité d'une manière désintégrée et essentiellement sectorielle. En visant l'éducation de transformation, les facultés et départements organisés dans les universités ne devraient pas être considérés comme des îlots indépendants et des domaines non accessibles par les étudiants qui ne les auront pas choisis comme leurs disciplines de prédilection. Il faut cependant observer que la pluridisciplinarité n'est pas en soi un bâton magique et que les matières sélectionnées ne pourraient produire un quelconque effet et conduire à une éventuelle éducation de transformation que lorsque les préalables énoncés aux points 1 à 3 de la liste ci-haut seront de mise. Cela exigerait le reformatage de perception (vision du monde) et l'implication responsable de tous les intervenants au processus éducatif (l'apprenant, sa famille, l'institution de formation, l'enseignant, les entreprises censées employer l'apprenant, et l'État).

6. Conclusion

Par la présente réflexion, nous avons tenté de démontrer le besoin de passer d'une transformation de l'éducation à l'éducation de transformation. La clarification de ces deux concepts a conduit à la thèse selon laquelle, 60 ans après son indépendance, la RDC devait envisager de nouveaux paradigmes devant faire de l'éducation (supérieure et universitaire) un outil de la transformation communautaire. Nous avons cependant relevé le fait qu'une éducation de transformation devait bénéficier d'une approche holistique, devant toucher tout l'*être* des parties prenantes. Aussi avons-nous suggéré une approche missiologique du traitement de la question sous examen ; une approche qui s'intéresse à tout l'homme, corps, âme et esprit, ainsi qu'à sa société.

Si l'État semble ne pas être en mesure de tenter cette nouvelle approche, l'Église, reconnue comme partenaire privilégié de l'État ayant en charge la gestion des institutions de formation supérieure et universitaire, et en vertu de sa mission holistique reçue du Christ, n'a pas raison de se résigner devant une tâche aussi noble visant la transformation véritable du pays. Être la lumière du monde et le sel de la terre exige des actions courageuses d'éclairer les ténèbres et de prévenir ou de guérir la pourriture. Plusieurs auteurs n'ont cessé de décrier l'aspect ténébreux et l'état de pourriture qui caractériseraient l'éducation en RDC, comme il en est d'ailleurs aussi le cas dans beaucoup des pays de l'Afrique subsaharienne, mettant au grand jour le paradoxe existant entre la multitude des diplômés et la difficulté de transformer véritablement leur pays. Nous devons donc passer de la transformation de l'éducation à l'éducation de transformation. Mais une telle tâche nécessite de nouvelles approches. Dans le cadre des institutions de formation supérieure et universitaire initiées par l'Église, nous pensons que l'approche missiologique à la fois clarifie le besoin et indique la voie à suivre.

Bibliographie

Ouvrages

BWATSHIA KAMBAYI, *L'Avenir de l'enseignement supérieur et universitaire en RD Congo. Faillite de la raison et raisons de la faillite*, Kinshasa, Médiaspaul, 2018.

BTUNNER E., *The Word and the World*, New York, Charles Scribner's Sons, 1931.

EKWA B. I. M., *L'École trahie*, Kinshasa, éd. CADICEC, 2004.

FOHLE LYGUNDA LI-M, *Transforming Missiology: An Alternative Approche to Missiological Education*, Carlisle, UK, Langham, 2018.

MPEVO MPOLO A., *Les Quatre Tournants manqués de l'Université congolaise. Analyse des réformes académiques du Congo-Zaïre (1971-2011)*, L'Harmattan, Paris, 2012, 366 p.

N'SIAL S. C., *Former pour transformer*, Kinshasa, éd. de la CPE, 2007.

NGUB'USIM M. N. R., *Pour la refondation de l'Université de Kinshasa et du Congo, Faut-il recréer Lovanium ?*, Paris, L'Harmattan, 2010, 406 p.

Transforming Missiology: An Alternative Approach to Missiological Education. Carlisle, UK, Langham, 2018, pp. 155-171.

TROGER V. et RUANO-BORDALAN J.-C., *Histoire du système éducatif*, Paris, Presses universitaires de France, 2005.

Articles

BUNDUKI KWANY H., « Quelle éducation pour former quel cadre en RDC aujourd'hui ? », leçon académique de l'ouverture de l'année académique 2020-2021, Université chrétienne bilingue du Congo, Beni.

JONGENEEL JAN A. B., *Philosophy, Science and Theology of Mission in the Nineteenth and Twentieth Centuries*, vol. 1, Frankfurt, Peter Lang, 1995, 63 p.

Autres textes et documents

FOHLE LYGUNDA LI-M, « Missiologie comme une discipline à haut risque », exposé présenté à la Conférence panafricaine de 30 ans de missiologie protestante en Afrique francophone tenue en visioconférence du 26-27 novembre 2020.

Programmes des cours : Réforme de la table ronde des universités du Congo, Kinshasa, CPE, 2010.

L'éducation, facteur de la puissance politique et économique des nations ? Pourquoi les mesures destinées au redressement et à l'amélioration de la qualité de l'enseignement n'ont pas été appliquées ?

Hippolyte MIMBU

Existe-t-il, oui ou non, une clé à utiliser pour assurer rapidement la prospérité et le bonheur du plus grand nombre d'habitants de la République démocratique du Congo ? En d'autres termes, « comment fonder dans la durée la prospérité de la nation » se demandait le savant congolais Malu wa Kalenga[1]. Oui, l'histoire de l'humanité depuis l'Égypte, la Grèce, l'Empire romain, l'Europe, l'Amérique du Nord et la Chine nous renseigne que cette clé efficace existe. C'est l'éducation.

Dans le cadre de cet exposé, ce terme désigne à la fois « la mise en œuvre des moyens propres à assurer la formation et le développement d'un être humain », de son intelligence et la « connaissance et la pratique des usages autant que des valeurs humaines et sociales fondamentales ». Dans cette dernière acception, le terme a pour synonyme : politesse, savoir-vivre, savoir-être[2]. Bref, il s'agit de la transmission-acquisition des savoirs, des modes de pensée et des valeurs communes d'une société à l'école primaire et secondaire ainsi qu'à l'université, au Congo. En un mot, cet exposé se focalise sur le système éducatif congolais et ses paradoxes.

C'est l'intelligence, en tant qu'« aptitude d'un être vivant à s'adapter aux situations nouvelles, à découvrir des solutions aux problèmes qu'il rencontre[3] », qui guide le monde. D'où la nécessité de former l'intelligence, considérée comme l'une des ressources les plus précieuses de l'humanité. De là « la ruée vers l'intelligence », la compétition entre les nations pour

[1] F. MALU WA KALENGA, « Pour une révolution de l'intelligence », dans I. NDAYWELÈ NZIEM (dir.), *Quelle politique culturelle pour la Troisième République du Zaïre ?*, Conférence nationale souveraine et culture, Kinshasa, Bibliothèque nationale du Zaïre, 1993, p. 33.

[2] Adaptation de la définition de *Petit Robert*, 2016. Nous utilisons le mot éducation dans le sens du célèbre livre de H.-I. MARROU, *Histoire de l'éducation dans l'Antiquité. Tome II. Le monde romain*, Paris, Édition du Seuil, 1948.

[3] *Le Petit Robert*, 2016, sv. Intelligence.

s'attirer les meilleurs cerveaux[4]. À cet effet, la Chine a inventé le système de classement mondial des universités afin de rendre ses établissements d'enseignement supérieur performants en comparaison à ceux des Américains. Et elle y réussit dans une large mesure. De nos jours, l'intelligence trouve son expression la plus significative dans la science. Mais comment se transmet la science dans la société congolaise ? Comment l'intelligence congolaise est-elle formée et développée ? Quel est son impact social ? Comment expliquer la non-application des remèdes préconisés depuis des décennies pour juguler la crise chronique de l'éducation nationale ?

Cette réflexion répond à ces questions en trois temps : d'abord un rappel historique en vue de la transformation des regards déformés par la propagande coloniale, un essai d'explication des paradoxes de l'éducation congolaise et enfin des pistes de solution pour améliorer la qualité et le rendement du système éducatif congolais.

1. Historique

Dans l'état actuel de nos connaissances historiques, le Congo restitué par la Belgique à ses habitants le 30 juin1960 n'aurait pu se développer que difficilement. La propagande coloniale et néocoloniale a réussi à faire croire le contraire jusque vers 2000 aussi bien à l'opinion publique belge que congolaise. Le 30 juin 2020, au Congo, on regardait encore la fin de l'époque coloniale comme une référence. Ces regards sont les effets durables du mensonge colonial entretenu par les médias, les discours politiques, l'enseignement, les manuels scolaires et la première génération d'historiens belges, auteurs des publications académiques sur le passé colonial belgo-congolais. Ces derniers ont mis en avant sans nuance la thèse selon laquelle l'objectif de l'État indépendant du Congo (EIC) était la modernisation du pays ainsi désigné. Or, il y a aujourd'hui un consensus selon lequel l'EIC a été une « page noire » dans l'histoire de la Belgique qui ne peut plus nier« l'ampleur de la violence et de l'injustice » de sa présence coloniale au Congo[5].

Prenant distance de ses aînés, une nouvelle génération d'historiens belges remet en question le roman « national » de ses aînés comme l'a fait la nouvelle génération d'africanistes français[6]. Ce faisant, la nouvelle génération d'historiens et d'autres chercheurs européens en sciences sociales

---

[4] S. MARCHAND, *La Ruée vers l'intelligence. Enquête sur les nouvelles puissances du savoir*, Paris, Fayard, 2012.

[5] I. GODDEERIS, A. LAURO et G. VANTHEMSCHE (dir.), *Le Congo colonial. Une histoire en questions*, Waterloo, Renaissance, 2020.

[6] A. PIRIOUet E. SIBEUD (dir.), *L'Africanisme en questions*, Paris, Centre d'études africaines, EHSS, 1997.

ouvrent de nouvelles perspectives de dialogue franc et de réconciliation avec les chercheurs et les publics africains.

Cette histoire de la colonisation révèle d'ailleurs que les populations de la métropole, qui ne sont pas indifférentes à l'idéal d'une société humaine juste et fraternelle, ont été embrigadées dans l'aventure coloniale par des vérités mensongères de quelques hommes politiques et des intellectuels à leur solde. Aujourd'hui la majorité de ces populations européennes s'exprime librement et condamne les atrocités du Congo colonial (1885-1960). Cas des représentants des partis politiques belges (RTBF, 12/06/2020).

Il est désormais établi que la colonisation a cédé aux Congolais.es un pays marqué par toutes les caractéristiques du sous-développement. Outre des infrastructures admirables, elle a laissé de nombreux problèmes non résolus dans les secteurs aussi vitaux que l'art, l'agriculture, les soins de santé, l'armée et la police, la science et l'enseignement. Sur ce dernier point précisément, rappelons qu'en 1957, le Congo comptait 1 692 218 élèves au primaire ; 4 138 à l'école secondaire[7]. Mais de ces effectifs de l'enseignement secondaire qui suivait le programme métropolitain, il n'y avait que peu de Congolais. D'autre part, en 1954, la première année de son fonctionnement, l'université Lovanium ne comptait que 11 étudiants congolais sur un total de 33 inscrits[8].

Bref, contrairement à l'opinion dominante, en 1960, le Congo belge n'était pas un pays préparé et prêt à se développer. Il ne réunissait pas les conditions, en particulier la quantité et la qualité de l'élite faisaient défaut, le monde rural était confronté à la disette et à la sous-alimentation[9]. C'était une machine en panne.

Conscient de ces lacunes depuis 1961, les Pères de l'Indépendance ont investi des sommes gigantesques dans l'éducation jusque vers les années 1980. La part de ce secteur dans le budget national est passée de 15 % en 1959 à 30 % en 1961. Cet engagement n'a baissé en dessous de 20 % qu'après 1980 avant d'atteindre zéro au début des années 1990. Grâce à ces investissements financiers colossaux dans l'éducation et à l'engagement des Églises catholique, protestante et kimbanguiste, le Congo a réussi à produire, au terme d'une décennie de l'indépendance, la quasi-totalité des cadres nécessaires pour la gestion de tous les secteurs de la vie d'un État moderne. Il est également parvenu à exporter des cerveaux dans d'autres pays d'Afrique, d'Amérique et d'Europe. En 1997, dans la première synthèse de l'histoire générale de ce pays vue de l'intérieur, le professeur

---

[7] M. DEPAEPE et A. LEMBAGUSALA KIKUMBI, « L'enseignement colonial au Congo : davantage qu'un projet paternaliste à sens unique ? », dans I. GODDEERIS, A. LAUROet G. VANTHEMSCHE (dir.), *Le Congo colonial. Une histoire en questions*, Waterloo, Renaissance, 2020, p. 344. Au secondaire, plus de 50 000 (Léon de Saint-M., dans *Congo-Afrique*, septembre 2017 et 312 à l'université).

[8] *Ibidem*, p. 343-345.

[9] Y. SEGERS et L. VAN MOLLE, « L'agriculture dans le Congo colonial. Un succès aux dépens de la population rurale ? », *ibidem*, p. 171-180.

Ndaywel considérait justement l'éducation comme le « plus beau fleuronde l'évolution moderne » de la RD Congo[10]. Et ce d'autant plus que la Conférence nationale souveraine (CNS) venait de révéler à la face du monde des compétences congolaises dans tous les secteurs de la vie nationale : l'armée, l'entrepreneuriat, le clergé, le droit, la politique, les sciences dures, bref dans presque tous les domaines le Congo a réussi à former des capacités[11]. Ce fut le résultat de l'apogée du système éducatif congolais, de son « âge d'or[12] », selon le Père Martin Ekwa et Faïk Nzuzi.

Paradoxalement, cette élite postcoloniale peine à assurer le développement économique et social du pays. Pire que ce déficit de rendement, une partie de ces intellectuels a contribué à des choix politiques hasardeux qui ont détruit le système éducatif et économique du pays par des mesures d'étatisation des années 1970. Comment expliquer ce chemin de Damas à rebours, ce paradoxe congolais ?

La colonisation avait empêché la formation d'une élite autochtone en limitant l'éducation du plus grand nombre des Congolais.es au niveau primaire. « Pas d'élites, pas d'ennui ». Les Pères de l'indépendance ont investi dans l'éducation et la formation d'une élite en vue du bien-être du plus grand nombre d'habitants de ce pays. Mais l'intelligentsia constituée n'a pas réalisé l'objectif principal visé par sa formation. Le résultat négatif obtenu est allé jusqu'à détruire le système scolaire performant qui avait façonnécette élite intellectuelle. Comment analyser cette histoire ? Pourquoi l'élite postcoloniale a-t-elle échoué et déçu les attentes placées en elle ? Pourquoi et comment a-t-elle détruit et trahi l'école et l'université congolaises qui l'ont façonnée[13] ?

2. Esquisse d'une explication

La troisième session du Congrès des études africaines tenue à Nairobi, au Kenya, a traité le thème du développement de l'Afrique. Mais il est vite apparu que la question de la dépendance de ce continent était un préalable. C'est pourquoi sa quatrième session, tenue à Kinshasa, en 1978, a été consacrée au thème« La dépendance de l'Afrique et les moyens d'y

---

[10] I. NDAYWEL È NZIEM, *Histoire du Zaïre. De l'héritage ancien à l'âge contemporain*, préface de Théophile Obenga, postface de Pierre Salomon, Louvain-la-Neuve, Duculot, 1997, p. 780.

[11] Sauf en biotechnologie, nanotechnologie, sciences informatiques et sciences cognitives. La situation a légèrement changé quant aux sciences informatiques.

[12] M. EKWA BIS ISAL (s.j.), *La RD Congo contée autrement. Jalons pour l'avenir. Entretiens avec Clémentine M. Faik-Nzuji*, Kinshasa, Loyola, 2012, p. 58-76 ; M. EKWABISISAL (s.j.), « CNS : L'école zaïroise de demain », in *Zaïre-Afrique*, n° 256, juin-juillet-août 1992, p. 357-362.

[13] M. EKWA BIS ISAL, s.j., *L'École trahie*, Kinshasa, Cadicec, 2004.

remédier[14] ». Ainsi d'éminents savants venus du monde entier ont été unanimes à constater que la question du développement de l'Afrique est intimement liée à celle de sa dépendance politique, économique et culturelle à l'égard des anciennes puissances coloniales d'Europe auxquelles s'est ajoutée l'Amérique du Nord. C'était en 1978, dix-huit ans après les indépendances. De nos jours, les courants de pensée crédibles comme les études postcoloniales et décoloniales, les *subalern studies* et le féminisme attestent la survivance des modalités nouvelles de la domination politique, économique, culturelle et psychique. Achille Mbembe fait état du *Brutalisme* et de l'extension à la planète entière des biopolitiques jadis testées en Afrique[15]. S'agissant de l'actualité de cette thématique dans l'éducation en particulier, qu'il nous suffise de renvoyer à cet ouvrage collectif au titre éloquent d'*Éduquer en pays dominé (Afrique, Amériques, Europe*[16]*)*. Bref la dépendance de l'Afrique ou sa « deuxième colonisation » est l'une des premières causes de l'incapacité de l'élite postcoloniale africaine en général et congolaise en particulier. La décolonisation n'a pas mis fin au service des objectifs ni à la présence d'un système ou d'un État colonisateur[17]. Un nonce apostolique a traité l'État congolais d'État prédateur en 2017. On peut observer la persistance des caractéristiques majeures du Congo colonial dans la société congolaise actuelle : la violence, le primat du profit, les inégalités, l'impunité chronique, coexistant paradoxalement avec le souci de remodeler, de démocratiser ou d'occidentaliser la société congolaise[18], etc.

Mais un esprit critique pourrait objecter en ces termes : s'agissant du système éducatif congolais, pouvez-vous prouver que les décisions politiques hâtives et erronées qui ont détruit et l'éducation et l'économie congolaises entre 1971 et 1975 ont été dictées aux décideurs congolais par un ailleurs ? La responsabilité des dirigeants congolais du Mouvement populaire de la Révolution, érigé en parti-État, comme la responsabilité individuelle des universitaires congolais, ne peut pas être occultée, même si souvent la corruption et l'incompétence des gouvernements africains sont mises en avant par les médias internationaux pour occulter le rôle des puissances du Nord[19]. Comment expliquer que des élites au pouvoir détruisent leur propre pays ? Il en va de celles-ci comme d'Adolf Hitler. Cet homme avait un bagage intellectuel et même une culture biblique au-dessus

---

[14] V. Y. MUDIMBE (ed.), *La Dépendance de l'Afrique et les moyens d'y remédier*, Paris, Berger Levrault, 1980, p. 1.

[15] A. MBEMBE, *Brutalisme*, Paris, La Découverte, 2020, p. 11.

[16] F. COLLIN, J. MOOMOU et C. SEVENO (dir.), *Éduquer en pays dominé (Afrique, Amériques, Europe)*, Paris, Karthala, 2019.

[17] H. L'HEILLET, « Les études postcoloniales, une nouvelle théorie de la domination ? », in *Cités*, n° 72, 2017, p. 41-52.

[18] Il suffit de comparer I. GODDEERIS, A. LAURO et G. VANTHEMSCHE (dir.), *Le Congo colonial.Une histoire en questions*, Waterloo, Renaissance, 2000, p. 24-26 et414, avec I. NDAYWEL,*Nouvelle Histoire du Congo*, 2009, p. 663-666 et A. MBEMBE, *De la postcolonie. Essai sur l'imagination politique de l'Afrique contemporaine*, Paris, Karthala, 2000, p. 42-49.

[19] CHIAVACCI ENRICO, « Une réalité cachée avec soin », in *Concilium*, n° 283, 2000, p. 51-60.

de la moyenne. Werner Maser[20], l'un de ses biographes, explique ses dérives dévastatrices et ses choix désastreux par *son égocentrisme*. Cette analyse peut-elle s'appliquer à la situation du Congo ? Au moins deux justificatifs [sont possibles]. L'enquête d'un des meilleurs anthropologues congolais sur la perception populaire des dirigeants le confirme :

> « Comme contre la police, les Congolais ne font pas entièrement confiance à leurs dirigeants. Ces derniers sont perçus comme des trompeurs, des égocentristes, des insensibles, des narcissistes.[…]
>
> Tout état des lieux atteste donc que la majorité des Kinois n'ont pas un niveau de vie décent, ne jouissent pas d'un système de santé performant, n'entretiennent pas de relation confiante avec les agents de l'ordre, de même avec les autorités politico-administratives, et enfin ne mènent pas une vie urbaine adéquate[21]. »

D'autre part, au cours de ce colloque [celui organisé du 16 au 18 décembre 2020 par l'UCC et l'UPC], le constitutionnaliste congolais Esambo a révélé que la Constitution de 2006 a été conçue en tenant compte des intérêts d'une demi-dizaine d'individus dont deux ne sont plus en vie.

L'égocentrisme explique en partie l'absence de performance des élites congolaises en vue du développement national. Mais il sied de garder à l'esprit la distinction entre la minorité des diplômés de l'enseignement supérieur qui participent directement au pouvoir et à la gestion du pays dont la responsabilité est plus grande et l'écrasante majorité de professeurs et d'intellectuels sans pouvoir politique ni économique. L'égocentrisme ou l'« expansion amorale de l'énergie individuelle » exclut naturellement la participation de la multitude des responsabilités de direction perçues comme un moyen d'enrichissement personnel. Après la dépendance extérieure et l'égocentrisme des élites locales, d'autres acteurs entrent en jeu, maniant un double langage. Tournons-nous vers ceux-ci.

Rôle ambigu des organisations internationales

Des chercheurs congolais ont aussi épinglé le rôle ambigu des organisations internationales dans la domination et même la mise sous tutelle de la RDC[22]. Les organismes internationaux ont beaucoup aidé ce pays.

---

[20] W. MASER, *Hitler, Legend, Myth and Reality*, New York, Row and Harper, 1975, cité par V. Y. MUDIMBE, *Cheminements. Carnets de Berlin (avril-juin 1999)*, Ville de Brossard (Québec), 2006, p. 72.

[21] S. SHOMBA KINYAMBA, « Des mesures barrières contre la Covid-19 à l'épreuve de la culture permissive de Kinshasa », dans *Le Carrefour congolais. La revue du Département d'anthropologie de l'Université de Kinshasa*, n° 4, octobre 2020, p. 52-53.

[22] Lire entre autres G. NZONGOLA-NTALAJA, *Faillite de la gouvernance et de la construction nationale au Congo-Kinshasa*, Washington, Kinshasa, ICRIDES, 2015 ; *Mémorandum des évêques au chef de l'État. De la situation du pays et du fonctionnement des institutions nationales (9 mars 1990)*, n° 12, dans L. DE SAINT-MOULIN (s.j.) et R. GAISE (o.p.)(éd.), *Église et société. Le discours sociopolitique de l'Église catholique du Congo (1956-1998)*, Kinshasa, Facultés catholiques de Kinshasa, 1998, p. 340.

L'ONU est impliquée depuis les années 1960 et y a même perdu l'un de ses Secrétaires généraux. L'Unesco a contribué non seulement à la rédaction de l'*Histoire générale de l'Afrique,* mais aussi à la réforme de l'enseignement secondaire de 1961 dont les résultats ont été spectaculaires. La MONUSCO aide au rétablissement de la paix en dépit de toutes les critiques essuyées. Que dire du panel des experts auteurs du rapport Mapping ? Mais force est de constater que depuis l'indépendance des pays africains, certaines agences des Nations unies sont parfois utilisées comme paravent pour faciliter l'ingérence des puissances étrangères dans l'organisation et les affaires internes des pays du Sud[23].

Bref, des connexions entre des élites politiques du Nord et les dirigeants congolais expliquent en grande partie l'impasse de la majorité des universitaires et des intellectuels congolais qui sont tenus éloignés des allées du pouvoir politique et économique. L'éducation en pays dominé continue de produire des intelligences dociles et disciplinées indifférentes à la misère comme au bien-être du plus grand nombre de leurs compatriotes. Le colon est parti laissant derrière lui ce que Georges Balandier a appelé la « situation coloniale » : une minorité blanche dominait alors la majorité d'Africains sur le territoire de ces derniers. De nos jours, la minorité dominante et la majorité dominée sont des concitoyens. Au Congo belge, « en 1958, 13 540 182 Africains se partageaient 58 % du revenu national, tandis que la minorité forte de 100 000 personnes disposait des 42 % restants[24] ». Ces dernières années, le budget national congolais est souvent accusé justement d'accorder la part du lion (60 %) aux institutions politiques et 40 % à la majorité de Congolais.es payés par l'État.

En d'autres termes, l'élite formée par le système éducatif congolais postcolonial n'a pas réussi à assurer le développement socioéconomique du pays, quel que soit le taux de croissance[25]. L'économie congolaise continue de produire au service de la rentabilité externe comme avant l'indépendance[26]. Les programmes de l'enseignement à tous les niveaux, à

---

[23] G. NZONGOLA-NTALAJA, *ibidem*, p. 31.

[24] *Ibidem*, p. 89.

[25] C. TSHIMANGA MBUYI (dir.), *Observatoire des politiques économiques et développement humain (OPEDH). RDC et émergence économique à l'horizon 2030 : conditions et préalables*, Kinshasa, Université catholique du Congo, 2019. Cette publication de la Faculté d'économie de l'UCC démontre que les années de croissance économique (2001 à 2018, surtout 2005-2015) n'ont pas eu de retombées sur la vie de la majorité de la population congolaise.

[26] E. MABI MULUMBA, « Quelles perspectives économiques pour le développement durable de la RD Congo ? », in *Congo-Afrique*, n° 538, 2019, p. 779-784 ; J. KANKWENDA MBAYA (dir.), *Les Intellectuels congolais face à leurs responsabilités devant la Nation. Mélanges en mémoire du professeur A. R. Ilunga Kabongo*, préface de Mgr Th. TSHIBANGU THISHIKU, Kinshasa, Montréal, Washington, ICREDES, 2007 ; J. KANKWENDA MBAYA, *L'Économie politique de la prédation au Congo-Kinshasa : des origines à nos jours, 1885-2003*, Kinshasa, Montréal et Washington, ICRIDES, 2005 ; I. NDAYWEL, *Nouvelle histoire du Congo. Des origines à la République démocratique*, Bruxelles, Le Cri, 2009, p. 664-665.

l'exception de ceux de l'école primaire, restent extravertis alors que depuis la Constitution de 1964 et les suivantes, l'africanisation des effectifs et des contenus de l'enseignement a été décrétée comme un leitmotiv permanent. Mais cette disposition légale attend encore son application complète dans les établissements de l'enseignement secondaire et supérieur publics et privés de la RDC. Prenons trois exemples : en histoire et géographie d'abord, deux disciplines constitutives de l'identité individuelle et collective. Et la philosophie ensuite. En histoire et en géographie à l'école secondaire, l'étude des pays et continents étrangers occupe la part du lion, soit deux tiers du programme national et la RDC un tiers. À l'issue de l'enseignement-apprentissage de ce programme, l'élève connaît mieux et admire davantage les pays et les continents étrangers que le sien propre. En Europe, notamment en Belgique, en France et en Italie, en géographie comme en histoire, les programmes scolaires prescrivent exactement l'inverse : la quasi-totalité du volume horaire est consacrée à l'étude de la géographie et de l'histoire de la région, du pays de l'élève et de l'Europe. L'Afrique est pratiquement ignorée, à l'exception de quelques ajouts introduits depuis les réactions suscitées par le tristement célèbre discours de Sarkozy à Dakar en 2007. En outre, la bibliographie du programme national d'histoire scolaire en RDC daté de 2005 et encore en vigueur de nos jours n'a retenu pratiquement aucun livre des historiens congolais, même pas de Ndaywel, auteur de la monumentale *Histoire générale du Congo*. Par contre, les noms des historiens africanistes comme Cornevin et autres y figurent en bonne place. Ceci signifie que les contenus de l'histoire scolaire dans ce pays enseignent aux élèves congolais le point de vue externe sur les faits historiques congolais[27]. Le finaliste de ce type d'école qui connaît mieux l'étranger que son pays ne sera pas compétent pour transformer ce dernier. L'école demeure un instrument d'aliénation, au Congo comme dans d'autres pays jadis colonisés notamment les Antilles, le Brésil, la Guyane, le Haïti, la Guyane, RD Congo, la République dominicaine, le Sénégal, etc., mentionnés par les auteurs suivants.

L'écrivaine haïtienne Lahens témoigne en 2019 : « Dans cette école, je suis aussi formatée pour ne pas connaître mon entour [...]. L'Histoire générale, c'est en réalité l'histoire de l'Occident et particulièrement celle de la France. Les autres continents sont passés à la trappe [...]. Aujourd'hui,

[27] Comme avant l'indépendance. Vers 1948, la 4e secondaire latine enseignait la géographie de la Belgique, selon le témoignage du P. EKWA, à qui l'on demanda, à l'examen oral de géographie, d'indiquer l'itinéraire par voie fluviale, de Gand à Charleroi : M. BIS ISAL EKWA (s.j.), *La RD Congo contée autrement. Jalons pour l'avenir, Entretiens avec M. Faïk-Nzuzi*, Kinshasa, Éditions Loyola, 2012, p. 47 ; cf. C. H. KANE, *L'Aventure ambiguë*, Paris, Julliard, 1961, p. 63, cas des élèves sénégalais interrogés sur la géographie et l'histoire de France notamment le département dont le chef-lieu est Pau. Ainsi de 1948 à nos jours en dépit des indépendances, l'école congolaise pérennise la conquête coloniale.

nous n'avons pas encore une école à la hauteur de la fertilité de cette terre[28]. »

Dans sa recension du livre *Éduquer en pays dominé*, Céline Labrune Badiane synthétise : « Steve Piug, Hippolyte Mimbu Kilol, Alberto Filipe Araujo, Rugero de Armelida et Julio César sar Boaro, Caroline Seveno et Datrice Candio examinent les programmes et les manuels scolaires d'histoire et de géographie en France hexagone, en République démocratique du Congo, au Brésil, aux Antilles et en Guyane, en République dominicaine et à Haïti et montrent comment l'enseignement de ces deux disciplines est encore marqué par une vision eurocentrée du monde et empreinte de colonialité[29]. »

En 1961, le célèbre romancier sénégalais Kane notait déjà, avant de dénoncer l'étude de la géographie de la France à l'école de son pays :

> « Ainsi derrière les canonnières, le clair regard de la Grande Royale des Diallobés avait vu l'école nouvelle.
>
> L'école nouvelle participait de la nature du canon et de l'aimant à la fois. Du canon, elle tient son efficacité d'arme combattante. Mieux que le canon, elle pérennise la conquête. Le canon contraint le corps, l'école fascine les âmes[30]. »

Notre extraversion mentale, la fascination exercée par l'Europe sur l'apprenant africain par l'entremise de l'école est telle que même les facultés et les disciplines académiques qui auraient dû émanciper les esprits se font un point d'honneur d'enseigner et d'apprendre majoritairement les réalités étrangères aux dépens de la pensée locale et africaine. L'adjectif local a mauvaise presse dans plusieurs pays africains. À Dakar, un médecin a proposé à une de ses patientes sénégalaises une anesthésie locale. Dès qu'elle a entendu l'adjectif « local », la femme s'est empressée d'objecter :« Docteur, je vous en prie, donnez-moi plutôt une anesthésie de France. »Nous devons cette anecdote à J. Ki-Zerbo. La domination coloniale a inculqué aux colonisés la haine de soi et l'autodévalorisation, en refoulant l'estime de soi[31]. C'est ainsi que nos facultés de philosophie et de théologie comptent très peu de thèses de doctorat consacrées aux réalités locales

---

[28] Y. LAHENS, « Apprendre pour la germination et l'envol », préface à F. COLLIN, J. MOOMOUet C. SEVENO (dir.), *Éduquer en pays dominé (Afrique, Amériques, Europe)*, Paris, Karthala, 2019, p. 6-7.

[29] C. LABRUNE-BADIANE, « Franck COLLIN, Jean MOOMOU& Carolin SEVENO (dir.), *Éduquer en pays dominé (Afrique, Amériques, Europe)* », Esclavages & post-esclavages [en ligne], 2/2020, mis en ligne le 19 mai 2020, URL : http://journals.openedition.org/slaveries/137 ; DOI : https://doi.org/10.4000/slaveries.1379, consulté le 22 janvier 2021.

[30] C. H. KANE, *L'Aventure ambiguë*, Paris, Julliard, 1961, p. 60.

[31] Analysée d'abord par F. FANON, psychiatre, la domination psychique exercée par la colonisation a été étudiée de façon approfondie par A. NANDY, *L'Ennemi intime. Perte de soi et retour de soi dans le colonialisme*, traduit par A. Montout, Paris, 2007. Original anglais (Delhi, Oxford University Press, 1983). Traces actuelles en RDC : « On ne laisse pas de s'étonner de cette auto dévalorisation de soi, je veux dire des "Noirs" par rapport aux "Blancs" dans un pays tel que le nôtre », E. M'BOKOLO, préface à NDAYWEL, *Nouvelle Histoire du Congo*, p. 12 et 14.

africaines. Et pourtant le patrimoine culturel africain est riche comme le montrent la philosophie d'*Ubuntu* en Afrique du Sud, les tribunaux *ga cha cha* au Rwanda ou le rite congolais de la messe.

L'éducation en pays dominé avait été conçue pour produire des intelligences dominées et domestiquées quasiment incapables de résoudre les problèmes fondamentaux de leur pays. L'exemple de nombreux pays énumérés ci-dessus le confirme. C'est pourquoi les études postcoloniales considèrent la décolonisation des savoirs, des paradigmes et des catégorisations en usage dans les sciences sociales comme une nécessité épistémologique et une composante de la libération politique et économique des pays jadis colonisés d'Afrique, d'Asie et d'Amérique latine[32]. Dans les territoires qui ont commencé cette décolonisation des esprits comme la Bolivie qui a remplacé la notion de développement par une conception locale du bonheur[33], l'Inde, avec les études subalternes, ou le Brésil avec sa théologie de libération, les performances économiques ont été observées. Il y a une corrélation. Car lorsque l'homme change d'esprit, la terre change d'aspect, selon un dicton chinois. Changer l'école, c'est donc changer l'homme. Dès lors, comment changer l'éducation congolaise pour la rendre performante, étant donné que les fonctions politiques de l'école postcoloniale semblent reproduire celles de l'école coloniale.

Notons que plusieurs intellectuels congolais ont déjà essayé de formuler des réponses et de proposer des solutions à cet épineux problème en plus des réformes, des ateliers, des journées d'étude et même des États généraux de l'éducation consécutifs à la Conférence nationale souveraine. Mais force est de constater que les résolutions et les recommandations de ces importants travaux restent le plus souvent lettre morte. Ainsi la Loi-cadre de l'enseignement national de 2014 attend encore son application intégrale depuis six ans. *La Stratégie sectorielle de l'éducation et de la formation 2016-2025* est à sa cinquième année. Son appropriation et son portage politique posent problème, sans mentionner l'hypothèque de son financement[34]. En outre, plusieurs établissements de l'enseignement universitaire, des autorités académiques aux enseignants-chercheurs, ignorent jusqu'à son existence depuis 2015.

En supposant, dans le meilleur des cas, que cette stratégie réalise ses objectifs focalisés davantage sur l'enseignement de base que l'enseignement supérieur où le taux de scolarisation des 18-22 restera en deçà de 10 % à l'horizon 2025[35], le Congo indépendant produira-t-il des résultats plus utiles que la politique éducative coloniale qui avait choisi de favoriser

---

[32] UNESCO, *HGA de l'Afrique. Volumes IX et X. Note conceptuelle.* Voir le site de cet organisme.

[33] G. RIST, *Le Développement. Histoire d'une croyance occidentale*, 4e édition revue et augmentée, Paris, Presses de Sciences Po, 2013, p. 427.

[34] RDC, *Rapport national de l'ODD4 et de la CESA*, Kinshasa, 2020.

[35] RDC, *Stratégie sectorielle de l'éducation et de la formation 2016-2025*, Kinshasa, 2015, p. 19.

l'enseignement primaire et secondaire en négligeant à dessein l'enseignement supérieur ? Sachant que la moyenne mondiale du taux d'inscrits dans l'enseignement supérieur est estimée à 30 % de la population totale, fixer à moins de 10 % celui de la RD Congo, n'est-ce pas condamner ce pays au statu quo ? Ces quelques observations montrent la nécessité de poursuivre la réflexion sur le système éducatif congolais par des Congolais.es et pour les Congolais.es afin de promouvoir le bien commun. Il ne suffit pas de constater les lenteurs ou les hésitations de l'appropriation et du portage politique, il importe de chercher aussi à les comprendre et à les expliquer. Pourquoi faut-il que soixante ans après la fête d'autodétermination les Congolais.es puissent « s'approprier » leur propre projet de système éducatif ? On ne s'approprie pas le fruit de sa propre invention. On ne peut être logiquement invité à cette appropriation que dans le cas d'une invention venue d'un ailleurs. La non-appropriation pourrait alors s'interpréter comme une des formes de la résistance locale à l'hétéronomie sociopolitique. Serait-elle plutôt un signe du désintérêt au secteur éducatif ou un moyen de maintenir la RDC dans un état de faiblesse ? Il ne s'agit pas ici de justifier, mais de suggérer des hypothèses explicatives à vérifier sans exclure celle d'un conflit permanent savoir-pouvoir. L'indifférence totale des gouvernants aux cris des universitaires congolais ces dernières années semble argumenter en ce sens.

Compte tenu du fait que pour le passage de la pensée à l'acte, l'intelligence ou l'analyse ne suffisent pas, il faut aussi d'autres vertus telles que le courage, voire l'audace, il est nécessaire de prendre en compte cette dimension affective en plus de l'aspect cognitif de la formation.

L'éducation aux valeurs

S'agissant des méthodes de l'éducation en tant que transmission des valeurs, deux modalités principales existent : 1. l'argumentation ou le discours ; 2. l'imprégnation : l'exposition aux *sacra* et aux modèles, rôle joué notamment par des prénoms chrétiens, etc. Dans l'Afrique traditionnelle, l'initiation comprenait également ces deux modalités. Les études anthropologiques, notamment celles de l'anthropologue britannique V. Turner consacrées aux Ndembu de la Zambie, l'ont démontré. Au Congo-Kinshasa, le culte de Lyangombe, le Mungonge ou Mwingony, le Mukanda et le Kikumbi, pour ne citer que ces quelques initiations traditionnelles, procédaient de la même manière pour inscrire définitivement les valeurs morales et sociales dans les corps, le cœur et l'esprit des jeunes initiés. Dans la société de type occidental dont nous avons hérité, l'imprégnation se faisait entre autres par la religion et l'identification aux modèles, à savoir les saints et les héros. L'enseignement colonial, en dépit de ses limites graves, mettait un accent particulier sur la discipline, le savoir-être, la conduite morale. L'éducation au Congo depuis l'indépendance suivait ces deux modalités. Mais le 30 décembre 1974, guidé par une conception erronée de la laïcité, le pouvoir politique a pris une série de mesures antireligieuses qui ont détruit la modalité d'imprégnation dans la transmission des valeurs. Nous vivons aujourd'hui les conséquences désastreuses de ces mesures. Les autres ne font que les exploiter. Voici, à titre de rappel, les moments forts de cette désacralisation : suppression des prénoms d'origine non africaine, des mouvements de jeunesse confessionnels, des moyens d'expression, notamment de la presse chrétienne, des crucifix et des croix dans les lieux et établissements publics ; suppression des cours de religion dans les écoles, expulsion des facultés de théologie catholique et protestante de l'Université nationale du Zaïre et enfin proclamation du Mouvement populaire de la Révolution comme Église[36].

Compte tenu du fait que l'impact d'une éducation se manifeste après une génération, il y a lieu d'établir un lien de cause à effet entre ces décisions antireligieuses qui ont sapé les fondements religieux de l'éthique et l'expansion de la violence urbaine ou l'effritement chronique des valeurs sur lesquelles repose une nation. Le signe le plus visible en est l'introduction de la corruption protéiforme dans les écoles, les universités et les instituts supérieurs. Nous savons que dans les États modernes dits laïcs, le rôle de la religion pour la police des mœurs est reconnu et encouragé. Après le Moyen Âge occidental qui plaçait le bonheur de l'homme dans la dévotion religieuse et Karl Max qui a attribué à la religion un rôle négatif, « néanmoins de nombreuses études montrent que la religion rend les individus plus heureux », au même titre que la santé, l'accomplissement, la richesse, les relations sociales et les comportements prosociaux[37]. C. H. Kane, A. Mbembe, I. Kabongo, G. Buakasa et d'autres intellectuels africains avant-gardistes le confirment pour l'Afrique et la RD Congo.

Ainsi la science vient montrer que l'attachement de l'homme africain à la religion n'est pas dénué de fondement rationnel. Mais il y a d'autres leçons à tirer de ces études menées dans le cadre de la psychologie positive ces trente dernières années : elles ont mis en évidence au total six valeurs reconnues dans les traditions philosophiques et religieuses influentes du monde : intelligence et sagesse, humanité (*Ubuntu* ou *bumuntu*, en langues sud-africaines et congolaises), justice, courage, modération, transcendance[38]. L'éducation dans notre pays aura avantage à faire acquérir aux apprenants, en plus des savoirs, ces six vertus humaines et sociales fondamentales. Les

---

[36] Conférence épiscopale du Zaïre, *Déclaration de l'épiscopat face à la situation présente* (16 janvier 1975), Kinshasa, Secrétariat général de l'épiscopat, 1975, dans L. DE SAINT-MOULIN (s.j.) et R. GAISE (o.p.)(éd.), *Église et société. Le discours sociopolitique de l'Église catholique du Congo (1956-1998)*, Kinshasa, Facultés catholiques de Kinshasa, 1998, p. 226.

[37] E. DIENER et M. E. P. SELIGMAN, « Par delà l'argent. Pour une économie du bien-être », dans CH. M. KRUMM et C. TARQUINIO (dir.), *Traité de psychologie positive*, préface de J. Lecompte, postface de CH. BOIRON, Bruxelles, De Boeck, 2011, p. 132.

[38] CH. PETERSON et N. PARK, « Forces de caractère et vertus : leur classification et leur évaluation », dans CH. M. KRUMM et C. TARQUINIO (dir.), *Traité de psychologie positive*, préface de J. Lecompte, postface de Ch. Boiron, Bruxelles, De Boeck, 2011, p. 237.

listes des valeurs proposées par la Conférence nationale souveraine sont muettes sur les fondements de ces dernières. Pour une vue complète sur ce thème, un livre *Apprendre à être* du professeur Sesep[39] reste d'actualité, de même que nos propres études antérieures[40].

3. Pistes de solution et résolutions

Avant tout, il convient de considérer les faits et préalables suivants :

1. L'intelligence collective qui s'exprime dans les études postcoloniales révèle quatre visages de la colonisation : politique, économique, culturelle et psychique. La libération des Africains et des Congolais.es devra par conséquent prendre en compte ces quatre dimensions, surtout la dernière citée. Elle explique sans doute cette sorte de schizophrénie qui consiste entre autres à critiquer à haute voix le pouvoir et une fois placé en position de responsabilité, on adopte exactement le même comportement que celui qu'on se plaisait à blâmer la veille. Ou, comme l'a constaté l'épiscopat congolais, à critiquer en privé le pouvoir tout en étant un de ses défenseurs publics. Pour réparer et « panser » l'infrastructure psychique perturbée des Congolais et des Congolaises, la contribution de la religion et des Églises est indispensable. Il s'ensuit que les gouvernements qui combattent les Églises chrétiennes établies marchent à contre-courant de l'Histoire.
2. Prendre conscience des potentialités intellectuelles congolaises. La colonisation a distillé des doutes durables, mais infondés sur les capacités intellectuelles des colonisés. La réalité démontre exactement le contraire. En effet, placée dans les pays où le système éducatif fonctionne selon les règles de l'art, la diaspora d'ascendance congolaise compte parmi les migrants ayant les niveaux d'instruction élevés. Tel est le cas en Belgique où près de 66 % de Belgo-Congolais.es ont un niveau d'études supérieur à la moyenne de ce pays estimée à 33 % en 2016[41] et à la moyenne des personnes issues d'autres migrations. Mais au Congo et en Afrique, la proportion des

---

[39] C. Sesep N'sial Bal-Nsien, *Apprendre à être. Proposition en vue de la formation du savoir-être à l'enseignement supérieur et universitaire*, Kinshasa, Centre de recherches pédagogiques, 1989. Voir notamment p. 94-95.

[40] Mimbu Kilol et Ibili Akwer, « Réflexions sur la personnalité affective des étudiants », in *Pistes et recherches*, vol. 3, n° 2, 1988, p. 203-221 et H. Mimbu Kilol, « L'éducation aux valeurs », in *Revue africaine des sciences de la mission*, n° 9, décembre 1998, p. 144-152.

[41] Fondation Roi Baudouin, *Des Citoyens aux racines africaines : un portrait des Belgo-Congolais, Belgo-Rwandais et Belgo-Burundais*, Bruxelles, 2017, p. 62. Ceci s'applique également aux deux autres nationalités. Données en RDC : 500 000 écoles avec 50 000 enseignants selon le représentant de la Banque mondiale en RD Congo, au journal de 20 h de la RTNC, 20 juin 2020 ; 20 millions d'élèves selon le ministre de Tutelle, le 20 décembre 2020, sur les chaînes une radio locale.

diplômés de l'enseignement supérieur par rapport à l'ensemble des populations est de loin inférieure à la moyenne mondiale estimée à 30 %. Pour le continent noir, elle était d'environ 8,6 % en 2016[42]. Dans ce contexte, compte tenu du fait que les universités congolaises font piètre figure dans les classements des universités africaines, la question de l'enseignement supérieur aurait dû logiquement figurer parmi les priorités des dépenses et de l'action publiques.

3. S'agissant précisément de l'éducation, le Congo postcolonial a déjà démontré sa capacité organisatrice au cours de la première décennie de l'indépendance en formant une multitude des cadres et des compétences diverses de haut niveau. De nombreux Congolais, qui ont commencé et fini toutes leurs études secondaires et universitaires jusqu'au doctorat en RD Congo, ont été recrutés comme professeurs dans des universités de classe mondiale du Nord et d'Asie. Cette première décennie de l'indépendance a connu aussi, de 1967 à 1970, une certaine prospérité économique[43]. Elle mérite d'être définitivement considérée comme la première illustration **incandescente** de la parole de Lumumba : « Nous allons montrer au monde ce que peut faire l'homme noir quand il travaille dans la liberté. »
4. Le contexte, l'environnement dans lequel travaille l'élite intellectuelle depuis presque cinq décennies, est marqué par l'absence de libertés, c'est-à-dire d'un État de droit autodéterminé, jouissant de sa souveraineté économique, politique et culturelle. Le pays est plutôt sous tutelle selon le politologue Ndongola-Ntalaja. Les intellectuels rendus improductifs dans cette prison à ciel ouvert sont aussi les premiers et les mieux placés pour briser les chaînes de leur esprit et libérer leur nation. *L'University of the Western Cape*, Cape Town, en Afrique du Sud, fondée pour soutenir l'apartheid qui a changé sa mission pour combattre ce système inhumain en offre le meilleur exemple[44]. Mais comment s'y prendre ? Par où commencer ?
5. Au plan intellectuel et moral, les Américains et les Européens ont les mêmes qualités et les mêmes défauts que nous les Noirs du Congo.

---

[42] « Avec seulement 6,8 % des jeunes inscrits dans l'enseignement supérieur, l'Afrique subsaharienne se situe loin derrière la moyenne mondiale (30 %) », PNUD, *Rapport sur le développement humain en Afrique 2016. Accélérer les progrès en faveur de l'égalité des genres et de l'autonomisation des femmes en Afrique*, New York, 2016, p. 52.

[43] Reconnue par les opposants au président Mobutu : *Lettre ouverte au président-fondateur du Mouvement populaire de la Révolution, président de la République par un groupe de treize parlementaires*, Kinshasa, 1er novembre 1980, p. 96 et plus tard par la Conférence nationale souveraine réunissant 2 800 délégués de tout le pays et de la diaspora, témoin : M. EKWA BIS ISAL (s.j.), *La RD Congo contée autrement. Jalons pour l'avenir. Entretiens avec Clémentine M. Faik-Nzuji*, Kinshasa, Loyola, 2012, p. 98-99. L'Université Lovanium fut classée parmi les dix meilleures universités africaines entre 1965 et 1975, *ibidem*, p. 105.

[44] P. CROSSMAN, *Endogénisation des universités africaines. Initiatives et problèmes dans la quête d'une pluralité au sein des sciences humaines*, Bruxelles, AGCD, 1999, p. 60-62.

Mais en quoi réside la différence entre eux et nous ? Ils ont mis en place des mécanismes de socialisation, de contrôle et de répression qui empêchent les faiblesses d'un individu de mettre en péril le bien commun ou l'intérêt général. L'éducation, les prisons, les configurations discursives figurent parmi ces mécanismes qui stimulent et contraignent tout individu à réduire sa capacité de nuisance, à concrétiser son potentiel humain et à maximiser sa contribution au bien commun. Voir n° 2 ci-dessus.

6. Au plan psychique, avoir toujours présentes à l'esprit la mémoire et l'image des capacités, des compétences et des actes de bravoure démontrés par les Congolais.es dans le passé. Il importe de mettre ces idées-forces en musique pour permettre de les chanter et danser afin de les inscrire dans la chair et le corps des jeunes. En voici quelques exemples :les actes de bravoure des soldats congolais pendant les deux guerres mondiales[45], la première décolonisation ou la victoire sur le colonialisme en 1960, la victoire sur l'apartheid en 1989, le potentiel intellectuel de la diaspora congolaise, la pensée congolaise exprimée dans sa riche littérature plurilingue, la période de référence et de performance de notre système éducatif, la prospérité économique (1967-1970), bref rappeler que les trois quarts de la réalité existant au Congo ont été réalisés après 1960 par les habitants de ce pays selon l'historien Léon de Saint-Moulin[46], d'heureuse mémoire. L'UCC et l'UPC sont capables de diffuser ces actes de bravoure dans le cadre de leurs services à la communauté.

Recommandations

R1. Que le système éducatif de la RDC vise la conquête de la souveraineté scientifique. Car il n'y aura pas de croissance politique et économique sans recherche scientifique autonome, sans formation contextualisée de l'intelligence congolaise. À cet effet, l'objectif de produire 30 % des Congolais diplômés d'études supérieures d'ici à 2050 est à retenir au plan national. D'autre part, pour maximiser l'impact de la science sur la dynamique sociale et l'évolution politique et économique du pays, il est impérieux que les différents chercheurs, intellectuels et universitaires restaurent ou fondent des associations ou des sociétés savantes ou des

---

45 P. Mabiala Mantuba-Ngoma, *Les Soldats de Bula Matari (1885-1960). Histoire sociale de la Force publique du Congo belge*, préface d'Elikia M'bokolo, postface de Prince Kaumba Lufunda, Kinshasa, Éditions culturelles africaines, 2019, p. 124-149 et 233-239.

46 L. de Saint-Moulinavec la collaboration de J.-L. Kalombo Tshibanda, *Atlas de l'organisation administrative de la République démocratique du Congo*, 2e édition revue et amplifiée, Kinshasa, CEPAS, 2011, p. 20-21 ; L. de Saint-Moulin, introduction au livre de R. Yakemtchouk, *L'Université Lovanium (1954-1971). L'action éducative de l'Université catholique de Louvain en Afrique centrale*, texte établi et annoté par Léon de Saint-Moulin (s.j.), préface de Mgr Tharcisse Tshibangu, Kinshasa, Éditions universitaires africaines, 2020, p. 7.

associations culturelles. Exemples, l'Association des moralistes, la Société des historiens, pourquoi pas une société des juristes congolais, des théologiens, etc. Ces organisations peuvent même être panafricaines comme l'Association des exégètes catholiques d'Afrique (APECA).

R.2. Que les universitaires puissent persuader et convaincre la classe politique de l'*incontournabilité* de l'éducation et de la science comme moyens puissants pour assurer le plus grand bonheur du plus grand nombre de Congolais.es[47]. Les individus et les familles du Congo-Kinshasa l'ont déjà compris. Preuve leur engagement dans la prise en charge des études de leurs enfants.

À cet effet, la classe politique veillera à :

R3. Augmenter effectivement la part du budget national allouée à l'éducation et veiller à son exécution efficace et efficiente. Référence : 30 % part allouée à l'éducation dans le budget national en 1961 en RDC.

R4. Mettre fin à la corruption dans l'enseignement et à la marchandisation des diplômes d'État ; mettre un terme à la vente anarchique des syllabus et des travaux pratiques. Bref, réduire au minimum l'empire actuel des antivaleurs qui a envahi les établissements d'enseignement secondaires et universitaires.

R5. Veiller à l'application stricte de la loi-cadre de l'enseignement national, car elle propose les solutions à tous les problèmes actuels, par exemple concernant les préoccupations relatives à la qualité de l'enseignement, cette Loi-cadre stipule parmi ses innovations : « La création d'une structure chargée de l'assurance qualité au sein de l'enseignement national[48] ».

R6. Actualiser et contextualiser les programmes scolaires et universitaires. Daté de 2004/5, le Programme dit PADEM aurait dû être évalué et actualisé dès 2009/2010. En particulier compte tenu du rôle crucial de la géographie et de l'histoire, il importe que dans les programmes scolaires de ces deux disciplines, l'étude de la région, par des élèves, de leur pays et du continent africain se fasse pendant quatre ans et celle du reste du monde pendant deux ans[49].

---

[47] R. VEENHOVEN, « Le plus grand bonheur du plus grand nombre. Est-ce possible ? Si oui, comment ? », dans CH. M. KRUMM et C. TARQUINIO (dir.), *Traité de psychologie positive*, préface de J. Lecompte, postface de Ch. Boiron, Bruxelles, De Boeck, 2011, p. 151-163. Pour ce psychologue, en dépit du scepticisme, « le bonheur peut être augmenté en améliorant la qualité de vie en société et en renforçant les compétences de vie des individus. Une des options dans cette dernière approche consiste à permettre aux personnes d'opérer des choix mieux éclairés en investiguant les conséquences à long terme du bonheur » (p. 163).

[48] *Journal officiel de la RDC*, 19 février 2014, p. 3, innovation n° 20.

[49] H. MIMBU KILOL, « Histoire et destinée de l'Afrique. Réflexions sur l'histoire scolaire en République démocratique du Congo », dans F. COLLIN, J. MOOMOU et C. SEVENO (dir.), *Éduquer en pays dominé (Afrique, Amériques, Europe)*, Paris, Karthala, 2019, p. 89.

Conclusion

La géographie de la RDC, la créativité de sa jeunesse, sa démographie, ses ressources naturelles, son riche patrimoine culturel et sa position du plus grand pays francophone africain prédisposent, appellent et convoquent notre pays à devenir une puissance-leader politique et économique régionale. Plusieurs Africains clairvoyants comme C. A. Diop, A. Mazrui, mais aussi d'autres penseurs de renom comme F. Fanon l'ont noté.

Mais tout aussi clairvoyantes, certaines puissances mondiales actuelles semblent déterminées à empêcher, à tout prix, la concrétisation de ce rêve des Pères de l'indépendance et des populations congolaises : « Nous peuplerons ton sol et nous assurerons ta grandeur »(*Hymne national*). Pour parvenir à leur fin, les puissances précitées exploitent les faiblesses internes, affaiblissent le leadership et le système éducatif congolais, utilisent des pays voisins de la RDC pour taquiner et narguer ce géant. Mais, quels que soient les obstacles, les erreurs ou les échecs, étant donnée sa capacité de résilience et de résistance inscrite dans son patrimoine génétique[50], la RD Congo concrétisera sa vocation et deviendra, *volens, nolens*, une puissance politique et économique avant la fin du XXIe siècle. Cet exposé a montré le chemin le plus sûr pour y arriver : l'éducation et la formation de l'intelligence et l'organisation, avec des recommandations précises. *Ata ndele mokili ekobaluka.* Les savants énoncent la même vérité en ces termes : « Car l'histoire montre et démontre que le rôle des protagonistes n'est pas figé une fois pour toutes. » (J. Ki-Zerbo) Cas de l'*University of the WesternCape*, Cape Town, en Afrique du Sud, qui figure désormais parmi les 15 meilleures universités africaines.

Bibliographie

CHIAVACCI E., « Une réalité cachée avec soin », in *Concilium*, n° 283, 2000, p. 51-60.

COLLIN F., MOOMOU J. et SEVENO C. (dir.), *Éduquer en pays dominé (Afrique, Amériques, Europe)*, Paris, Karthala, 2019.

Conférence épiscopale du Zaïre, « Déclaration de l'épiscopat face à la situation présente » (16 janvier 1975), Kinshasa, Secrétariat général de l'épiscopat, 1975, repris dans SAINT MOULINL. DE (s.j.) et GAISE R. (o.p.)(éd.), *Église et société. Le discours sociopolitique de l'Église catholique du Congo (1956-1998)*, Kinshasa, Facultés catholiques de Kinshasa, 1998.

DEPAEPE M. et LEMBAGUSALA KIKUMBI A., « L'enseignement colonial au Congo : davantage qu'un projet paternaliste à sens unique ? », dans GODDEERIS I., LAURO A. et VANTHEMSCHE G. (dir.), *Le Congo colonial. Une histoire en questions*, Waterloo, Renaissance, 2020, p. 337-347.

---

[50] D. GONDOLA, « Résistances au Congo belge : comment libérer un trop-plein colonial aux multiples relents », dans I. GODDEERIS, A. LAURO et G. VANTHEMSCHE (dir.), *Le Congo colonial. Une histoire en questions*, Waterloo, Renaissance, 2020, p. 245.

DIENER E. et SELIGMAN M. E. P., « Par-delà l'argent. Pour une économie du bien-être », dans KRUMM CH. M. et TARQUINIO C. (dir.), *Traité de psychologie positive*, préface de J. Lecompte, postface de Ch. Boiron, Bruxelles, De Boeck, 2011, p. 75-134.

Lettre ouverte au président-fondateur du Mouvement populaire de la Révolution, président de la République par un groupe de treize parlementaires, Kinshasa, 1er novembre 1980.

EKWABIS ISAL M. (s.j.), *La RD Congo contée autrement. Jalons pour l'avenir. Entretiens avec Clémentine M. Faik-Nzuji*, Kinshasa, Loyola, 2012.

EKWABIS ISAL M. (s.j.), « CNS : L'école zaïroise de demain », dans *Zaïre-Afrique*, n° 256, juin-juillet-août 1992, p. 357-362.

FANON F., *Les Damnés de la terre*, préface de Jean-Paul Sartre(1961), présentation d'Alice Cherki et postface de Mohammed Harbi, Paris, La Découverte, 2002(1961, 1re édition, Maspéro).

Fondation Roi Baudoin, *Des Citoyens aux racines africaines : un portrait des Belgo-Congolais, Belgo-Rwandais et Belgo-Burundais*, Bruxelles, 2017.

GONDOLA D., « Résistances au Congo belge : comment libérer un trop-plein colonial aux multiples relents », dans GODDEERIS I., LAURO A. et VANTHEMSCHE G.(dir.), *Le Congo colonial. Une histoire en questions*, Waterloo, Renaissance, 2000, p. 239-251.

CROSSMAN P., *Endogénisation des universités africaines. Initiatives et problèmes dans la quête d'une pluralité au sein des sciences humaines*, Bruxelles, AGCD, 1999.

L'HEILLET H., « Les études postcoloniales, une nouvelle théorie de la domination ? », dans *Cités*, n° 72, 2017, p. 41-52.

GODDEERIS I., LAURO A. et VANTHEMSCHE G. (dir.), *Le Congo colonial. Une histoire en questions*, Waterloo, Renaissance, 2020.

Journal officiel de la RDC, 19 février 2014.

KANE C. H., *L'Aventure ambiguë*, Paris, Julliard, 1961, p. 60.

KANKWENDA MBAYA J., *L'Économie politique de la prédation au Congo-Kinshasa : des origines à nos jours, 1885-2003*, Kinshasa, Montréal et Washington, ICRIDES, 2005.

KANKWENDA MBAYA J. (dir.), *Les Intellectuels congolais face à leurs responsabilités devant la Nation. Mélanges en mémoire du professeur A. R. Ilunga Kabongo*, préface de Mgr TH. TSHIBANGU THISHIKU, Kinshasa, Montréal, Washington, ICREDES, 2007.

LAHENS Y., « Apprendre pour la germination et l'envol », préface à COLLIN F., MOOMOU J. et SEVENO C. (dir.), *Éduquer en pays dominé (Afrique, Amériques, Europe)*, Paris, Karthala, 2019, p. 5-9.

MASER W., *Hitler, Legend, Myth and Reality*, New York, Row and Harper, 1975, cité par MUDIMBE V. Y., *Cheminements. Carnets de Berlin (avril-juin 1999)*, Ville de Brossard(Québec), 2006.

MABI MULUMBA E., « Quelles perspectives économiques pour le développement durable de la RD Congo ? », in *Congo-Afrique*, n° 538, 2019, p. 779-784.

MARCHAND, *La Ruée vers l'intelligence. Enquête sur les nouvelles puissances du savoir*, Paris, Fayard, 2012.

MABIALA MANTUBA-NGOMA P., *Les Soldats de Bula Matari (1885-1960). Histoire sociale de la Force publique du Congo belge*, préface d'Elikia M'bokolo, postface de Prince Kaumba Lufunda, Kinshasa, Éditions culturelles africaines, 2019.

MALU WA KALENGA F., « Pour une révolution de l'intelligence », dans NDAYWEL È NZIEM I.(dir.), *Quelle politique culturelle pour la Troisième République du Zaïre ?*, Conférence nationale souveraine et culture, Kinshasa, Bibliothèque nationale du Zaïre, 1993, p. 33-37.

MARROU H.-I., *Histoire de l'éducation dans l'Antiquité. Tome II. Le monde romain*, Paris, Édition du Seuil, 1948.

MBEMBE A., *De la post-colonie. Essai sur l'imagination politique de l'Afrique contemporaine*, Paris, Karthala, 2000.

MBEMBE A., *Brutalisme*, Paris, La Découverte, 2020.

MIMBU KILOL et IBILI AKWER, « Réflexions sur la personnalité affective des étudiants », in *Pistes et Recherches*, vol. 3, n° 2, 1988, p. 203-221.

MIMBU KILOL H., « L'éducation aux valeurs », in *Revue africaine des sciences de la mission*, n° 9, décembre 1998, p. 144-152.

MIMBU KILOL H., « Histoire et destinée de l'Afrique. Réflexions sur l'histoire scolaire en République démocratique du Congo », dans F. COLLIN, J. MOOMOU et C. SEVENO (dir.), *Éduquer en pays dominé (Afrique, Amériques, Europe)*, Paris, Karthala, 2019, p. 71-94.

MUDIMBE V. Y. (éd.), *La Dépendance de l'Afrique et les moyens d'y remédier*, Paris, Berger Levrault, 1980.

NANDY A., *L'Ennemi intime. Perte de soi et retour de soi dans le colonialisme*, traduit par A. Montout, Paris, 2007. Original anglais (Delhi, Oxford University Press, 1983).

NDAYWEL È NZIEM I., *Histoire du Zaïre. De l'héritage ancien à l'âge contemporain*, préface de Théophile Obenga, postface de Pierre Salomon, Louvain-la-Neuve, Duculot, 1997.

NDAYWELENZIEM I., *Nouvelle histoire du Congo. Des origines à la République démocratique*, Bruxelles, Le Cri, 2009, p. 664-665. 25.

PNUD, *Rapport sur le développement humain en Afrique 2016. Accélérer les progrès en faveur de l'égalité des genres et de l'autonomisation des femmes en Afrique*, New York, Washington DC, 2016.

PETERSON CH. et PARK N., « Forces de caractère et vertus : leur classification et leur évaluation », dans KRUMM CH. M. et TARQUINIO C. (dir.), *Traité de psychologie positive*, préface de J. Lecompte, postface de Ch. Boiron, Bruxelles, De Boeck, 2011, p. 233-248.

PIRIOU A. et SIBEUD E. (dir.), *L'Africanisme en questions*, Paris, Centre d'études africaines, EHSS, 1997.

RDC, Ministère de l'EPST, Ministère de la Formation professionnelle, Arts et Métiers, Ministère de l'ESU, Ministère des Affaires sociales, *Stratégie sectorielle de l'éducation et de la formation 2016-2025*, Kinshasa, 2015.

RDC, Ministère de l'EPST, Ministère de la Formation professionnelle, Arts et Métiers, Ministère de l'ESU, Ministère des Affaires sociales, *Rapport national de l'ODD4 et de la CESA*, Kinshasa, 2020.

RIST G., *Le Développement. Histoire d'une croyance occidentale*, 4e édition revue et augmentée, Paris, Presses de Sciences Po, 2013.

SEGERS Y. et MOLLE L. VAN, « L'agriculture dans le Congo colonial. Un succès aux dépens de la population rurale ? », dans GODDEERIS I., LAURO A. et

VANTHEMSCHE G. (dir.), *Le Congo colonial. Une histoire en questions*, Waterloo, Renaissance, 2000, p. 167-181.

SESEP N'SIAL BAL-NSIEN, *Apprendre à être. Proposition en vue de la formation du savoir-être à l'enseignement supérieur et universitaire*, Kinshasa, Centre de recherches pédagogiques, 1989.

SHOMBA KINYAMBA S., « Des mesures barrières contre la Covid-19 à l'épreuve de la culture permissive de Kinshasa », dans *Le Carrefour congolais. La revue du Département d'anthropologie de l'Université de Kinshasa*, n° 4, octobre 2020, p. 41-75.

VEENHOVEN R., « Le plus grand bonheur du plus grand nombre. Est-ce possible ? Si oui, comment ? », dans KRUMM CH. M. et TARQUINIO C. (dir.), *Traité de psychologie positive*, préface de J. Lecompte, postface de Ch. Boiron, Bruxelles, De Boeck, 2011, p. 151-163.

YAKEMTCHOUK R., *L'Université Lovanium (1954-1971). L'action éducative de l'Université catholique de Louvain en Afrique centrale*, texte établi et annoté par Léon de Saint-Moulin (s.j.), préface de Mgr Tharcisse Tshibangu, Kinshasa, Éditions universitaires africaines, 2020.

Éducation théologique protestante. Évaluation et perspectives

Professeur Liz VIBILA

Il y a plus de 60 ans que l'éducation théologique protestante existe au Congo. Il y a plus de 60 ans que notre Faculté de théologie forme des théologiennes et théologiens au sein de l'Université protestante au Congo (UPC) qui s'assigne comme objectif primordial de doter [la population] « une éducation qui construit une nation ». Plusieurs apprenants qui vont à la fin de leurs études servir dans la mission plurielle de l'Église en République démocratique du Congo (RDC) et ailleurs sont souvent confrontés aux réalités auxquelles ils n'étaient pas préparés.

Cependant ça fait aussi 60 ans et qu'une seule fois il y a eu les états généraux de notre enseignement théologique, vers les années 1970. Actuellement une autre évaluation profonde de l'éducation théologique protestante se réclame à cor et à cri qui devrait examiner ce qui s'est fait et se fait depuis maintenant plus de 60 ans afin de restructurer le cursus de la formation théologique protestante. À proprement parler, c'est la question de l'urgence et de la nécessité d'un paradigme du corpus théologique qui se pose ici en filigrane. Il faut évaluer et réévaluer l'éducation théologique protestante et dégager les défis d'aujourd'hui afin d'anticiper le futur et de proposer à l'Église d'autres perspectives dans son domaine éducatif.

Il faut dire qu'à la suite des autres[1] et à la pertinente interpellation faite par un des apprenants de l'UPC qui, en son temps, insistait sur le fait que « la théologie pratique », comme il le soulignait il y a de cela plus de 15 ans, serait avant tout le lieu où toute la curiosité de l'Église doit se diriger. Selon son approche, cette orientation permettrait d'observer des faits qui conduiraient à la réflexion, non seulement dans les institutions de formation théologique, mais à tous ceux et toutes celles qui appartiennent à ce qu'il a appelé « l'Univers théologique ». Ainsi, l'aboutissement logique de cette

---

[1] Friedrich Schleiermacher, fondateur de la théologie pratique | Réformés.ch – site d'actualité des protestants réformés de Suisse romande (réformés.ch), page consultée le 14 décembre 2020.

attention et du travail réalisé sera « essentiellement dans l'application de la réflexion théologique[2] ».

À la lumière de l'Évangile, on assistera au schéma qui se présentera de la manière selon laquelle un lien s'établira entre « action (faits observés) – réflexion (théologique) –nouvelle action (faits nouveaux) » ; en lieu et place d'un cercle, il y va de soi qu'une spirale tourne, vu que les premières actions qui ont donné lieu à la réflexion seront modifiées et si pas se présenteront comme réactions aux « faits observés » dès le départ. Les « faits ou éléments nouveaux » feront eux aussi l'objet de minutieuses études en considérant les dimensions socioculturelle et politique toujours changeantes dans lesquelles l'Église vit et fonctionne. Ceci permet d'éviter premièrement le clivage qui se perpétue souvent entre d'une part, les domaines philosophiques et doctrinaux de la discipline théologique dans lesquels sont faites les réflexions et les spéculations concernant les doctrines chrétiennes ; et d'autre part, les domaines pratiques dans lesquels ces doctrines sont mises en application pour l'intérêt spécifique du ministère de l'église locale qui requiert le concret ou de la concrétisation. Deuxièmement on permettra aussi par anticipation qu'il y ait un discours de l'Église sur la réalité des choses prévisibles et éviter à ce qu'elle vienne souvent en retard, elle ne remplit pas le rôle de veilleuse.

L'histoire de l'Église nous enseigne que pour les premiers chrétiens, la théologie était cet effort considérable de traduire et d'interpréter l'Évangile pour la vie dès la période des Pères jusqu'aux interprétations des écoles catéchétiques[3]. Partant de cette observation, il est impérieux aujourd'hui que « l'univers théologique » se ressaisisse et développe « cette curiosité » pour scruter ce qui veut s'installer et s'installe en « valeurs » dans notre contexte et de rendre l'Évangile relevant à ces défis. La citoyenneté du Royaume ne soustrait pas de la citoyenneté terrestre. C'est au travers de cette dernière que la première se prépare. Apprendre à professer sa foi et être apte à s'acquitter de ses obligations et responsabilités pour la transformation de la société[4] est un besoin permanent qui devrait animer toute Église soucieuse de développer le peuple de Dieu pour le faire parvenir « [...] à l'unité dans la

---

2 M. MONDENGO IYOKA, « Univers théologique et théologie pratique. Question de positionnement », Papier présenté lors d'un séminaire sur le Programme de diplôme d'études approfondies, UPC 2004-2005, p. 1 (inédit).

3 Déjà vers la fin du premier siècle, cet effort se fait voir par les premiers Pères comme Eusèbe de Césarée, Ignace d'Antioche et Clément de Rome pour ne reprendre que ces quelques figures. Cfr. N. ABEYANSINGHE, *Christians Thinkers*, Colombo, S. Godage & Brothers, 2012, pp. xi-xvii.

4 La même préoccupation peut être lue dans l'encyclique *Mèreet Éducatrice* (*MateretMagistere*) du pape Jean XXIII exhortant l'Église dans son rôle d'éducatrice de ne pas se limiter à l'enseignement et à l'exhortation d'un agir chrétien selon les doctrines apprises, mais à apprendre aux chrétiens « les moyens qui les mettent à même de s'acquitter de ce devoir », lire *Pour l'enseignement social de l'Église en Afrique. Documents de référence du Magistère de Léon XIII à François (1891-2015)*, Kinshasa, Éditions IPCM, 2016, pp. 22-24.

foi et dans la connaissance du Fils de Dieu, à l'état d'adultes, à la taille du Christ dans sa plénitude » (Éphésiens 4 : 13 – version Traduction œcuménique de la Bible).

1. Quid de l'évaluation ?

Les institutions de formation théologique s'affichent de plus en plus libres des liens historiques et particulièrement du paternalisme de l'époque missionnaire. Cette « indépendance » qui constitue la force qu'elles représentent, se dotant d'un personnel enseignant de qualité, cache cependant une instabilité vu que l'Église qui est la première bénéficiaire de ses services n'arrive pas à prendre en charge ses institutions de formation comme il se doit. Ainsi, dans l'évaluation et réévaluation de l'éducation théologique protestante, cette situation de précarité ne peut être éludée.

À ce niveau, un autre élément important à souligner est l'appartenance de la plupart de nos institutions de formation de théologie à l'Association œcuménique régionale nommée *Astheol* (*Associationfor theological Education*). Évoluant comme membres de cette association, plusieurs facultés de théologie se sont offert une opportunité historique dans les temps et ont impacté et propulsé et revisité leur programme éducatif. Un échange d'enseignants entre institutions théologiques est devenu possible au travers de cette association. Il faut néanmoins souligner à ce niveau que la création des institutions théologiques dénominationelles indépendantes les unes des autres, telle qu'observée il y a de cela 20 à 25 ans, n'a fait que saper les efforts de contrôle, de renforcement des capacités et offre des résultats parfois peu probants vu la qualité de l'enseignement dispensé.

Une évaluation exacte de la présence de l'UPC/Faculté de théologie dans l'Astheol exigerait une autre étude qui ira au-delà de la RDC et engloberait la région centrale d'Afrique. Les lignes qui viennent vont souligner quelques points pertinents sur la compréhension de ce qui pourrait s'apparenter comme une « assurance qualité » d'un programme d'éducation théologique à l'heure où tout le monde parle du programme Licence-Master-Doctorat (LMD[5]). Certes cet effort n'est peut-être pas le premier et les résultats ne seront pas exhaustifs. N'est-ce pas qu'il n'y a rien de nouveau sous le soleil, dit-on ? Cependant, comme décrits ci-dessus, les faits observés nous amènent dans notre univers théologique à réfléchir. Avant d'y arriver, quelques observations méritent d'être faites pour décrire ce qui, selon notre compréhension, accompagne une « éducation ou une formation théologique qui construit une Église et une nation » :

---

[5] Le système complexe d'accréditation devrait être minutieusement étudié et les conditions doivent être réunies pour une réforme complète du système éducatif en RDC. Courir quand nos apprenants et même les enseignants ne peuvent ni s'acheter de livres ni payer leurs affiliations aux bibliothèques serait trop osé.

Premièrement, l'éducation devrait affermir/développer l'engagement et la résistance de l'apprenant

Notre programme éducatif en général et l'éducation théologique en particulier est le plus souvent connu comme une « éducation encyclopédique » qui pousse à la restitution fidèle et non à la recherche, à la remise en question et à l'innovation. Dans un curriculum trop plein, l'étudiant.e est moins engagé.e dans la recherche et dans l'interaction avec les autres et avec les faits observés comme mentionnés ci-dessus (voir notre schéma). Il est appelé seul au travail de la restitution, pendant que la curiosité, elle, s'estompe en raison de plusieurs pesanteurs : ecclésiastique, culturelle, sociale, éducationnelle... En fait, c'est effectivement pendant la formation que la déconstruction-construction de ce qui se proclame ou veut s'ériger en *a priori,* étouffant toute participation totale à l'œuvre réconciliatrice et vivifiante de Dieu et de son Esprit, est rendue possible. Cette déconstruction-construction contribue à la détermination de soi.

La formation théologique qui fait participer à la mission de Dieu dont l'Église témoigne les œuvres devrait conduire à la résistance de toute sorte de sollicitations et de tout ce qui fait obstruction (le narcissisme, injustice, exclusion...) à la vie que Dieu veut pour tous.

Deuxièmement, l'éducation est toujours une quête de la justice et pour l'apprenant et pour les enseignants

La pleine participation dans la formation dépend aujourd'hui de plusieurs facteurs et semble être beaucoup plus élitiste. La manière d'enseigner elle-même ne permet pas souvent d'inclure tous les apprenants de la même façon. Dans un « programme d'éducation encyclopédique », le plus doué est mis en exergue s'il n'est pas vu comme concurrent d'un enseignant avec ses problèmes internes (le manque d'estime de soi) et le moins doué est ignoré. Les forces des uns et les faiblesses des autres doivent être reconnues ; et l'engagement et le discernement de la part des enseignants peuvent permettre une réorientation des apprenants qu'on identifierait habiles pour les pratiques sur terrain et très peu doués dans la réflexion vers des formations adaptées. Même ceux qu'on croit être faibles sont utiles dans les qualités enfouies en eux. Il faudra découvrir ces qualités et faire rehausser leur niveau et la même chose pour faire découvrir aux forts une orientation pour leur éclosion, car ils ne sont pas non plus forts en tout. En ceci la justice sera rendue et à l'apprenant et à l'Église. Ceci fut fait dans un certain temps et malheureusement cette bonne pratique a disparu. Dans le contexte de la « culture du spectacle[6] », tout le monde veut être proclamé « licencié/universitaire » sous les acclamations et le chant *« Alongi na ye ».*

---

[6] Cette expression est du prix Nobel professeur Denis Mukwege, pasteur protestant d'une communauté membre de l'ECC, tirée de ses différents discours prononcés les 10 et 11 mars

L'éducation et la formation ne doivent pas être discriminatoires et elles sont un droit, à plus forte raison si elles rencontrent des enfants de Dieu comme lu dans la Grande Commission : « Jésus s'approcha d'eux et leur adressa ces paroles : "Tout pouvoir m'a été donné au ciel et sur la terre. Allez donc : de toutes les nations faites des disciples, les baptisant au nom du Père et du Fils et du Saint-Esprit, leur apprenant à garder tout ce que je vous ai prescrit. Et moi, je suis avec vous tous les jours jusqu'à la fin des temps" » (Matthieu 28 : 18-20). Personne ne doit être exclu.

Et enfin, l'éducation doit apporter la guérison complète et holistique afin de faire fleurir la création à laquelle nous appartenons

L'avenir de la formation de l'Église qu'assurent nos institutions de théologie se repose essentiellement sur une éducation théologique holistique, laquelle n'est possible que quand elle est le fruit en premier lieu de l'interaction et de l'interconnexion de différents domaines théologiques et en deuxième lieu de sciences connexes.

Après ces observations, nous voici devant des défis d'aujourd'hui pouvant aider à anticiper le futur et aider à proposer des perspectives pour une « qualité assurance » dans le domaine éducatif théologique. En osant présenter cette ébauche à l'heure du chambardement de nos programmes universitaires comme souligné ci-dessus, nous reconnaissons et insistons sur la pertinence et le besoin d'une éducation théologique faisant de nous « un texte à lire », vivant dans un environnement bien spécifique, ayant des problèmes à élucider en les confrontant à l'Écriture qui doit être traduite pour un plus grand nombre.

2. L'éducation théologique et la lecture du contexte

Comme évoqué ci-dessus, un des efforts de l'*Astheol* était de promouvoir l'éducation en Afrique francophone, comme on trouve ses parallèles dans l'Afrique anglophone. Cet effort fut celui de la contextualisation du message, car nul n'est censé ignorer que « la théologie est contextuelle par nature ; elle est quelque chose qui émerge du contexte de celui ou celle qui fait la réflexion ou réfléchit la théologie[7] ». Elle est une Église qui réfléchit sa foi et interprète ce que Dieu est venu réaliser pour l'humanité. Il est vrai que l'analyse du « fait de Dieu » vient interpeller les « faits observés » des hommes. Ces faits observés souvent susceptibles aux péchés ont amené à

2020 lors du décernement de ses différents titres : de *Doctorat Honoris Causa* de l'Université protestante au Congo (UPC) et d'Excellence par l'ECC à Kinshasa.

[7] L. VIBILA VUADI, Notes de cours dispensé à la première année en théologie, UPC 2019-2020, p. 2 (inédit). Lire aussi les textes compilés par LALRUATKIMA, *Understanding Christian Faith*, Kolkata [S.E.], 2013, pp. 7-10.

l'éloignement d'avec Dieu. La mission de Dieu, source de la mission et de la théologie de l'Église.

C'est cette proclamation qui, dès l'annonce de l'Évangile, a conduit à l'héritage de nos divisions confessionnelles/dénominationelles[8]. Ainsi, le besoin de la contextualisation s'accroît vu l'impasse qui conduit même aujourd'hui à « la théologie de l'implantation des églises locales ». Si à l'époque missionnaire, cette théologie les concernait, eux seuls et rarement et très tardivement les évangélisés, aujourd'hui cette théologie nous rattrape de plein fouet sur nos visages pendant que les institutions de formation théologique sont bien nombreuses et peuvent former et laïcs et consacrés pour une Église beaucoup plus responsable.

Comme mentionné ci-dessus dans le cadre d'*Astheol*, ce ne sont pas des ressources humaines qui manquent et le travail de réflexion peut toujours être approfondi, surtout en cherchant à élever le niveau des plusieurs prédicateurs/missionnaires et au même moment à élever le niveau des plusieurs institutions qui sont dans nos Églises. C'est un travail de titan, mais avec les partages de ressources, ou mieux, les membres des institutions assignés à la formation, ce défi peut être relevé. Et d'ailleurs, la formation de ces pasteurs aiderait à la formation de l'Église tout entière. Il faut dire ici que ces pasteurs mal formés ont plus d'impact sur la population qui ne se désaltère pas sur une source « théologique saine ».

La transformation ne peut être espérée que lorsque les institutions de formation théologiques pourront revoir la qualité de leur formation et revisiter les acquis de leur positionnement théologique. C'est cette cherche réelle à équiper les apprenants pour la relève et non faire « une production théologique en masse » sans rigueur et complaisante. La formation est une lourde responsabilité et comme les armoiries de l'UPC le disent si bien, « une éducation pour la nation », l'Église étant dans la nation.

À cette quête de transformation du contexte, il faut toujours chercher l'excellence. Une éducation qui prendra les problèmes des apprenants et de leurs contextes comme textes à étudier et problèmes à débattre pendant la formation, permettra au développement de la conscience et à l'assimilation des faits et pourquoi pas à la production théologique ; cette lecture contextuelle dans le travail académique et dans la prise en compte « de ces lettres vivantes » que nous sommes peut répondre à la préoccupation soulevée ci-dessus : non pas enseigner des doctrines chrétiennes, mais « comment » après réflexion sur les « faits observés » arriver à défier et

[8] Dans un article, je décrivais « l'embarras » dans lequel les protestants se trouvent pour répondre à la simple question de savoir « quel type d'Église constituons-nous ? ». Quand un orthodoxe ou un catholique pose cette question, il a déjà ses réponses qui font plus allusion à un « type d'organisation ou de structure unifiée », pendant que les protestants renferment toute sorte de types en leur sein, et souvent la compréhension de cette réalité n'est pas moins pour eux une Église. L. VIBILA VUADI, « Femmes protestantes dans les églises, évolutions et les enjeux contemporains », in *Mission, œcuménisme, religion, politique et méthode. Mélange en l'honneur du professeur MushilaNyamankank*, Kinshasa, EDUPC, 2010, pp. 123-125.

transformer au travers de la « traduction de l'Évangile » et rendre dans le vécu, dans le monde de nouvelles actions chrétiennement approuvées[9]. Souvent, dans l'accréditation et l'attribution de pondération, ce travail de réflexion est minimisé et il n'est pas surprenant qu'on se retrouve dans le malaise dans notre société avec notre trop-plein d'universitaires et aussi une Église pleine de cadres, mais dans laquelle la production théologique est quasi inexistante (pour le cas de l'Église). Or l'Église devrait refléter la lumière et le sel dans la société. Si elle perd sa saveur, comment la lui rendra-t-on ? Paraphrasant ainsi Matthieu 5 : 13. Cet aspect reviendra lorsqu'il sera question de l'« assurance qualité ».

3. « Assurance qualité » et l'accréditation dans l'éducation et la formation théologique

Pour l'« assurance qualité », il est important de ne perdre de vue la vision et la mission avec le but et les objectifs que l'on s'est assignés pour l'éducation théologique. Comme épinglée ci-dessus, c'est une commission du Seigneur. Ce n'est pas l'Église qui crée la commission même si elle met en place des institutions d'éducation théologique. Elle doit se faire accompagner dans la prière par Celui qui a donné la commission. Ainsi, son accréditation sera un système ouvert qui sera revisité de temps en temps, un système cherchant toujours à améliorer le profil d'excellence dans cet univers théologique dans lequel l'interaction des disciplines théologiques devrait démontrer sa pertinence.

En foi du travail que nous avons accompli au Sri Lanka et dans le contexte asiatique, nous avons observé cinq étapes importantes pour arriver à « l'assurance qualité » de l'éducation théologique. Il faut dès le départ comprendre la *vision* qui est donnée et se donne comme institution d'éducation théologique. Ce point est très important pour les protestants qui ont une réalité confessionnelle plurielle. Cette vision maintiendra l'institution à conserver les diverses tendances théologiques, un héritage historique que l'institution devra assumer dans les enseignements afin de répondre aux multiples préoccupations et défis qui affectent l'Église (souligner ici la problématique de l'inspiration orale et écrite en rapport avec le Saint-Esprit, les questions sur la bioéthique, sur l'intelligence artificielle, sur l'accompagnement de traumatisés…). Une institution d'éducation théologique est appelée dans sa vision à prendre cela en compte pour assurer sa qualité.

Le deuxième élément à considérer, ce à quoi l'institution croit et confesse. C'est comme une affirmation de ses *valeurs fondamentales*. Ces éléments sont le socle sur lequel l'institution se tient, la base sur laquelle le

---

[9] Cfr. A. ADAMAVI-AHO EKUÉ *et alii.*(ed.), *Translating the Word, Transforming the World. An Ecumenical Reader*, Genève, WCC, 2018.

travail est mené. Ces éléments incluent en eux la *mission* qui est le troisième point de notre puzzle. Elle réclame clarification des actions concrètes de l'institution et les *stratégies* qui sont le cinquième élément s'intercalant entre la *mission* et les *objectifs* (notre quatrième élément pour compléter le puzzle) répondront et définiront les voies et moyens pour que la *mission* soit remplie sur les *valeurs fondamentales* de l'institution. Les liens directs des valeurs fondamentales avec les stratégies appellent à clarifier la bonne marche de la mission, car les valeurs et les stratégies aident à l'interaction des uns par rapport aux autres pour que la mission soit menée à bien. Ainsi les *objectifs* comme quatrième élément de notre assemblage soulèvent la préoccupation de ce qui doit être atteint par l'institution.

En conclusion, il y a des questions de « à/en quoi, que », « où » et « comment » :

La question « à quoi » touche les éléments de la *vision*, dont la question serait « à quoi ressemblerait l'institution ? », elle projette l'avenir.

La même question touche l'élément 2 des *valeurs fondamentales* et la question serait « en quoi l'institution croit-elle ? ».

La même question va à l'élément 3 et la question ici est « que va faire l'institution ? ».

Et l'élément 4 combine la question sur le « où et quoi à atteindre par l'institution ? ».

Et enfin la question qui touche le moyen dans l'élément 5, « comment atteindre[10] ? ».

Ce qui me pousse à dire qu'on attend d'une institution universitaire trois missions principales qui sont celles d'offrir un enseignement de qualité, de promouvoir une recherche de qualité, et rendre des services de qualité à la société. En clair, si l'« assurance qualité » demeure la procédure d'amélioration et d'évaluation de la qualité du travail, afin d'évoluer avec sérénité dans le travail de l'éducation théologique, il reste à ce que les apprenants et leurs Églises apportent leur évaluation dans ce travail qui les touche directement afin d'améliorer davantage le programme de nos institutions d'éducation théologique.

Pour ce qui est de la pondération, selon le programme de la Faculté de théologie de l'UPC, seuls les cours ayant trait à la pastorale et aux langues bibliques ont des crédits élevés, pendant que la réflexion, dont les éléments philosophiques et doctrinaires aidant à refléter les « faits observés » pour proposer des actions/réactions dans la société, occupe une place dérisoire. Ceci réconforte la conclusion de la rareté de produits/productions théologiques sur le « marché ». Enfin, il faut souligner l'importance donnée aux langues étrangères pendant que sous d'autres cieux, les autres peuples théologisent dans leur propre langue. Il faut une éducation qui forme tout en

[10] Cfr. HUANG PO HO, "Accreditation and Quality Assurance in Theological Education: Asian Perspectives", in D. WERNER *et alii.* (ed.), *Handbook of Theological Education in World Christianity*, Oxford, Regnum Books International, 2010, p. 141.

tenant compte de différentes richesses, contextes, mais aussi des questions de l'heure que pose la dynamique de la société. « Une éducation qui construit une nation » prépare la citoyenneté céleste en rendant gloire au Créateur pour celle d'en bas.

À une époque donnée, Friedrich Schleiermacher en 1811[11] avait conçu un corpus théologique qui a beaucoup servi l'éducation théologique protestante de partout. Aujourd'hui, si d'aucuns pensent que le corpus théologique hérité du XIXe siècle serait devenu de plus en plus obsolète et ne permettrait plus aux institutions théologiques de répondre valablement à leur mission dans le contexte du XXIe siècle, il nous semble que l'éducation théologique protestante au Congo devrait aussi se questionner, s'évaluer et se réinventer.

Car, en un sens, l'éducation théologique protestante présenterait une grande faiblesse. Elle est aujourd'hui en déphasage avec les défis et les attentes de la mission de l'Église dans le contexte du XXIe siècle. Et s'il faut chercher et trouver la cause de cette faiblesse, on la trouverait dans l'éducation et la formation théologique que les institutions de l'Église proposent depuis 60 ans. Par conséquent, il faut aider l'Église. Pour ce faire, il faut avouer qu'il est urgent de repenser le contenu, mais mieux la philosophie même de l'éducation et formation théologique protestante. C'est aux fins de mieux la préparer à s'engager dans sa mission qui est à la fois holistique, locale et globale.

Face à un système éducatif déjà dépassé, il y a mieux à faire pour l'avenir de l'Église. Cette étude se veut un appel pour la nécessité et l'urgence d'une réforme à fond du cursus théologique en vue de la validité d'un discours théologique cohérent. L'avenir de la mission de l'Église dépendrait aussi bien de la manière dont l'éducation théologique devra préparer les théologiens et théologiennes à faire face aux enjeux sociétaux et répondre à leurs défis d'une part ; mais aussi, et surtout, connaître pour mieux répondre aux attentes transformationnelles légitimes des communautés, de l'autre.

Bibliographie

Ouvrages

ADAMAVI-AHO EKUÉ A. *et alii.* (ed.), *Translating the Word, Transforming the World. An Ecumenical Reader*, Geneve, WCC, 2018.

HUANG POHO, "Accreditation and Quality Assurance in Theological Education: Asian Perspectives", in D. WERNER *et alii.* (ed.), *Handbook of Theological Education in World Christianity*, Oxford, Regnum Books International, 2010, p. 141.

---

[11] FRIEDRICH SCHLEIERMACHER, fondateur de la théologie pratique | Réformés.ch – site d'actualité des protestants réformés de Suisse romande (réformés.ch), page consultée le 14 décembre 2020.

Articles

MONDENGO IYOKA M., « Univers théologique et théologie pratique. Question de positionnement », Papier présenté lors d'un séminaire sur le Programme de diplôme d'études approfondies, UPC 2004-2005, p. 1 (inédit).

Documents de référence du Magistère de Léon XIII à François (1891-2015), Kinshasa, Éditions IPCM, 2016, pp. 22-24.

VIBILA VUADI L., « Femmes protestantes dans les églises, évolutions et les enjeux contemporains », in *Mission, œcuménisme, religion, politique et méthode. Mélange en l'honneur du professeur Mushila Nyamankank*, Kinshasa, EDUPC, 2010, pp. 123-125.

Notes des cours

VIBILA VUADI L., notes de cours dispensé à la première année en théologie, UPC 2019-2020, p. 2 (inédit). Lire aussi les textes compilés par LALRUATKIMA, *Understanding Christian Faith*, Kolkata [S.E.], 2013,pp. 7-10.

Webographie

FRIEDRICH SCHLEIERMACHER, fondateur de la théologie pratique | Réformés.ch – site d'actualité des protestants réformés de Suisse romande (réformés.ch), page consultée le 14 décembre 2020.

L'impact de l'informatique dans le développement durable de la RD Congo : cas de la gestion informatisée de la population

Sr Odette SANGUPAMBA

Introduction

L'utilisation de l'informatique dans la gestion des populations s'inscrit parmi les défis de la révolution numérique et de son impact sur le développement durable d'une nation. Elle implique un changement de paradigme au sein des services ayant la gestion de la population dans leurs attributions et conduit au développement durable du pays dans la mesure où elle est utilisée judicieusement. En outre, la maîtrise de la gestion d'une population facilite la tâche dans la gestion de la cité : le recensement est automatique, le suivi démographique se fait aisément, l'organisation des élections fiables devient facile, le nombre des votants étant bien connu, etc. Nous pouvons dire que la bonne gestion de la population reste un des points majeurs du développement durable d'un pays, car elle permet de bien organiser la vie sociale, économique et environnementale d'une nation. L'informatique, quant à elle, est un support incontournable pour la bonne gestion en général, et la gestion de la population en particulier.

Ainsi importe-t-il de comprendre avant toute chose la portée sémantique de l'informatique et du développement durable. Qu'est-ce que l'informatique ? Qu'est-ce qu'un développement durable ? Peut-on parler du développement durable dans notre pays sans pour autant maîtriser l'effectif de la population ? Peut-on répondre aux besoins de la population si on ne connaît pas, au préalable, son effectif ? Comment le développement durable de notre pays peut-il être boosté par l'informatique ?

Pour répondre à ces questions, nous allons recourir à la méthode analytique. Il s'agit d'expliquer ce qu'est l'informatique, ce qu'est le développement durable et comment l'informatique peut booster le développement durable. Cette analyse se veut scientifique et se rattache au paradigme « positiviste ». En effet, nous ne prendrons que des éléments objectifs, analysables scientifiquement et méthodiquement, et nous les traiterons avec une rigueur tout aussi scientifique.

1. Informatique

L'informatique est un ensemble de techniques permettant de résoudre des problèmes d'information à caractère économique, commercial, financier, social, scientifique, culturel, militaire, médical, ou autres, grâce au traitement automatique des données, de préférence par ordinateur[1]. Quatre concepts sont importants dans cette définition : *l'information, la donnée, le traitement* et *l'ordinateur*. L'*information* est tout support de la connaissance, un message, un renseignement ou un événement susceptible d'être communiqué entre les hommes[2]. Elle est suffisamment explicite pour pouvoir déclencher une action. Elle est concrète et a un sens. Elle renseigne sur le contexte et sur toutes les valeurs particulières se rapportant au contexte. L'information est exploitable par l'homme, pour qu'elle soit traitée par la machine, elle doit être transposée dans un langage connu par celle-ci. Elle devient alors une *donnée*. Cette dernière est une suite de caractères représentant une information qui se prête à un traitement machinal[3].

Eu égard à ce qui précède, la donnée est considérée comme une information codée, un mot conventionnel, abrégé, formé de caractères alphabétiques, numériques, alphanumériques ou des symboles attribués à une information. Elle ne peut avoir un sens que pour la personne qui l'a conçue et qui peut la décoder. Elle reste muette pour toutes les autres personnes. Notons que l'*information* et la *donnée* jouent le même rôle dans le processus de résolution d'un problème. Mais ces deux quantités ne se représentent pas de la même manière : l'*information* est représentée par un langage compréhensible par l'homme et la *donnée* est représentée par un langage compréhensible par la machine. Le *traitement*, quant à lui, c'est la manipulation de l'information ou de la donnée, la transformation de l'information ou de la donnée. Il existe deux types de traitement : manuel et automatique. On parle du traitement manuel quand l'information est manipulée par un homme et du traitement automatique quand il s'agit de la manipulation des données par une machine : l'*ordinateur*. Ce dernierest un ensemble de matériels spécialisés dans la réception des données de base, dans leur mémorisation, dans leur traitement et dans la restitution de tout ou d'une partie de ces données transformées[4]. Toutes les opérations sont conduites automatiquement par des programmes préalablement enregistrés.

En ce sens, l'informatique devient incontournable à l'heure de la mondialisation. Aucune institution ne peut s'en passer. La prise en main de l'outil informatique permet la performance des services, la protection des données, la manipulation de grandes quantités des données, la facilité des échanges de données.

---

[1] Cf. MAPHANA MA NGUMA, *Éléments d'informatique générale*, Kinshasa, Alexprods, 2014.

[2] *Ibidem.*

[3] *Ibidem.*

[4] Cf. P. A. GOUPILLE, *Technologie des ordinateurs et des réseaux*, Malakoff, DUNOD, 2008.

Par ailleurs, l'informatique s'accompagne de certains termes phares comme télécommunication et numérique[5].La télécommunication, c'est la transmission de données à distance à l'aide de l'informatique et l'électronique, tandis que le numérique fait allusion à la représentation des données par des nombres. C'est le langage que comprend l'ordinateur, le langage de chiffres, une suite de 0 et de 1. On oppose ainsi le calcul numérique (l'arithmétique) au calcul littéral (par des lettres, ou algèbres) et au calcul analogique. L'adjectif numérique devenu substantif désigne maintenant les technologies de l'information et de la communication. Ainsi, la « numérisation » désigne le basculement des spécialités vers ces technologies.

1.1. Télécommunication

Dans une gestion qui regroupe plusieurs utilisateurs devant manipuler les mêmes données, les besoins de communication ou d'échanges de données sont multiples entre ces différents utilisateurs surtout s'ils sont éloignés les uns des autres : transmission des messages, partage des ressources, transfert des fichiers, consultation de bases de données, réseaux sociaux… De manière générale, ces utilisateurs sont regroupés en services, et chaque service possède son propre système informatique. Pour communiquer, ces systèmes d'information disposent de trois blocs fonctionnels : les applications qui veulent échanger les données, les fonctions destinées à établir et à gérer la communication et les fonctions assurant la transmission des données[6]. Il est important de noter que ce sont les applications qui sont à l'origine de la demande et de la procédure de la communication.

En revanche, l'établissement de la connexion entre les systèmes informatiques s'effectue *via* un réseau de transmission de données. Celui-ci est l'ensemble des ressources liées à la transmission qui permettent l'échange de données entre différents systèmes éloignés. Les machines ou infrastructures informatiques connectées communiquent selon les règles prédéfinies appelées « protocole[7] ». Actuellement, la télécommunication concerne l'utilisation d'équipements électroniques associés à des réseaux analogiques ou numériques tels que les téléphones fixes ou mobiles, la radio, la télévision et l'ordinateur. Une liaison de communication comporte trois éléments principaux : un émetteur, un média de transmission et un récepteur[8].

---

[5] Cf. S. LOHIER et D. PRÉSENT, *Réseaux et transmissions- Protocoles, infrastructures et services*, Malkoff, DUNOD, 2016.

[6] S. LOHIER et D. PRÉSENT, *op. cit.*

[7] Cf. P. ATELIN, *Réseaux informatiques –Notions fondamentales : normes, architecture, modèle OSI, TCP/IP, Ethernet, Wi-Fi*, St-Herblain, France, ENI, 2019.

[8] Cf. J. DORDOIGNE, *Réseaux informatiques – Notions fondamentales (protocoles, architectures, réseaux sans fil, virtualisation, sécurité, IPv6…)*, St-Herblain, France, ENI, 2019.

Par ailleurs, on distingue plusieurs types de réseaux selon des critères de fonctionnement, de technique utilisée, de débit (vitesse) de transmission et de situation géographique[9].

1.2. Numérique

Le numérique, comme nous l'avons énoncé, est devenu un substantif et fait allusion à la science de l'information et de la communication sur son volet matériel et logiciel. Il conduit à la modernisation, à l'évolution et à l'ouverture universelle. En ce qui concerne la modernité, nous sommes sans ignorer que l'informatique revêt une importance considérable dans divers secteurs de la vie ou mieux dans tous les secteurs d'activités. Cette science attire de plus en plus autour d'elle toutes les autres sciences au point que celles-ci la sollicitent pour le traitement automatique de ses informations en vue d'obtenir des résultats fiables dans un bref délai, surtout s'il s'agit de grandes masses de données. Pour l'évolution, on peut le constater par le fait que le progrès récent de la technologie des ordinateurs et de la télécommunication a donné un élan considérable aux activités d'informations dont l'offre et la demande se développent dans les domaines les plus divers. Ce progrès contribue à améliorer la productivité tant au niveau administratif qu'au niveau technique.

Le potentiel de l'informatique et les possibilités qu'elle offre ont une signification beaucoup plus large au point qu'on peut parler de révolution informatique. En ce qui concerne l'ouverture universelle, cela se matérialise grâce à l'Internet. Celui-ci permet de s'ouvrir au monde pour profiter de ce qui s'y passe. Grâce à l'Internet, on accède à la bibliothèque universelle, un grand livre ouvert où l'on peut trouver toutes les informations dont on a besoin. Par Internet, on peut soi-même s'instruire, se former. Il y a même des universités qui organisent des cours en ligne. On peut décrocher son diplôme d'une université qui est aux USA, pendant que l'on vit en RD Congo. En plus, par l'Internet, une nation peut se faire connaître, mieux se vendre dans le monde au moyen de sites Internet.

Étant donné que le numérique s'occupe de l'aspect logiciel et matériel de l'information et de la communication, il sied d'identifier le matériel et les logiciels les plus usuels. En ce qui concerne le matériel, nous avons les ordinateurs, les tablettes, les smartphones. Pour les logiciels, nous pouvons citer le système d'exploitation (SE), le traitement de texte, le tableur, le système de gestion de bases de données, de préférence réparties, l'antivirus, les applications sur mesure ou de progiciel.

D'expérience, il est recommandé que le personnel qui manipule les données dans un environnement informatique puisse avoir un minimum des connaissances sur la micro-informatique (la bureautique et la gestion de petites bases des données) ; sur l'informatique communicante (le multimédia

---

[9] Cf. R. MALEK, *Réseaux informatiques : conception et optimisation*, Paris, Technip, 2006.

et l'Internet) et sur les réseaux et la télécommunication (la convergence des différents éléments par le biais de l'Ethernet et l'Internet[10]).

2. Développement durable

Le développement durable est un mode de développement qui répond aux besoins des générations présentes sans compromettre la capacité des générations futures de répondre aux leurs[11]. Un concept est inhérent à cette notion : « besoins », et plus particulièrement des besoins primaires des plus démunis, à qui il convient d'accorder la plus grande attention et priorité. Contrairement au développement économique, le développement durable est un développement qui repose sur trois dimensions : l'économie, l'environnement et le social[12]. Éliminer l'extrême pauvreté et la faim reste la première problématique du développement durable. Un grand nombre de personnes qui souffrent le plus souvent vivent dans des contextes de fragilité et des régions éloignées. L'accès à de bonnes écoles, aux soins de santé, à l'électricité, à une eau potable et à d'autres services essentiels est hors de portée pour de nombreuses personnes, et cet accès est souvent déterminé par le statut socioéconomique, le sexe, l'ethnicité ou la géographie. Pour ceux qui ont pu sortir de la pauvreté, les progrès sont souvent fragiles et temporaires ; les chocs économiques, l'insécurité alimentaire et les changements climatiques menacent de leur retirer ces progrès si durement obtenus[13].

2.1. Objectifs du développement durable

Les objectifs de développement durable ont été adoptés par l'Organisation des Nations unies. Ils constituent l'Agenda 2030 qui associe à chaque objectif des cibles à atteindre à l'horizon 2030 en vue d'éradiquer la pauvreté, protéger la planète et garantir la prospérité pour tous[14]. L'éradication de la pauvreté sous toutes ses formes ainsi que de la faim implique une bonne organisation de la vie sociale d'un peuple : une vie saine est assurée pour tous et le bien-être de tous est promu. Le développement durable promet une éducation de qualité, laquelle est inclusive et équitable, elle prône des opportunités d'apprentissage pour tous tout au long de la vie. Cette éducation est dite inclusive aussi parce qu'elle réalise l'égalité du genre tout en autonomisant les femmes. Eau propre et assainissement,

---

[10] Cf. P. A. GOUPILLE, *Technologie des ordinateurs et des réseaux*, Malakoff, DUNOD, 2008.
[11] [www.un.org] (consulté le 23/01/2021).
[12] Cf. J. ONAOTSHO KAWENDE, *Démocratie, technoscience et écologie – Champs programmatiques de la rationalité pluraliste*, Louvain-la-Neuve, Academia-L'Harmattan, s.a., 2017.
[13] [https://www.un.org,]*op.cit.* (consulté le 24/01/2021).
[14] [https://www.un.org,]*ibidem.*

énergie propre et d'un coût abordable, travail décent et croissance économique, industrie, innovation et infrastructure, inégalités réduites, villes et communautés durables, consommation et production responsables, mesures relatives à la lutte contre les changements climatiques… figurent aussi sur la liste des objectifs à atteindre en vue d'un développement durable.

2.2. Indicateurs du développement durable

Un indicateur est donc une variable observable utilisée pour rendre compte d'une réalité non observable[15]. De la mise en place d'un indicateur à la démarche citoyenne, il n'y a qu'un pas : en cherchant à rendre concret et réalisable un objectif durable, l'élaboration et le choix de l'indicateur sont déjà un engagement pour le développement durable. Par ailleurs, dans leur stratégie de développement durable, les pays mettent au point leurs propres critères et indicateurs par rapport à leurs propres objectifs. Parmi les indicateurs les plus utilisés au niveau international, on retrouve l'empreinte écologique, le produit intérieur brut (PIB) et l'indice de développement humain (IDH[16]). L'empreinte écologique permet de mesurer la surface nécessaire à une population pour subvenir à ses besoins et absorber ses déchets. Elle prend en compte l'utilisation des ressources naturelles dans le mode de vie des habitants, l'aménagement du territoire, l'industrie et l'agriculture… L'intérêt de la mesure est de comparer cette empreinte avec la surface disponible, ou biocapacité : utilisons-nous plus que ce que la nature peut nous donner[17] ? Le PIB est l'indicateur économique qui permet de quantifier la valeur totale de la production de richesse annuelle effectuée par les agents économiques (ménages, entreprises, administrations publiques) résidant à l'intérieur d'un territoire. L'IDH se mesure à partir de trois critères principaux : le produit intérieur brut (PIB) par habitant, l'espérance de vie des citoyens d'un État et le niveau d'éducation mesuré à partir de 15 ans et plus[18].

2.3. Les grands défis du développement durable

Le climat, les ressources naturelles et l'énergie, la santé, l'alimentation et la justice sociale sont autant de défis pour le développement durable. Concrets, ils s'adressent à tous, en se posant de manière spécifique à chacun des acteurs de la société.

---

[15] [www.ofarcy.net](consulté le 24/01/2921).
[16] (www.un.org]
[17] *Ibidem.*
[18] *Ibid.*

3. Informatique au service du développement durable

Parmi les domaines d'application de l'informatique, un seul a retenu notre attention : le développement et précisément, le développement durable. Paul Nzinga stipule : « le concept de technologies de l'information et de la communication (TIC) au service du développement fait référence à l'utilisation des TIC à des fins de développement socioéconomique[19] ».

Il existe plusieurs défis à relever pour le développement durable de notre pays, nous avons choisi de nous arrêter sur la gestion de la population au moyen de l'outil informatique qui offre de vastes possibilités pouvant soutenir la gestion de la population en RD Congo. La bonne gestion de la population, à son tour, peut booster le développement durable de notre pays. Comme nous l'avons énoncé plus haut, l'un des concepts inhérents à la notion du développement durable de la nation est le « besoin », et plus particulièrement des besoins essentiels des plus démunis. On ne peut donc répondre efficacement aux besoins de la population congolaise que si on connaît son effectif réel.

3.1. Situation actuelle de notre pays

Actuellement, notre pays rencontre beaucoup de difficultés dans la gestion de la population. Cette situation constitue un frein à son développement durable et soulève un ensemble d'interrogations qu'il importe de ne pas perdre de vue : qui est réellement congolais ?Y a-t-il des citoyens qui ont une double nationalité ? En quelle année remonte le dernier recensement national ? Le ministère de l'Intérieur peut-il donner un effectif exact des citoyens congolais ? Peut-on connaître le passé de chaque citoyen congolais ? Existe-t-il un mécanisme de suivi du parcours des citoyens congolais ? Tous les étrangers seraient-ils en situation régulière sur le sol congolais ? Peut-on localiser facilement tous les étrangers vivant au Congo ?

3.2. Défis à relever

Il faudra relever certains défis en guise de réponse au questionnement suscité par les problèmes réels de notre pays relatifs à la gestion de la population. Le premier défi concerne la formation de l'élite congolaise. Nous pensons qu'il est plus qu'urgent que l'État congolais se penche sur l'enseignement de l'informatique dans toutes ses spécialités (ses sous-domaines) et de privilégier l'informatique dans la formation en général et à tous les niveaux. Cela suppose aussi que le matériel informatique soit accessible à tous les étudiants ainsi que l'accès à l'Internet. Le deuxième défi serait la mise en place et la maintenance de la gestion informatisée de la

---

[19] P. NZINGA, « Les TIC en Afrique : Enjeux et pratiques », *Actes des 23es journées scientifiques sur les technologies de l'information et le développement humain : Les interrogations africaines*, Kinshasa, USAKIN, 28, 2020, p. 45.

population congolaise. Le troisième défi serait l'identification dès la naissance sans oublier d'identifier ceux qui ne le sont pas encore. Le quatrième et dernier défi serait la mise en réseau des services concernés par la gestion de la population.

3.3. Éléments de la gestion informatisée de la population

Nous voulons tout d'abord conceptualiser les termes fondamentaux de la définition de l'informatique : *information*, *donnée*, *traitement* et *ordinateur* dans le contexte de la gestion informatisée de la population en RD Congo. L'*information*qui doit être manipulée par les utilisateurs est l'ensemble de renseignements sur chacun des citoyens, son parcours de sa naissance à sa mort. Le passage d'une information d'un langage compréhensible par l'homme à un langage compréhensible par un système informatique s'appelle codage ou codification[20]. L'information sera codée ou codifiée et deviendra une *donnée* à manipuler par ordinateur. Le *traitement* consistera à la prise en compte de nouveaux venus au monde (identifier les bébés qui naissent chaque jour et partout dans le pays) et à la mise à jour du parcours de chaque citoyen. En ce qui concerne le matériel (*ordinateur*), la gestion automatisée de la population nécessite l'acquisition de serveurs puissants où seront logées toutes les données relatives à la population.

Par ailleurs, les grandes tâches de cette gestion informatisée de la population seront la mise en place d'un système d'information informatisé dans chaque service concerné, la création d'un entrepôt de données unique pour toute la République, l'interconnexion de tous les services concernés et la mise à jour de l'entrepôt de données.

Notons qu'il existe une nette différence entre un entrepôt de données et une base de données. Le premier est d'orientation décisionnelle et est mis à jour par la deuxième qui enregistre les données journalières de chaque service.

a) Mise en place d'un système d'information informatisé

Un système d'information (SI) est un ensemble de moyens matériels humains et financiers permettant la collecte, le stockage, le traitement des informations et la restitution des résultats après traitement de ces informations[21]. Le SI assure donc quatre fonctions au sein d'une organisation : acquérir, traiter, stocker et communiquer les informations. Pour accomplir ces fonctions, le SI a besoin de supports tels que l'informatique. Si le système d'information est informatisé, la collecte, le stockage, le traitement et la restitution des informations se font au moyen de l'informatique. Ainsi, il est indiqué que chaque service concerné dans la

---

[20] Cf. MAPHANA MA NGUMA, *Éléments d'informatique générale*, Kinshasa, Alexprods, 2014.

[21] Cf. R. REIX, *Systèmes d'information et management des organisations*, Paris, Vuibert gestion, 2000.

gestion de la population soit doté d'un système d'information informatisé. Ces services concernés sont principalement la police, l'Agence nationale de renseignement (ANR), la Direction générale de migration (DGM), l'Office national d'identification de la population (ONIP) et la Commission électorale nationale indépendante (CENI). Il n'est pas question ici d'utiliser un ordinateur comme une machine à écrire ou une simple calculatrice. Il est plutôt question d'utiliser les ordinateurs dotés de programmes préétablis pour le traitement automatique des données : des logiciels sur mesure ou des progiciels. Chacun de ces services aura sa base de données unique pour conserver ses données, mais chaque utilisateur n'accèdera qu'à la donnée nécessaire pour la tâche qui lui est confiée. La mise en place d'un réseau informatique est plus que nécessaire pour uniformiser et sécuriser l'information, pour faciliter les échanges et le traitement rapide de l'information à l'intérieur du service. Il s'agit ici d'un réseau qui ne nécessite pas obligatoirement l'Internet : les machines peuvent se connecter en réseau local appelé « Intranet » sans toutefois recourir à l'Internet.

b) Création d'un entrepôt de données

Un entrepôt de données (*data warehouse*) est une collection des données thématiques : les données sont organisées par thème. C'est une collection de données intégrées, car celles-ci proviennent de différentes applications de l'organisation et sont standardisées pour présenter une vue unifiée des données aux utilisateurs. Ces données sont dites non volatiles et historisées : les nouvelles données s'ajoutent aux anciennes sans les remplacer. On peut suivre dans le temps l'évolution des différentes valeurs des données[22]. Nous voyons clairement qu'un entrepôt de données est bien nécessaire pour la gestion de la population nationale. Les données relatives aux citoyens doivent être intégrées, car elles proviennent des applications de différents services concernés dans la gestion de la population que nous avons cités plus haut. Ces données doivent être standardisées pour présenter une vue unifiée à chacun des services concernés. Ces données sont appelées à être non volatiles et historisées, car les nouvelles données doivent s'ajouter aux anciennes sans les remplacer : on a besoin de conserver le parcours de chaque citoyen dès sa naissance.

En outre, quand on parle de l'entrepôt de données, il s'agit de l'informatique décisionnelle ou la business intelligence (BI) :l'informatique dédiée aux décideurs[23]. Grâce à l'entrepôt de données nationales de la population, les spécialistes peuvent faire différents types d'analyse et proposer les résultats aux décideurs en vue de prendre des décisions

---

[22] Cf. R. KIMBALL et R. MARGY, *Entrepôt des données – Guide pratique de modélisation*, Paris, Vuibert, 2013.

[23] Cf. T. BOURCY, *Modélisation décisionnelle – Concevoir la base de données pour les traitements OLAP*, Saint-Herblain, ENI, 2017.

pertinentes, car cet entrepôt de données national de la population est un socle sur lequel repose l'amélioration du processus de prise de décisions. Ces dernières seront prises sur base des réalités que révèlent les données contenues dans l'entrepôt. Dans le cas de la gestion informatisée de la population, les études démographiques peuvent conduire à certaines décisions de la part de gouvernants qui sont bien sûr des décideurs. Ces décisions pourront répondre aux besoins du peuple congolais en vue de son développement durable. À [titre de] preuve, les exemples ci-après :

- Le vote d'un budget conséquent pour les élections, car le nombre des votants est connu et par conséquent le nombre des urnes à mettre en place ainsi que le nombre de bureaux de vote. On peut même s'organiser pour que le vote se termine à une heure raisonnable.
- La construction de nouvelles écoles et universités, car l'effectif de chaque tranche d'âge est connu et peut être prédit grâce à l'analyse prédictive.
- La construction des maternités, car le nombre de femmes en âge de maternité est connu et peut être prédit.
- La création des emplois, car le nombre de chômeurs est connu et le nombre de diplômés peut être prédit.

c) Interconnexion de tous les services concernés

Pour que la gestion de la population soit efficiente et efficace, il est nécessaire que les services tels que la police, l'ANR, la DGM, l'ONIP et la CENI puissent être en mesure de se communiquer, de s'échanger les mêmes données en temps réel. Quelle que soit la distance géographique qui puisse les séparer, ils doivent le faire en utilisant la télécommunication, car ils sont supposés connectés par systèmes d'information informatisés. La télécommunication se distingue de la poste qui transmet des objets ou des informations sous forme physique. Ainsi, dans notre contexte de la gestion de la population, grâce à l'interconnexion, on peut savoir à tout moment le nombre d'habitants et la situation de chaque citoyen en temps réel.

Eu égard à ce qui précède, il est de bon aloi que la RD Congo soit dotée d'un système numérique qui puisse faciliter la gestion de sa population en vue de contribuer à son développement durable. À ce niveau, il est question de mettre en place un autre réseau qui va lier cette fois-ci les différents services : la police, l'ANR, la DGM, l'ONIP et la CENI. Prenons l'exemple de quelqu'un qui pose sa candidature à la législative nationale. La CENI pourra recueillir, rapidement et *via* le réseau informatique, toutes les informations relatives à sa personne dès sa naissance. En effet, depuis sa naissance, il est identifié par l'ONIP ; la police et l'ANR peuvent aussi fournir des données relatives à cette même personne. Ainsi, la même information est partagée partout en temps réel.

Aussi, comme nous l'avons énoncé plus haut, on distingue plusieurs types de réseaux selon des critères de fonctionnement, de technique utilisée, de la vitesse de transmission et de situation géographique. Dans le cadre de la gestion de la population, il importe de se pencher principalement sur les critères relatifs à la situation géographique ou la distance. Selon ce critère, on distingue trois types de réseau : réseau local, réseau métropolitain et réseau grande distance[24]. Dans notre contexte, il est impérieux d'avoir pour chaque service concerné dans la gestion de la population, un réseau local (*Local area network* : LAN) et pour chaque ville, un réseau métropolitain (*Metropolitan area network* : MAN) qui relie tous les réseaux LAN des services concernés sous une autorité publique[25]. Pour permettre à l'ensemble du pays de se communiquer, on a besoin d'un réseau à grande distance (*World area network* : WAN). Celui-ci va relier tous les réseaux métropolitains de tous les services.

d) Mise à jour de l'entrepôt de données

Les éléments de l'entrepôt de données national de la population proviendront des bases de données de différents services concernés : la police, l'ANR, la DGM, l'ONIP et la CENI. Ces services possèdent des bases de données opérationnelles telles que celles exploitées par les progiciels de gestion intégrée (PGI) ou les progiciels de gestion[26]. En second lieu, les données de cet entrepôt peuvent émaner de sources externes comme Internet : informations provenant des tweets, des blogs, des données des réseaux sociaux, des transactions dans le secteur bancaire et du commerce électronique[27]. Les informations des sources externes sont importantes, car on peut identifier des nouvelles connaissances dans ces masses de données hétérogènes afin de prendre des décisions pertinentes dans la gestion de la population. Il y a lieu de préciser que les deux dernières décennies ont connu une croissance rapide, tant dans le nombre de produits et services offerts par la BI que dans l'adoption de ces technologies par les entreprises. Cette croissance a été motivée par la diminution du coût de l'acquisition et du stockage de très grandes quantités de données. En effet, actuellement, les différentes activités de la société génèrent, rapidement, de gros volumes des données numériques : on parle de *big data*. Avec le *big data*, on peut tirer des informations utiles sur les citoyens congolais qui puissent intéresser l'utilisateur gestionnaire de la population. En outre, promouvoir des données publiques, facilement accessibles, et utiliser ces données est crucial dans la prise des décisions concernant le développement durable[28].

---

[24] Cf. J. DORDOIGNE, précité.

[25] Cf. MALEK,précité.

[26] Cf. A. COULEAU-DUPONT, *Systèmes d'information de gestion*, Paris, Nathan, 2016.

[27] Cf. O. SANGUPAMBA MWILU, « De la business intelligence interne vers la business intelligence dans le cloud : modèles et apports méthodologiques », Paris, CNAM, 2018.

[28] https://www.un.org

3.4. Flux d'informations à échanger

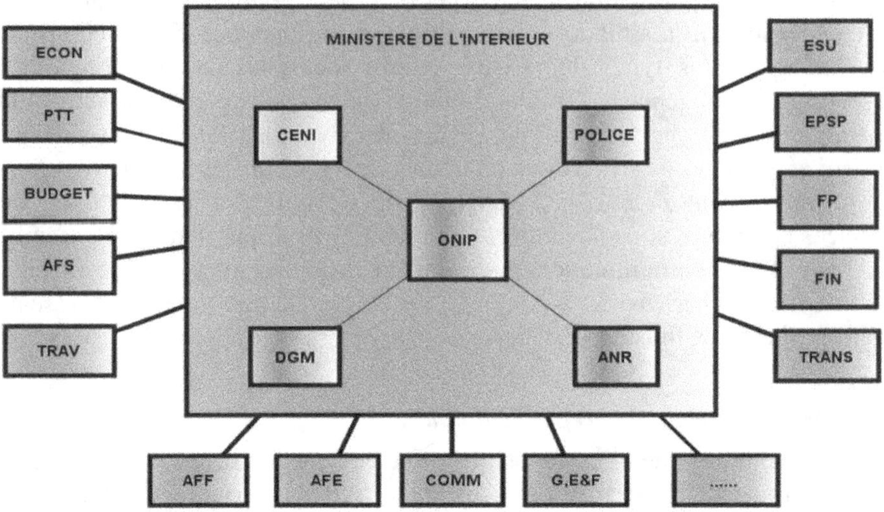

Source : Graphique conçu par nous-mêmes.

L'entrepôt de données de la population nationale sera géré par l'ONIP et tous les autres services s'échangent des données *via* l'ONIP. Ce dernier s'occupe d'identifier chaque nouveau-né avec un numéro unique qu'il portera jusqu'à la fin de sa vie. Les citoyens non encore identifiés doivent l'être pour permettre la cohérence de l'entrepôt. La police, l'ANR, la DGM, l'ONIP font partie du ministère de l'Intérieur. Par le ministère de l'Intérieur, tous les autres ministères, les services publics et même privés peuvent solliciter les données de l'entrepôt national. Et l'ONIP recueillera aussi des données des autres services en vue de mettre à jour le parcours de tous les citoyens congolais : la mise à jour de l'entrepôt de données se fait partout à temps réel. Prenons l'exemple d'une entreprise qui recrute de nouveaux candidats, elle peut s'adresser à l'ONIP afin de vérifier la véracité du parcours des candidats. Il y aura donc l'accès rapide à l'information, bien sûr dans les normes préétablies par les administrateurs de l'entrepôt de données. En outre, les données seront facilement accessibles, elles seront parlantes et leur signification évidente pour l'utilisateur gestionnaire. Puisque les données proviendront de différentes sources internes et externes, leur qualité sera tout d'abord contrôlée avant de les intégrer en plus du nettoyage qui doit intervenir au préalable afin d'éviter des synonymies, des homonymies et d'éliminer toute redondance : une personne n'est reprise qu'une seule fois avec un numéro unique, la même information est partagée partout.

Cet entrepôt de données sera un bastion qui pourra protéger la richesse informationnelle de notre pays relative à la population nationale.

3.5. Les limites d'un système d'information informatisé

L'informatisation n'a pas seulement des avantages, mais aussi des limites. Dans le cadre de la gestion informatisée de la population, nous pouvons relever les limites en rapport avec la sécurité. Par cette dernière, on entend la confidentialité, l'intégrité et la disponibilité des ressources[29]. En effet, la facilité avec laquelle l'information personnelle peutêtre enregistrée et transmise sous forme numérique crée de nouveaux problèmes de respect de la vie privée (confidentialité). D'où une meilleure protection ne dépend pas seulement de meilleures lois ou de l'amélioration des technologies de sécurité, mais dépend surtout d'interfaces utilisateurs qui communiquent clairement sur les préférences de chaque individu et les attentes des organisations qui collectent des données. Par ailleurs, les données personnelles sont exposées au risque de piratage et de piraterie : l'intégrité des données peut être entamée. En ce qui concerne la disponibilité des données, en cas de manque d'énergie électrique ou de panne de réseau, celle-ci peut être compromise.

Conclusion

Tout compte fait, le développement durable d'une nation repose sur les trois piliers : l'économie, le social et l'environnement. Pour maintenir ces piliers, la maîtrise des effectifs de la population est plus que nécessaire. C'est dans ce sens que la gestion informatisée de la population peut booster le développement durable de notre pays. La maîtrise de l'effectif de la population peut faciliter l'équité, la justice sociale et la préservation de l'environnement qui sont les critères de mesure du développement durable. Cette gestion informatisée de la population congolaise pourra faciliter une répartition équitable des ressources de la nation tenant compte des besoins de chaque citoyen congolais, son effectif étant préalablement connu.

Bien plus, grâce à l'informatisation, les services publics et même privés pourront avoir, chacun en ce qui le concerne, des informations nécessaires sur la population. L'interconnexion des différents services tels que la police, l'ANR, la DGM, l'ONIP et la CENI permettra de partager la même information relative à la population. Ainsi, il revient aux informaticiens de définir le processus de développement des applications relatives aux procédures établies et de définir les modalités d'exploitation. Toutefois, il est indiqué que les informaticiens procèdent avant tout chose aux interviews avec les utilisateurs gestionnaires, car la conception d'un logiciel ou d'un

[29] Cf. O. SANGUPAMBA MWILU, *De la business intelligence interne vers la business intelligence dans le cloud : modèles et apports méthodologiques*, Paris, CNAM, 2018.

programme informatique a pour objectif de satisfaire les besoins de l'utilisateur[30].

En définitive, si, jusqu'à présent, les services tels que la police, l'ANR, la DGM, l'ONIP et la CENI n'ont pas encore de systèmes d'information informatisés, il est plus qu'urgent d'entamer un projet d'informatisation de chacun de ces services d'abord et à leur interconnexion ensuite.

Bibliographie

Ouvrages

ATELIN P., *Réseaux informatiques –Notions fondamentales : normes, architecture, modèle OSI, TCP/IP, Ethernet, Wi-Fi*, Saint-Herblain, France, ENI, 2019.

BOURCY T., *Modélisation décisionnelle – Concevoir la base de données pour les traitements OLAP*, Saint-Herblain, ENI, 2017.

COULEAU-DUPONT A., *Systèmes d'information de gestion*, Paris, Nathan, 2016.

DORDOIGNE J., *Réseaux informatiques – Notions fondamentales (protocoles, architectures, réseaux sans fil, virtualisation, sécurité, IPv6...)*, Saint-Herblain, France, ENI, 2019.

GOUPILLE P.-A., *Technologie des ordinateurs et des réseaux*, Malakoff, DUNOD, 2008.

KIMBALL R., MARGY R., *Entrepôt des données – Guide pratique de modélisation*, Paris, Vuibert, 2013.

LOHIER S., PRESENT D., *Réseaux et transmissions – Protocoles, infrastructureset services*, Malkoff, DUNOD, 2016.

MALEK R., *Réseaux informatiques : conception et optimisation*, Paris, Technip, 2006.

MAPHANA MA NGUMA, *Éléments d'informatique générale*, Kinshasa, Alexprods, 2014.

MITILIA G., RAMPNOUX R., *Informatique – Méthode d'analyse pour la gestion et l'informatique*, Paris, Édition Marketing, 1991.

NZINGA P., « Les TIC en Afrique : Enjeux et pratiques », *Actes des 23es journées scientifiques sur les technologies de l'information et le développement humain : Les interrogations africaines*, Kinshasa, USAKIN, 28, 2020, 45-66.

ONAOTSHO KAWENDE J., *Démocratie, technoscience et écologie – Champsprogrammatiques de la rationalité pluraliste*, Louvain-la-Neuve, Academia-L'Harmattan, s.a., 2017.

REIX R., *Systèmes d'information et management des organisations*, Paris, Vuibert gestion, 2000.

SANGUPAMBA MWILU O., *De la business intelligence interne vers la business intelligence dans le cloud : modèles et apports méthodologiques*, Paris, CNAM, 2018.

[30] Cf. G. MITILIA et R. RAMPNOUX, *Informatique – Méthode d'analyse pour la gestion et l'informatique*, Paris, Édition Marketing, 1991.

Webographie

[www.un.org/fr/africa/osaa/peace], consulté le 23/01/2021.
[www.un.org/sustainabledevelopment/fr/progress-report], consulté le 24/01/2021.
[www.ofarcy.net/documentation/Indicateursdudeveloppementdurabl], consulté le 24/01/2021.

Une éthique pour le nouvel Homme congolais : contribution à l'émergence d'une nouvelle société africaine

Sébastien KALOMBO KAPUKU

Notre modeste contribution à ce colloque se greffe sur deux sources non négligeables, à savoir une étude entreprise d'une part par Kä Mana et Tshiunza Mbiye[1]et de l'autre, notre propre étude sur la dimension éthique dans la pentecôtisation des protestantismes en République démocratique du Congo[2]qui a traduit un déficit criant d'une éthique nécessaire pour l'avènement d'un nouvel Homme congolais pour un nouveau Congo, pour une nouvelle société africaine.

Pour expliciter cela, disons que la réflexion éthique naît au moment où l'être humain prend conscience personnelle que les autres ne sont pas là uniquement pour satisfaire ses besoins, ou les menacer ; mais qu'ils existent comme des êtres spécifiques, ayant les mêmes besoins et les mêmes droits à satisfaire que lui, ou même plus encore, on peut considérer que les autres peuvent être l'objet même d'une attention particulière qui engage une responsabilité à leur égard[3].

L'émergence à laquelle nous faisons allusion est repensée pour la simple raison que :

La tâche aujourd'hui, c'est de repenser la dynamique d'émergence non pas à la seule échelle de la parole politique engluée dans l'idée pessimiste et négative qu'en ont les populations, mais de mobiliser toutes les forces vives de la nation pour que tout le monde comprenne de quoi il s'agit. C'est-à-dire la construction d'une nation sur la base du génie de tous les hommes et de toutes les femmes du Congo dans le domaine où ils ont le vrai pouvoir d'agir, là où ils sont, grâce à

---

[1] KÄ MANA et TSHIUNZA MBIYE, *Le Nouvel Homme Congolais. Une éthique pour sortir la RDCongo de sa crise économique et socioculturelle*, Paris, Éditions universitaires européennes, 2019.

[2] S. KALOMBO KAPUKU, *Pentecôtismes en République démocratique du Congo*, tome II, Paris, Panthéon, 2018.

[3] *Ibid.*, p. 160.

leurs actions individuelles et collectives, en vue de changer concrètement l'image du Congo et des Congolais dans le monde d'aujourd'hui[4].

En effet, changer concrètement ici veut dire :

Prendre son milieu de vie comme le lieu où l'on doit faire émerger une autre réalité en rupture avec les pathologies bien connues dont souffre le pays ; décider d'être le levier de ce changement dans son mode de penser et d'agir, de telle manière qu'on n'attende pas des solutions aux problèmes du haut des sphères politiques, mais d'en bas, dans les capacités de responsabilité et d'organisation citoyennes[5].

Une éthique pour un nouvel Homme congolais, pourquoi faire ?

1. Le nœud du problème

Dans notre pays la République démocratique du Congo, dans notre continent l'Afrique, sans aucun doute dans le monde aujourd'hui, le fond du problème du développement communautaire n'est pas essentiellement économique. Plusieurs analyses démontrent qu'il est éthique, qu'il est anthropologique. Il s'agit bien entendu d'un choix d'une civilisation à faire radicalement ; il s'agit d'une question de construction de l'être ensemble et de l'engagement à transformer l'ordre social en un espace de développement pour tous. Ceci engage tout le monde et traverse tous les champs de l'enjeu. En effet, l'enjeu gravite autour des valeurs et des dynamiques de sens pour fertiliser l'existence communautaire.

En effet, les sociétés africaines connaissent des bouleversements continus depuis plus d'un demi-siècle. Tant il est vrai que la décolonisation a été un peu partout vécue comme une convulsion. Des avancées majeures sur le plan culturel et spirituel contrastent avec des situations négatives dans les domaines politiques, économiques et sécuritaires. Une dynamique croissante d'appauvrissement a contribué à la progression de pandémies et à la morbidité très forte qui affecte les populations. Des trains de vie d'opulence toisent une paupérisation dévastatrice en un schéma caricaturalement asymétrique. Bonnombre des régions subsahariennes sont en proie aux guerres, aux formes nouvelles de violence et de terrorisme.

La majorité de ces pays font partie de ce que l'on appelle des « États en faillite ». De vastes territoires ainsi livrés à l'anomie donnent l'impression de s'enfoncer dans une ingouvernabilité chronique : l'ordre et la Loi étant devenus un peu partout des réalités aléatoires aussi bien pour les gouvernés que pour les gouvernants eux-mêmes. Les sociétés africaines, et de manière singulière la RDC, offrent le spectacle d'un monde en chocs, balafré par des

---

[4] Kä Mana, *L'Homme congolais et la culture de l'intelligence. Réflexion pour une société du savoir, de la recherche et du savoir-faire*, Goma, Pole Institute, 2016.

[5] Kä Mana, *op.cit.*, p. 77.

contrastes et des contradictions inconciliables, traversé par les équilibres et les dissymétries démesurées toujours instables, toujours en mouvement… Quelle que soit la particularité des situations, une constante semble se dégager : l'existence individuelle et collective est une sorte de lutte quotidienne contre le chaos.

Il est devenu tautologique d'affirmer : la crise des sociétés africaines est multisectorielle. Le discours critique et scientifique se distingue cependant des constatations du bon sens ou du savoir commun en ceci que leur examen des phénomènes considérés est toujours plus large, toujours vérifié aux autres hypothèses, sans cesse repris, afin de mieux appréhender ce qui est réellement en cause. La « crise de l'Afrique est multisectorielle » ; mais que signifie un « secteur » et de quelle manière ce « secteur » est-il définissable au regard des rapports qui le relient aux autres secteurs ?

Un peu partout dans le monde, au cours des temps de transitions ou de renversement des mentalités, le protestantisme a eu des effets bénéfiques ; il s'est très souvent distingué par son accueil des innovations, des pensées critiques et audacieuses face aux bouleversements des civilisations et des cultures.

Les sociétés africaines vivent une succession de temporalités de chocs, des crises sévères qui dissimulent peut-être des transitions, des changements lents et profonds. Ces mutations chaotiques mériteraient ainsi d'être courageusement appréhendées et mieux interprétées afin de proposer un ordre possible de sens au-delà des forces insaisissables, tantôt centrifuges tantôt centripètes, qui se donnent à voir. Il s'agit de tenter d'aller plus loin que le regard d'indifférence, de cynisme pratique, d'optimisme ou de pessimisme, en s'efforçant d'analyser et de penser autrement ce qui se passe.

Pour l'avènement d'une éthique pour un nouvel Homme congolais, nous relevons que tout être vivant est sa propre fin qui n'a pas besoin d'une autre justification, et de ce point de vue l'Homme n'a aucun avantage sur d'autres vivants, si ce n'est que lui seul peut également avoir une responsabilité pour eux aussi, autrement dit celle de garder leur fin propre. Mais les fins de ceux qui partagent avec lui le sort humain, qu'il les partage lui-même ou qu'il les leur reconnaisse seulement, ainsi que la fin propre ultime de l'existence comme telle, peuvent être incorporées de manière singulière dans la fin propre : l'archétype de toute responsabilité est celle de l'homme envers l'homme. Ce primat de la parenté sujet-objet dans la relation de responsabilité est inscrit irrévocablement dans la nature des choses. Il veut dire entre autres que la relation, quelle qu'en soit l'unilatéralité en soi dans chaque cas particulier, est pourtant réversible et inclut la réciprocité possible. Et même du point de vue générique la réciprocité est toujours là pour autant que moi, qui suis responsable pour quelqu'un, vivant parmi les hommes, je suis à chaque fois l'objet de la responsabilité de quelqu'un[6].

[6] H. JONAS, *Le Principe responsabilité : une éthique pour la civilisation technologique*, Paris, Cerf, 1992, p. 140.

2. Une éthique, pourquoi faire ?

S'agissant de l'éthique, du point de vue étymologique, le concept éthique vient du mot grec *éthos*, *éthiké*, *éthicon*, une traduction du mot latin *mos*, *moris*, *moralis*, et signifie ce qui est rationnellement conforme au bien-agir, disons ce qu'il faut faire pour bien faire, comment il faut agir pour bien agir, pour donner sens à la réalité ou aux problèmes concrets auxquels on est confronté, conformément à un certain nombre de valeurs qui assurent la vie bonne. Nous disons que l'éthique est, pour ainsi dire, cette réflexion théorique ou cette analyse rationnelle pour s'assurer de la justesse (de la juste manière) ou de la valeur de ce qui se fait en vue du bien ou de la vie bonne. Sous un autre registre, c'est une évaluation critique de la visée du bien que porte l'agir (évaluer, peser, soupeser de manière critique le bien ou les biens en présence), du moyen pris ou à prendre pour le réaliser, selon que ce moyen permet ou non la réalisation du bien visé, de la valeur poursuivie ou la prise de décision de valeur. Dans ce sens, un fait n'est pas normatif ou éthique par lui-même, ni parce qu'il est recommandé par les autorités politiques, ni majoritairement accepté par l'opinion publique (majorité dite démocratique, règle de majorité parlementaire), encore moins qu'une affaire d'unanimité de la perception de la réalité, de la reconnaissance intersubjective de la validité des énoncés. On ne peut, dans le même sens, ériger simplement la normalité en normativité, une loi scientifique en loi éthique ou la facticité du donné scientifique en norme[7].

La qualification éthique doit passer par un jugement de valeur, c'est-à-dire que l'on doit, après une analyse argumentative et critique, prouver le caractère humanisant de l'acte ou de l'action, son apport positif quant aux enjeux éthiques fondamentaux en question (respect de la vie, dignité de la personne, bref, recherche du vrai bien de la personne). Comme telle, elle se conçoit en rapport avec la vérité en tant qu'*« adaequatio rei et intellectus »*, « adéquation entre l'intelligence et la réalité », c'est-à-dire qu'il doit y avoir un rapport rationnel à l'objectivité ou à la positivité du bien. C'est souligner la place qui revient à la raison critique quand il s'agit de définir ce qui est vraiment bien dans tel contexte précis. Porté par la *phonesis* (la prudence, la sagesse pratique), le sujet est ainsi appelé à réfléchir, à délibérer, à ordonner son vouloir et son intention au bien à faire et à trouver le moyen approprié pour le réaliser. Et, c'est d'autant plus compréhensible que la question éthique revient à une question épistémologique de la normativité (connaissance des principes et normes qui indiquent les vraies valeurs ou le chemin du vrai bien, de ce qui permet à l'homme de s'humaniser). Dans le concret, elle est simplement par un « appel à être », à donner sens à l'existence par des choix des valeurs et par la recherche exigeante de l'humanisation ou de l'humanité, en cherchant à se réaliser en tant qu'être

---

[7] Cfr. R. L.-M. MIKA MFITZSCHE, *Enjeux éthiques de la régulation des naissances en Afrique. Sexualité, fécondité, développement*, Kinshasa, Médiaspaul, 2013, pp. 193-194.

humain digne de ce nom, car on ne peut prendre n'importe quel moyen (la fin ne justifie pas le moyen, dit-on). En effet, vu que la fin visée est a priori « bonne », le moyen devra s'y rapporter. Il devra être en relation dialectique avec la bonté de la fin poursuivie. Autrement dit, il devra non seulement être matériellement efficace (efficacité matérielle), mais aussi, et surtout en cohérence avec la bonté de la fin poursuivie (efficacité éthique[8]).

En scrutant les deux études ci-haut évoquées en introduisant cette communication, s'agissant de la première, nous avons noté deux convictions majeures ayant alimenté la réflexion de Kä Mana et TshiunzaMbiye, à savoir d'une part :

> *Il faut, en RDC, mettre l'éthique au centre de la vie économique et considérer les crises dont souffre l'économie congolaise comme les manifestations d'une pathologie générale de notre être et de notre esprit : un immense déficit des valeurs et du sens*[9].

Et de l'autre :

> *[...]c'est de considérer l'éducation comme le socle du changement à opérer dans notre société. Une éducation humaine où la formation à l'efficacité économique et à la maîtrise financière du marché mondial actuel s'intègrerait dans une grande vision d'une altermondialisation globale fondée sur les valeurs d'humanité et de civilisation solidaire qui nous manquent cruellement en RDC. L'économie devra alors être considérée comme un enjeu d'humanité et perçue comme une science au service de l'être humain et de la société : une science humaine*[10].

Avec ces deux auteurs :

> *En mettant la question éthique pour le nouvel homme congolais au cœur de la dynamique de l'imaginaire social, notre réflexion s'inscrit dans une sphère d'études dont l'intérêt est évident : faire émerger l'éthique au service de la communauté humaine, fondamentalement. En effet, elle promeut en cela une vague de fond que l'on doit considérer aujourd'hui comme un changement radical en cours dans le monde entier*[11].

Tout en réfutant l'inégalité scandaleuse qui se creuse de manière inacceptable entre riche et pauvre dans un monde où il est pourtant possible à toute personne de vivre comme un être humain, ces deux auteurs croient en la possibilité du monde actuel de penser l'émergence d'une énergie régulatrice fondée sur l'éthique.

Nous aimerions aussi par cette communication à ce colloque déplorer une évidence qui à notre sens nous paraît une fatalité :plusieurs Africains, plusieurs Congolais ne le savent pas encore, ni en politique, ni à l'Église, ni dans le champ culturel, qu'ils vivent encore en Afrique sur des léthargies

---

[8] Cfr. R. L.-M. MIKA MFITZSCHE, *op.cit.*, p. 194.
[9] KÄ MANA et TSHIUNZA MBIYE, *op.cit.*, pp. 17-18.
[10] *Ibid.*, p. 18.
[11] *Ibid.*

mentales qui les rendent aveugles et sourds aux appels pour l'émergence à tous égards de ce grand continent. Fort de cette pensée, Laurent Sebisogo Muhima, soutient, et nous sommes d'avis avec lui, que « [la] RDC ne pourra se mettre debout que si elle fait de l'homme congolais le sujet de son devenir sur les plans économique, socioculturel et politique[12] ».

Nous abordons la problématique d'une éthique pour un nouvel homme congolais en nous inscrivant dans la logique du Club pour l'éveil du Congo, qui dans sa démarche aborde les problèmes du pays dans un certain esprit que KäManadésigne « de lucidité, de créativité et d'innovation, loin des pessimismes, des fatalismes et des défaitismes qui dominent le discours du Congo sur lui-même et la perception des étrangers sur le Congo ». Ces pessimismes, ces fatalismes et ces défaitismes nous paraissent constituer une mauvaise grille de lecture de la situation congolaise et une mauvaise sonde pour en pénétrer le fond et en saisir le sens. Ils démotivent les consciences et construisent un mauvais état d'esprit au moment où le pays a besoin d'un tonus nouveau[13].

En effet :

> *[Le]chemin pour l'émergence du Congo exige une révolution éthique et une nouvelle ambition de l'intelligence, qui devront désormais être au cœur de l'éducation citoyenne. Iln'est pas possible de vouloir un grand avenir pour la nation sans le renouveau global des esprits et des imaginations. De plus en plus de Congolais en sont conscients : l'économie de notre pays devrait être pensée selon les orientations de grandes valeurs de l'humain. C'est le seul chemin d'avenir, la seule voie de grandeur et de puissance pour la RDC. La révolution du bonheur*[14].

Dans notre étude portant sur les pentecôtismes en République démocratique du Congo, nous avons cherché à déceler l'impact éthique, sur le développement intégral de ses fidèles chrétiens à Kinshasa et à l'issue d'une enquête sur terrain, d'une explication sociologique, après analyse et interprétation des résultats obtenus, sur base de la théorie systémiste de type structuro-fonctionnaliste, nous sommes parvenus à apprécier à sa juste valeur cet impact ou la relation de cause à effet entre les deux éléments évoqués ci-haut en tenant bien compte des qualités et des positions occupées par des acteurs, de leurs rapports réciproques et de leurs fonctions respectives au sein de leurs communautés.

En effet, la République démocratique du Congo est un État laïc selon sa constitution en vigueur. Mais la religion chrétienne, pour des raisons diverses, prend de l'ampleur par rapport aux autres religions d'obédience divine.

La ville de Kinshasa, à l'heure actuelle, n'est plus seulement un centre industriel aux multiples fonctions économiques, mais elle est devenue aussi

---

[12] *Ibid.*, p. 54.
[13] *Ibid.*
[14] *Ibid.*, p. 33.

un centre religieux important où les communautés religieuses dites « Églises de réveil » du ressort pentecôtiste, sont en train d'attirer des masses d'adeptes. C'est la recrudescence de ce phénomène qui a attiré notre attention, ou mieux, notre intérêt scientifique.

Par rapport au nombre des membres, le pentecôtisme est un mouvement religieux important dans cette ville, quoique peu d'études scientifiques y aient été consacrées jusque-là.

Ceci étant, notre préoccupation majeure a gravité autour des propositions interrogatives ci-après :

- Quels sont les facteurs d'éthiques tant chrétiennes que religieuses qui influencent positivement ou négativement le pentecôtisme en RDC, voire à Kinshasa ?
- Qu'est-ce que le pentecôtisme, la pratique religieuse et le développement intégral de l'homme ?
- Qu'est-ce qui explique la tendance actuelle des Kinois à adhérer massivement aux communautés pentecôtistes ?
- Comment s'y organisent-elles ?
- Quelles sont les stratégies utilisées par les communautés pentecôtistes de Lubumbashi pour la diffusion du pentecôtisme ?
- Quel est l'impact de la pratique du pentecôtisme sur le développement intégral de ses fidèles à Lubumbashi ? À quels facteurs internes et externes est-il lié ? Et quelles en sont les conséquences pour les fidèles, pour leurs communautés religieuses et pour leur société globale (kinoise) ?

De ces questions ont découlé des hypothèses a priori que nous avons formulées comme suit :

Comme hypothèse principale, s'il existait réellement l'impact éthique de la pratique du pentecôtisme sur le développement intégral de ses fidèles à Kinshasa, cet impact serait-il positif ou négatif, d'une part, et, d'autre part, serait-il lié oui ou non aux facteurs suivants : la nature de la doctrine, son contenu, sa saisie, son interprétation, son intériorisation suffisante, sa diffusion (les stratégies utilisées) et sa mise en pratique suffisante et efficace ou non par les fidèles indistinctement à cause du décalage entre le prescrit (ce qu'on prêche ou dit) et le vécu (ce qu'on fait ou son comportement), ainsi que l'influence positive ou négative exercée éventuellement par la société globale (Kinshasa) ?

S'agissant de l'hypothèse secondaire, l'affluence actuelle des fidèles dans les communautés pentecôtistes de Kinshasa serait due non seulement à leurs prédications et enseignements axés principalement sur des promesses d'ordre matériel (mariage, procréation, emploi, richesses matérielles, voyage d'affaires ou de détente à l'étranger, guérison de maladies, etc.), mais également au contexte socioéconomique de Kinshasa en crise actuellement, avec un impact éthique.

Pour vérifier toutes ces hypothèses, nous avons organisé deux enquêtes : la première, après la préenquête, a consisté en un recensement de toutes les communautés pentecôtistes implantées dans la ville de Kinshasa afin de saisir l'ampleur du phénomène et d'en tirer un échantillon illustratif basé sur la qualité des informations et non sur la quantité d'enquêtés. La récolte des données s'est réalisée grâce à l'usage des méthodes empiriques (observation directe et non participante et entretien compréhensif libre) appuyées par des techniques appropriées (prise de notes notamment).

À l'issue de ce travail de terrain, à peu près 900 communautés pentecôtistes ont été recensées sur toute l'étendue de la ville de Kinshasa et réparties ainsi par commune : 36 (Kimbanseke), 27 (Ngaba), 36 (Kinshasa), 24 (Kindele), 13 (N'Djili), et 90 (Kinseso).

La deuxième enquête a consisté en des entretiens compréhensifs libres que nous avons organisés avec nos enquêtés (les responsables religieux et les simples fidèles) autour d'un guide d'entretien qui contenait une vingtaine de questions en majorité ouvertes. À l'aide des mêmes méthodes empiriques et des techniques appropriées, un certain nombre d'informations nous ont été fournies.

Après l'analyse, l'interprétation et l'explication de ces données à l'aide des méthodes rationnelles (systémique de type structuro-fonctionnelle et de compréhension interprétative), les hypothèses émises au début de la recherche se sont confirmées.

En clair, nous avons confirmé notre hypothèse principale en soutenant que l'impact éthique de la pratique du pentecôtisme sur le développement intégral des fidèles à Kinshasa est négatif, et qu'il est bel et bien lié à la non-saisie exacte de la doctrine, à son interprétation, à l'insuffisance de son intériorisation, à l'inefficacité de sa diffusion quoiqu'adaptée et à l'insuffisance et à l'inefficacité de sa mise en pratique par les fidèles indistinctement à cause du décalage entre le prescrit et le vécu, ainsi qu'à l'influence négative de la société globale en raison de sa modernité et de la crise multiforme qui la mine jusqu'à présent.

Quatre conclusions découlent de ce qui précède pour notre appel à une éthique pour un nouvel Homme congolais avec Mushila Nyamankank :

- L'absence de construction idéologique nourrie par une « visée éthique » juste en contexte congolais donne l'avantage à l'idéologue, au politique averti, d'en imposer une qui soit à même d'attirer des êtres rationnels en vue d'une adhésion à une noble [cause].
- L'urgence de procéder à un inventaire plus ou moins exhaustif des valeurs, des vertus, s'impose. Les systèmes de pensée auxquels appartiennent les riches traditions politiques modernes de gauche, les valeurs religieuses et philosophiques universelles en vogue en offrent des matériaux précieux.
- La construction idéologique nourrie par une « visée éthique » juste ainsi obtenue sera déposée sur l'inconscient des jeunes vies. Les adultes seront eux aussi entraînés à son apprentissage.

– En toute situation herméneutique et éthique, le critique est appelé à la soumettre au crible des deux éthiques : éthique de conviction et éthique de responsabilité et à se décider non pour la lettre qui tue, mais bien plutôt pour l'esprit qui vivifie, non pour un intérêt matériel, mais bien plutôt pour l'homme[15].

Pour l'avènement d'une éthique pour un nouvel homme congolais, il faut que des êtres humains se comportent dans une société comme des êtres humains. Pour ce faire, voici les éléments qui sous-tendent une éthique pour un nouvel Homme congolais :

– Ce nouvel Homme congolais est appelé à incarner une éthique de responsabilité, qui se caractérise par l'attention aux *moyens* dans une double perspective : en ce qui concerne leur efficacité pratique, opératoire (car c'est bien la fin qui justifie les moyens) d'une part, en ce qui concerne les *conséquences*, d'autre part. « D'après Platon, le véritable homme politique, c'est le philosophe en tant qu'il connaît les lois éternelles qui règlent les rapports du beau, du vrai et du bien et les rapports de ces réalités transcendants avec leurs images temporelles et matérielles. Dans ces conditions, ce nouvel Homme devient un éducateur ; en soumettant les citoyens à de bonnes lois, il les rend meilleurs, puisqu'il les force à se conformer à l'ordre éternel qui leur apportera du même coup le bonheur[16] ». La pensée sociale protestante apporte un correctif utile au portrait de l'homme politique platonicien comme plutôt à favoriser l'essor d'une société au sein de laquelle les conditions d'une vie meilleure sont créées, et engage les femmes et les hommes à leur responsabilité devant leur histoire commune. En effet, l'éthique, comprise comme responsabilité, ne saurait se réduire à la pure et simple relation d'altérité. Elle est toujours aussi et nécessairement responsabilité envers le tiers indépendant : « le tiers me regarde dans les yeux d'autrui », disait E. Lévinas.

La responsabilité envers autrui comme personne est le principe éthique fondamental qui légitime l'action morale. L'éthique, enfin, s'efforce d'honorer les exigences ci-après : le respect, l'exigence de la justice, l'exigence de la reconnaissance. S'agissant de l'éthique missionnaire, nous soutenons comme nous l'avons souligné dans notre tome 1 que :

[Il]y a des comportements et attitudes à adopter pour mieux comprendre la vocation missionnaire. Cette attitude poussera le missionnaire à l'obéissance. L'envoyé doit avoir de la compassion pour les perdus à l'image de Jésus-Christ lui-même (Jn 3 : 16 ; 2 Pie 3 : 9). Si le seigneur Jésus a donné sa vie pour les

---

[15] MUSHILA NYAMANKANK, « Fondement éthique de la pratique politique juste », in *RASM*, n° 24-25, Kinshasa, Éd. BAOBA, 2008, p. 44.

[16] MUSHILA NYAMANKANK, « Le libre arbitre et les élections dans la pensée sociale protestante », in *RCTP*, n° 18-19, 2005-2006, Kinshasa, EDUPC, 2005, p. 85.

pécheurs, c'est par l'amour de Dieu envers nous ; nous devons avoir cette même attitude envers les autres[17].

L'éthique de responsabilité s'oppose à une conception de l'éthique qui se borne à obéir à des commandements, à une conviction intime ou à son propre courage et à regarder ce qui advient ensuite. Elle tente également d'englober dans le processus de fixation des normes, les conséquences d'une action ou d'une décision soutenue par ce processus et d'en assumer la responsabilité. Pour l'éthiquc politique et économique en particulier, cela est d'une grande importance[18].

Après tout ce qui vient d'être évoqué, qu'est-ce qu'une « éthique » qui par définition prend pour thème ce qui est éthique, et qu'est-ce qu'un « éthicien » ? Il est plus facile d'expliquer ce que l'une et l'autre ne peuvent être[19] : une éthique ne peut être un livre qui nous indique toutes choses telles qu'elles devraient être et qu'elles ne sont malheureusement pas, et un éthicien ne peut être un homme sachant toujours mieux que les autres ce qu'il convient de faire et de quelle manière on y procède ; une éthique ne peut être un manuel à consulter pour une action garantie moralement irréprochable, et l'éthicien ne peut être le juge et le censeur compétent de toute action humaine ; une éthique ne peut jamais être l'alambic d'où sortirait l'être humain éthique ou chrétien, pas plus que l'éthicien ne peut être l'incarnation et l'idéaltype d'une vie foncièrement morale[20].

- Pour empêcher ce technicien de devenir un technocrate en sombrant dans l'indifférence en face de la misère des démunis, il faut que le nouvel homme congolais soit un être moral et ludique. Il est appelé à répondre constamment à la question se rapportant à la fin de son action : pourquoi cette fin est-elle voulue ? Est-ce au service de l'homme ou est-ce que c'est l'inverse ?
- Incarnation d'une cause, d'un dessein, le nouvel homme congolais est appelé à chercher à procurer la paix à ses compatriotes par la pratique de la justice.
- Conscient de ses responsabilités, le nouvel Homme congolais est celui qui a toujours présent à l'esprit le fait que pour faire l'histoire, l'homme doit vivre dignement. Il est donc appelé à assurer à ses compatriotes des conditions susceptibles de permettre qu'ils satisfassent leurs besoins fondamentaux. Le minimum vital est à assurer à tous. Doué d'un « héros particulier », l'homme politique efficient est celui qui sait bien lire les signes des temps. Grâce à l'apport des autres sciences humaines qu'il utilise à côté de sa

---

[17] S. KALOMBO KAPUKU, *Pentecôtisme en Républiquedémocratique du Congo*, tome I, Paris, Éd. du Panthéon, 2015, p. 246.

[18] A. RICH, *Éthique économique*, Genève, Labor et Fides, 1994, pp. 55-56.

[19] K. BARTH (1951), *Dogmatique*, fasc. 15, p. 8, a cité le passage suivant dans la première édition de l'*Éthique* de Bonhoeffer parue en 1949.

[20] D. BONHOEFFER, *Éthique*, Labor et Fides, Genève, 2019, pp. 304-305.

discipline de prédilection, il se rend compte du caractère relatif de la politique. Elle n'est que l'art du possible et appelle à faire des compromis raisonnables pour l'intérêt général de la société.

- Le nouvel Homme congolais, c'est celui qui est conscient de ses responsabilités et celui qui conçoit son travail comme service à rendre à la société.
- Le nouvel Homme congolais est appelé à inspirer confiance tout en étant capable d'orienter le passage de la situation chaotique à un état des choses plus stable et plus sécurisant.
- Le nouvel Homme congolais est celui qui peut, par anticipation, dire le sens de l'histoire en s'attachant strictement à l'essentiel. L'invitation qu'il lance à ses compatriotes consiste à les situer au terme de leur parcours commun et à le lire à rebours en le qualifiant dès à présent. Il se démarque, de ce fait, du démagogue, « c'est-à-dire l'homme qui utilise sans contrôle et sans mesure son pouvoir de séduction pour forcer l'adhésion, triompher des ennemis et mettre en place des institutions qu'une conscience calme et froide aurait refusées[21] ».
- Ce nouvel Homme congolais considère l'éducation comme le socle du changement à opérer dans la société. Une éducation humaine où la formation à l'efficacité est fondée sur les valeurs d'humanité et de civilisation solidaire.

Par le choix des valeurs, « la raison doit déduire des principes (normes et règles) pour l'action authentique à tenir dans la complexité des situations. Or l'obéissance aux principes pour l'action présuppose le vrai déchiffrement des situations et la prise de décision juste et éclairée.

Cela ne va pas sans l'analyse rigoureuse (pratique du discernement) des réalités en présence, avec le recours aux ressources d'intelligibilité de la culture. Celle-ci ne va pas sans la détermination de critères éprouvés (problématique du choix) de décision pour l'engagement responsable du sujet[22] ». Dans le cas échéant, qu'il s'agisse du moyen à prendre pour atteindre le bien visé ou à réaliser, qu'il s'agisse de l'application du principe du moindre mal par exemple, la poursuite de la visée du vrai bien ou de la vie bonne est à inscrire dans la perspective de la raison critique, seule capable, pour maintenir l'exigence incontournable de l'universel qui fait la force de l'éthique, d'évaluer avec rigueur sapientiale et prudentielle la complexité des situations et de révéler les réductionnismes et autres illusions de la vie bonne.

Il ne s'agit donc pas d'une rhétorique partisane, encore moins d'un appel à la vertu, mais bel et bien d'une construction des éléments fondamentaux de la décision éthique, notamment les principes d'agir et d'analyse des

---

[21] MUSHILA NYAMANKANK, « Le libre arbitre… », *op.cit.*, pp. 85-86.
[22] Cfr. R. L.-M. MIKA MFITZSCHE, *op.cit.*, p. 195.

situations. L'éthique est pour ainsi dire un chemin de vie, un chemin d'humanisation.

Elle appelle, encore une fois, à devenir une personne accomplie. Ce qui ne peut aller sans analyse des situations, ni responsabilité dans les choix du moyen à prendre et l'application de tel ou tel principe éthique.

Enfin, Luther met en crise la valeur de la raison, exaltée par la tradition scolastique. La tendance naturelle de la raison est toujours de se constituer en norme ultime, jugeant de tout ; elle est donc tentée de récuser la nécessité du préalable de la foi, c'est-à-dire de l'accueil confiant de la parole qui vient de Dieu à l'homme, et non de ce dernier. L'orgueil menace toujours la raison, alors que celle-ci ne peut travailler en vérité qu'à partir de l'humilité de la foi.

Pour conclure

Une éthique pour un nouvel Homme congolais se dessine au travers de ces principes clés que nous venons d'évoquer et engage sur le chemin de l'avenir d'une part et de l'autre, elle engage les énergies congolaises et africaines pour le développement, pour l'émergence holistique.

L'éthique a ainsi pour fonction de rappeler que, quelles que soient les intentions et la qualité des règles morales, sociales et/ou religieuses, celles-ci ne peuvent s'exercer avec justesse, c'est-à-dire réaliser ce qu'elles visent, que si l'exigence absolue du respect de l'altérité d'autrui est respectée par chacun.

En effet, les conséquences pour l'éthique sont d'une extrême importance :

- L'éthique est disqualifiée comme chemin de salut. Là où Thomas d'Aquin faisait de la morale le chemin royal du retour vers Dieu, avec l'aide de sa grâce, Luther humilie l'éthique : elle n'a (quasi) plus rien à faire avec le salut.
- L'éthique est soupçonnée de nourrir les prétentions idolâtres de l'homme. C'est quand l'homme estime être capable de faire le bien qu'il est le plus proche de cet orgueil pharisien qui conduit à la perdition. « Celui qui veut sauver sa vie la perdra… »
- L'éthique est privée de toute systématisation rationnelle ; de même, elle ne peut plus être légitimée par l'autorité d'un magistère ecclésiastique. Elle n'est, dans son sens positif, que l'équivalent de la vie dans la foi, libre, ouverte, non-programmable, disponible aux surprises et aux interpellations[23].

Et la construction de la fraternité en Afrique est un défi majeur auquel aucun Africain ne pourrait actuellement se dérober. Plusieurs années après

[23] E. FUCHS, *L'Éthique protestante : Histoire et enjeux*, Genève, Labor et Fides, 1990, pp. 15-16.

leurs indépendances, les pays africains n'offrent pas toujours à leurs habitants un cycle complet de vie biologique : une enfance, une adolescence, un âge mûr et une vieillesse. Naître, souffrir et mourir, telles semblent être les marques du destin postcolonial des Africains. N'ayant plus de repères, ne se sentant plus capables de s'assumer, de surmonter par eux-mêmes leurs tracas, de plus en plus d'Africains font manifestement le choix de se réfugier dans l'irréel, dans le culte des mœurs dissolues ou dans les Églises dites de réveil, au sein desquelles ils s'abandonnent à un maître à penser, à un directeur de conscience, à un pasteur pour réfléchir et agir à leur place. À cela s'ajoute« *une mentalité religieuse de résignation qui a élu domicile chez nous et qui veut que l'on cherche toute solution aux problèmes auprès de Dieu et de Dieu seul*[24] ».

Bibliographie

BONHOEFFER D., *Éthique*, Labor et Fides, Genève, 2019.

FUCHS E., *L'Éthique protestante*, Labor et Fides, Genève, 1990.

KÄ MANA, *L'Homme congolais et la culture de l'intelligence*, Édition Pole Institute, Goma, 2016.

KALOMBO KAPUKU S., *Pentecôtismes en République démocratique du Congo*, tome II, Panthéon, Paris, 2018.

KALOMBO KAPUKU S., « La pentecôtisation du protestantisme à Kinshasa », in *Afrique contemporaine*, De Boeck, Paris, 2014/4 (n° 252), pp. 13-31.

KALOMBO KAPUKU S., *Pentecôtismes en République démocratique du Congo*, tome I, Panthéon, Paris, 2015.

KIAZAYILA KINGENGO P., *Pour une éthique chrétienne de la gestion de l'environnement*, Édition Jean XXIII, Kinshasa, 2020.

MIKA MFITZSCHE R. L.-M., *Enjeux éthiques de la régulation des naissances en Afrique. Sexualité, fécondité, développement*, Médiaspaul, Kinshasa, 2013.

MULUMBA KABUAYI F., *Réflexions sur la responsabilité des intellectuels dans la crise en RDC*, Renaissance africaine, Kinshasa, 2007.

MUSHILA NYAMANKANK, « Le libre arbitre et les élections dans la pensée sociale protestante », in *RCTP*, n° 18-19, 2005-2006, EDUPC, Kinshasa, 2005, pp. 79-89.

MUSHILA NYAMANKANK, « Fondement éthique de la pratique politique juste », in *RASM*, n° 24, juin-décembre 2008, Kinshasa, Baobab, 2008, pp. 27-44.

NTUMBA KAPAMBU V., *L'Éducation à la culture de la fraternité : une urgence pour une Afrique minée par des conflits*, Edicaf, Kinshasa, 2019.

RICH A., *Éthique économique*, Labor et Fides, Genève, 1994.

SIMON R., *Éthique de responsabilité*, Éditions du Cerf, Paris, 1993.

VAN PARYS J. M., *Petite Introduction à l'éthique*, Édition Loyola, Kinshasa, 1991.

VIDALIN A., *L'Éthique de la vie*, Édition Desclée de Brouwer, Paris, 2017.

[24] V. NTUMBA KAPAMBU, *L'Éducation à la culture de la fraternité : une urgence pour une Afrique minée par des conflits*, Kinshasa, Edicaf, 2019, p. 89.

L'État congolais et la consommation de la recherche scientifique : contribution à l'étude des fondements juridiques

André LOBO KWETE

Introduction

« Que la lumière dissipe les ténèbres ! » Cette maxime de l'Université libre de Bruxelles traduit l'importance de toute la place que l'université en tant que source et haut lieu du savoir mérite d'occuper dans la société.

Il y a deux ans, soit le depuis 5 décembre 2018, la Radio France internationale en sigle RFI diffusait une information selon laquelle la République sud-africaine, se fondant sur une étude réalisée par l'Université de Berkeleyen Californie (USA), avait décidé de se désintéresser du Projet INGA 3 en RDC. Car d'après les résultats de cette étude, ce projet coûterait à la RSA 830 000 000 euros/an si elle respectait son engagement d'importer le courant de la RDC, alors qu'elle dépenserait moins en investissant dans l'industrie locale d'énergie renouvelable. À noter que dans le Projet INGA 3, la RSA serait le plus gros client (consommateur) de la production.

Ce qui avait particulièrement attiré mon attention dans cette actualité, c'était de réaliser que la République sud-africaine consomme la recherche scientifique. Elle s'y appuie pour prendre des grandes décisions d'intérêt national. Dans un commentaire que j'avais fait sur cette actualité, j'espérais que l'État congolais allait à son tour très vite commander une étude du genre auprès de ses universités ou des universités étrangères pour avoir des orientations scientifiquement fondées sur comment combler cette grande perte créée par un probable retrait d'un si gros client. À ce jour, j'ignore encore les options probablement politiques qui ont été levées pour compenser cette perte et capitaliser ce grand investissement auquel je ne souhaite pas de devenir un éléphant blanc faute de client[1].

Ceci dit, la recherche scientifique peut se définir comme étant l'ensemble des actions entreprises en vue de produire et de développer les connaissances

---

[1] Pour ceux qui ont suivi le Discours à la Nation du président de la République avant-hier, il a rappelé que ce Projet INGA 3 va permettre à la RDC de reprendre son leadership dans l'énergie électrique.

scientifiques. Par extension métonymique, on utilise également ce terme dans le cadre social, économique, institutionnel et juridique de ces actions[2].

Selon Bruno Deshaies (*Méthodologie de la recherche en sciences humaines*, 1994), la recherche est un exercice systématique et méthodique portant sur l'étude d'un problème ou d'une question et mettant en cause des faits qui doivent être vérifiables en vue d'atteindre une fin : la résolution d'un problème ou la réponse à une question ou une hypothèse préalable (voir exemple RSA, problème : coût d'importation du courant ; solution : investissement dans l'industrie locale d'énergie renouvelable).

On ne le dira jamais assez, la République démocratique du Congo est un pays étalé sur un territoire immense, regorgeant d'une diversité de ressources naturelles, avec une population dense, une diversité culturelle et bien d'autres atouts comptés parmi les plus enviés au monde. Paradoxalement, dans les classements mondiaux, la RDC est l'un des pays dont la population est la plus pauvre du monde. D'après le rapport de la Banque mondiale publié par sa cellule de communication, 26,76 millions de Congolais vivaient dans l'extrême pauvreté en 2015 et ce pays concentrait à lui seul 7 % des pauvres de la planète, ce qui l'a placé dans le top 5 des pays comptant le plus grand nombre d'extrêmes pauvres dans le monde. Aussi, les projections de la Banque mondiale sur la pauvreté dans le monde à l'horizon 2030 révèlent que la pauvreté restera à deux chiffres en RDC en 2030.

Sur ce paradoxe, Mgr Louis Nkinga Bondala écrivait déjà en 1998 que la crise économique en RDC est difficilement explicable lorsqu'on connaît les potentialités tant économiques qu'humaines du pays[3]. Il a essayé d'expliquer ce phénomène par l'absence d'une stratégie claire et précise de développement depuis l'accession du pays à l'indépendance. Cette absence de stratégie, concluait-il, a livré le pays à la rapacité de ses dirigeants[4].

Une question simple mérite d'être posée : en 60 ans d'indépendance, est-ce que la RDC manque de ressources humaines qualifiées qui puissent lui offrir une stratégie claire et précise de développement et de renaissance[5] ?

Il serait indélicat de répondre à cette question par l'affirmative, car, dans presque tous les domaines de la vie, la RDC compte des ressources humaines dont la notoriété tant au niveau national qu'international n'est pas à remettre en cause. Il suffit de jeter un regard sur l'histoire des dignitaires ayant animé les institutions politico-administratives du pays pour réaliser que nombre d'entre eux sont des personnalités connues comme des hommes scientifiques confirmés. Cependant, la véritable préoccupation est de savoir si l'on peut déduire de la seule présence de ces personnalités dans les institutions

---

[2] https://fr.wikipedia.org/wiki/Recherche_scientifique (consulté le 17 septembre 2020).

[3] L. Nkinga Bondala, *La Problématique de la promotion humaine au Congo*, Kinshasa, Éd. Épiphanie, 2018, p. 2.

[4] *Ibidem*.

[5] C'est le thème général du Colloque interdisciplinaire et interuniversitaire UCC-UPC.

politico-administratives du pays que la recherche scientifique a été au cœur de la gouvernance du pays ?

Peut-on admettre que ces personnalités ont été appelées dans les institutions publiques pour y faire valoir les résultats de leurs recherches scientifiques dans leurs domaines respectifs de compétences ?

La réalité est que généralement, ces personnalités, professeurs d'université soient-elles, sont d'abord des militants et des cadres des partis ou regroupements politiques ou encore des activistes au sein de la société civile, et c'est sous ce label qu'ils sont identifiés et portés à la gouvernance des institutions publiques.

Dans ces conditions, leur marge de manœuvre comme scientifiques est réduite, absorbée ou encore tombe en hibernation au profit de la ligne éditoriale du parti contre laquelle ils ne peuvent aller en rébellion scientifique et idéologique, au risque d'être éjecté. L'actualité de ces derniers jours illustre mieux cette réalité. Quand un camp politique lève l'option de dire qu'il y a violation de la Constitution, il n'appartient pas à un professeur d'université de ce camp politique, constitutionnaliste soit-il, de dire qu'il n'y a pas violation de la Constitution. Soit il s'enrôle dans le combat pour la défense de la position de son camp, soit il s'abstient de tout commentaire. Car en matière de discipline au sein des partis politiques, il n'y a point de discrimination entre le savant et l'ignare. On est soit loyal, soit traître.

Dans cette étude, il est non seulement question de réfléchir sur la place qu'occupe la recherche scientifique dans le processus de résolution des problèmes de l'État congolais, sur le format que devrait prendre la participation de la recherche scientifique, mais aussi et surtout de trouver, à travers les instruments juridiques nationaux et internationaux, des dispositions qui appellent les pouvoirs publics à impliquer la communauté scientifique dans la gouvernance de la chose publique à tous les niveaux.

Et, s'il est vrai que la recherche est l'outil par excellence qui permet de produire et de développer les connaissances scientifiques en vue de la résolution des problèmes et que les pays les plus développés doivent leur grandeur à l'importance qu'ils accordent à la recherche scientifique, la finalité de cette étude est donc d'obtenir que pour l'avenir, la RDC se dote d'un véritable droit positif qui systématise le recours à l'université, source et siège du savoir scientifique pour une gouvernance publique rationnelle et efficiente.

Ainsi, cette étude s'articule autour de 4 points. Le 1er établit le rapport entre la recherche scientifique et la gouvernance de la chose publique. Le 2e point recherche les fondements juridiques de l'exigence du recours par les pouvoirs publics à la recherche scientifique. Le 3e point porte un regard sur l'environnement de la recherche scientifique en République démocratique du Congo. Le 4e point présente les perspectives d'une nouvelle forme d'utilisation de la recherche scientifique par les pouvoirs publics et les autres acteurs du développement.

I. Rapport entre la recherche scientifique et la gouvernance de la chose publique

Si l'on considère que la recherche scientifique est l'outil par excellence qui permet de produire et de développer des connaissances scientifiques en vue de la résolution des problèmes comme rappelé dans le propos introductif, il ne devrait pas y avoir de barrière ni d'incompatibilité entre l'Université et la politique. Et pourtant, le fossé qui sépare l'Université et la dynamique politique de la gouvernance de la chose publique est profond. C'est tout aussi paradoxal.

L'ancien Premier ministre français, Édouard Philippe, rappelait dans son discours à l'occasion du 80e anniversaire du Centre national de la recherche scientifique, CNRS (1er février 2019 à Paris), ce célèbre extrait de la préface de Raymond Aron[6] au livre de Max Weber intitulé *Le Savant et le Politique* selon lequel *« la vocation de la science est inconditionnellement la vérité. Le métier du politicien ne tolère pas toujours qu'on la dise[7] ».*

En même temps, il avait rappelé qu'il y a 80 ans, un savant et un homme politique fondaient le CNRS, en l'occurrence, Jean Perrin et Jean Zay, et d'affirmer que le fait qu'ils l'aient créé à un moment donné de l'histoire de la France traduit cette relation particulière, très vraie en France et probablement vraie ailleurs, entre la science et la politique dans les moments de reconstruction ou dans les moments de grands défis nationaux.

Aussi avait-il ajouté qu'« il serait mortifère, et probablement criminel, pour la démocratie que les scientifiques ne participent pas à ce débat, qu'ils n'apportent pas leur contribution, leur capacité à mettre en perspective leurs avis dans ce grand débat national, car, au cœur de ce grand débat national, il y a des questions où la science a des choses à dire, avec cet atout qui est le raisonnement scientifique, le doute scientifique qui s'accompagne de la capacité à exprimer ensuite quelque chose qui est regardé comme la vérité ».

C'est dire que la recherche scientifique, loin d'être l'ennemi de la stratégie de l'action gouvernementale (A), est cette lumière qui devrait éclairer la voie du politique (B).

A. Recherche scientifique et stratégie de l'action gouvernementale

« Gouverner, c'est prévoir ! » dit un adage qui traduit l'idée selon laquelle une gestion rationnelle est basée sur la planification, mieux sur la stratégie. Edgar Morindéfinit la stratégie comme étant l'art d'utiliser les informations qui surviennent dans l'action, de les intégrer, de formuler

---

[6] Raymond Aron est un philosophe, sociologue, politologue, historien et journaliste français (1905-1983). Il a été influencé par Max Weber, Jean-Paul Sartre, Georg Wilhelm Hegel, Emmanuel Kant, etc.

[7] Extrait rappelé par le Premier ministre français, Édouard Philippe dans son discours à l'occasion du 80e anniversaire du Centre national de la recherche scientifique, CNRS, le 1er février 2019 à Paris.

soudain des schémas d'action et d'être apte à rassembler le maximum de certitudes pour affronter l'incertain[8].

Au vu des défis auxquels sont appelés à faire face les pouvoirs publics, entre autres, l'industrialisation, le développement et le rayonnement international, la gestion des crises et fléaux multiformes (pauvreté, guerres civiles, guerres d'agression, criminalité, crises économico-financières, changement climatique, corruption, épidémies, etc.), il est de plus en plus impérieux pour les gouvernements d'investir dans la recherche scientifique et de s'appuyer sur les résultats de celle-ci.

L'ancien Premier ministre français, Manuel Valls[9], clôturant le 14 décembre 2015 la Conférence de la stratégie nationale de la recherche, rappelait que la France est grande par sa recherche et elle a vocation à faire partie des grandes nations en cette matière en préservant et en reconnaissant dans tous les domaines la recherche fondamentale.

Au-delà des discours, pour matérialiser cette ambition, l'année suivante, soit en 2016, le budget prévoyait 23,25 milliards d'euros pour le ministère chargé de l'Enseignement supérieur et de la Recherche, soit une hausse de 347 millions d'euros par rapport à 2015 ; cela sans compterdéjà la Loi du 22 juillet 2013, dont l'un des objectifs était de permettre à la recherche française, dans toute sa diversité, de mieux répondre aux grands enjeux sociétaux à venir avec un agenda stratégique de la recherche « France-Europe 2020 », inscrit dans la loi, et qui en définit les priorités.

Aussi paradoxal que cela puisse paraître, la République démocratique du Congo qui fait cinq fois la France, et avec la multitude de problèmes à résoudre et défis à relever, ne connaît presque pas ces moments de solennité dédiés à la recherche scientifique.

Le contexte de la conquête du pouvoir politique est marqué dans le temps par les étapes suivantes : après la fin probable d'un long cycle électoral viennent les pourparlers et tractations politiques ; la désignation d'un informateur à l'effet d'identifier une majorité parlementaire ; la nomination d'un formateur du gouvernement ; la consultation par ce dernier de forces vives de la nation (partis politiques, société civile, confessions religieuses, personnalités, etc.) afin d'assurer la représentativité nationale ; la nomination du gouvernement, l'investiture de ce dernier par le Parlement, le renouvellement et l'installation des cabinets ministériels, la dotation de ces derniers et leurs animateurs des moyens logistiques, sans perdre de vue l'état dans lequel se trouve souvent, en cette période précise, le Trésor public, etc.

Au final, le nouveau régime n'a pas de temps à perdre dans la conception rigoureuse des politiques à mettre en œuvre au cours de son mandat. Un tel contexte n'est pas non plus compatible avec l'expérimentation des recherches fondamentales ou appliquées que pourraient proposer les organismes de recherche. Tout est urgence !

---

[8] E. MORIN, *Science avec conscience*, Paris, Éd. Seuil, 1990, Sp.

[9] https://www.gouvernement.fr, données mises à jour le 17 mai 2017.

Néanmoins, le nouveau régime tente tout de même d'amorcer des actions à impact visible pour marquer l'opinion publique de quelques signaux forts de changement dans la manière de faire. Mais, en réalité, aussi bien sur le plan qualitatif que sur le plan quantitatif, il n'est l'ombre d'aucun doute que ce sont des actions qui ne procèdent pas d'études/recherches rigoureusement menées[10]. Par conséquent, les résultats sont catastrophiques[11].

B. Recherche scientifique : lumière des voies du politique

Le besoin du politique de se ressourcer auprès de la communauté scientifique devrait être aussi naturel qu'est l'instinct humain de tout homme de se sentir sain en allant régulièrement, à titre préventif comme à titre curatif, se confier à un médecin pour sa prise en charge. L'autosuffisance politique est donc ici comparable à l'automédication.

Car si la marche vers la conquête du pouvoir n'est pas toujours alignée sur une démarche scientifique (voir l'histoire des coups d'État en Afrique), ses limites sont très vite perceptibles quand les populations martyrisées attendent, en vain, de vivre le changement de leurs conditions de vie découlant du changement de régime. C'est dire que sans une planification rationnelle de la gouvernance de l'État, aucun développement ne peut être attendu des acteurs politiques. Or, la recherche scientifique est cet outil qui permet, grâce à ses méthodes et ses techniques, de produire des savoirs (idées) de développement plus ou moins vérifiables et qui au final sont donnés pour des vérités. Les grandes nations ont compris cette réalité et ont fait de la recherche scientifique le fer de lance de leurs stratégies de développement.

Dans son article intitulé « L'élaboration d'une "politique scientifique" dans divers pays occidentaux et son lien possible avec la politique de développement économique », in *Revue économique*, mars 1964, n° 2, pp. 161-176, Raymond Poignant[12] nous révèle combien la recherche scientifique a été au cœur de l'action politique au moment de grandes mutations mondiales(Révolution industrielle du XIXe siècle avec création dans les entreprises les plus importantes d'une « fonction » de recherche scientifique et technique ; les deux guerres mondiales, etc.).

Ainsi, en fonction des préoccupations propres aux différents services publics ou à l'initiative des savants eux-mêmes, l'on a assisté à une

---

[10] À titre d'exemple, quand les experts de la Banque mondiale nous disent, d'un côté, que la pauvreté restera à deux chiffres en RDC en 2030, les experts du gouvernement de leur côté, répliquent qu'au cours de cette même année 2030, la RDC sera un pays émergent.

[11] Les projets de cinq chantiers, Révolution de la modernité, Bukanga Lonzo, cent jours, etc., en sont des illustrations parfaites.

[12] R. POIGNANT, « L'élaboration d'une "politique scientifique" dans divers pays occidentaux et son lien possible avec la politique de développement économique », in *Revue économique*, mars 1964, n° 2, pp. 161-176.

extension considérable de l'effort gouvernemental en faveur de la recherche scientifique et technique.

Quatre moteurs guident le développement de l'action gouvernementale et des organismes de recherche publics en matière de recherche[13] :

1. le besoin humain spontané d'élargissement et d'approfondissement de la connaissance scientifique qui anime essentiellement les organismes de recherche fondamentale, notamment les laboratoires universitaires ;

2. la satisfaction de certains besoins sociaux (recherches médicales, recherches sur la nutrition, etc.) ;

3. les besoins de la défense nationale ou, parfois, d'une politique de prestige dont l'importance s'accroît sensiblement depuis la fin de la Seconde Guerre mondiale ;

4. l'incitation systématique de l'État au développement économique par une politique d'aide à la mise en application des découvertes et à l'amélioration des techniques industrielles, agricoles, etc.

Les données ci-après illustrent à quel point, à partir d'un échantillon, des États comptés parmi les plus puissants au monde ont investi dans la recherche scientifique à un moment donné de leur histoire.

Pays et année	**Dépenses totales**	**% du total supporté par l'État**
1.États-Unis (1960-1961) :	**(en millions de dollars)**	
a.Recherche fondamentale	1 302(9,3 %)	75 %
b.Recherche appliquée et développement…	12 738(90,7 %)	63 %
c.Total	14 040(100 %)	65 %
2.Royaume-Uni (1959-1960)	**(en millions de livres)**	
a. Recherche fondamentale	44,68(8,8 %)	91,3 %
b. Recherche appliquée et développement…	483,30(91,2 %)	56 %
d.Total	529,95(100 %)	60 %
3.France (1960) :(en millions de francs)		
a.Recherche fondamentale	600(21 %)	95 %
b.Recherche appliquée et développement…	2 252(79 %)	69 %
c.Total	2 852(100 %)	76 %
4.Pays-Bas (1959) :(en millions de florins)		
a.Recherche fondamentale	83,5(14 %)	90 %
b.Recherche appliquée et développement…	513,2(86 %)	16 %
c.Total	596,7(100 %)	27,5 %

[13] *Idem*, p. 162.

De ces données, l'auteur précité dégage comme constat que dans la plupart des pays occidentaux et sous la pression croissante des différents facteurs sus-indiqués, la participation de l'État aux travaux de recherche scientifique est devenue l'élément prédominant de l'effort national, à une hauteur de 60 % du financement de la recherche scientifique et technique dans les pays mis en exergue, en l'occurrence les États-Unis d'Amérique, le Royaume-Uni, la France et les Pays-Bas. Aussi, l'effort financier croissant que chacun de ces pays consacre à la recherche scientifique, technique civile et militaire constitue une partie non négligeable du produit national brut (PNB[14]).

Au plus haut sommet de l'État, les décideurs ont mis en place des structures ou organismes dédiés à penser l'action de l'État en rapport avec la recherche scientifique et comment ce dernier doit intervenir dans ce secteur(exemple des USA : depuis 1957, création d'un poste d'assistant spécial du président pour la science et la technologie/*The Special Assistant to the President*, avec mission de l'informer sur tous les aspects [civils et militaires] de l'effort scientifique national et de lui présenter des suggestions – il préside deux conseils scientifiques consultatifs : *The Science Advisory Committee* et *The Federal Council for Science and Technology*, composés respectivement de 18 membres choisis par le président parmi les hautes personnalités scientifiques indépendantes ; France : Comité interministériel de la recherche scientifique et technologique placé sous la présidence du Premier ministre ; Royaume-Uni : *The Advisory Council for Scientific Policy*, composé de 15 personnalités scientifiqueset *The Defense Research Policy Committe* dont le président est le conseiller scientifique du ministre. Pays-Bas : Centre national de la recherche appliquée [TNO] créé en 1932 et lequel œuvre dans tous les secteurs de la recherche appliquée, etc.).

Après cette démonstration de l'importance qu'attachent les grandes puissances économiques et militaires au monde et des moyens opérationnels mobilisés à cet effet, essayons de voir s'il existe, dans l'arsenal juridique de la République démocratique du Congo, des dispositions qui justifient l'exigence pour les pouvoirs publics de recourir à la recherche scientifique afin d'assurer une gouvernance à la mesure de cet enjeu.

II. Instruments juridiques en faveur de l'exigence du recours par les pouvoirs publics à la recherche scientifique

Il n'existe pas comme tel en droit positif congolais, un dispositif suffisamment élaboré qui puissent fonder l'exigence du recours par les pouvoirs publics à la recherche scientifique à travers l'action gouvernementale. Cependant, l'on peut déduire des dispositions tirées de différents textes juridiques l'existence des matériaux à partir desquels il est

[14] *Idem*, pp. 163-164.

possible de construire ce que l'on peut qualifier de *« droit de l'intégration de la recherche scientifique dans l'action gouvernementale »*.

Ces dispositions sont contenues aussi bien dans les instruments juridiques internationaux (A) que dans les instruments juridiques nationaux (B).

A. Instruments juridiques internationaux en faveur de l'exigence du recours à la recherche scientifique

A.1. Charte des Nations unies

L'Article 55 de ce texte fondateur de l'Organisation des Nations unies favorise :

- le relèvement des niveaux de vie, le plein emploi et des conditions de progrès et de développement dans l'ordre économique et social ;
- la solution des problèmes internationaux dans les domaines économiques, sociaux, de la santé publique et autres problèmes connexes, et la coopération internationale dans les domaines de la culture intellectuelle et de l'éducation, etc.

En effet, nous venions de relever plus haut que la recherche scientifique est l'instrument par excellence d'exploration, de traitement et d'expérimentation des solutions aux problèmes auxquels l'homme est confronté, aussi bien pour sa survie que pour son plein épanouissement. Elle permet de trouver des solutions préventives et curatives dans tous les domaines de la vie. Par conséquent, en souscrivant à l'obligation de tout mettre en œuvre pour promouvoir l'homme, les États membres sont supposés s'engager par làmême, à recourir au moyen le plus efficace dont dispose l'humanité pour atteindre ce but, à savoir la recherche scientifique.

A.2. Déclaration universelle des droits de l'homme (DUDH)

L'Article 28 de la DUDH dispose que toute personne a droit à ce que règne, sur le plan social et sur le plan international, un ordre tel que les droits et libertés énoncés dans la présente Déclaration puissent y trouver plein effet.

Cet ordre peut être compris comme l'ensemble de mesures prises par chaque État, au niveau national, pour mobiliser les stratégies nécessaires à la réalisation des engagements souscrits. Par ces mesures, l'on peut penser à la création d'un dispositif de gouvernance stratégique, alimenté par des travaux de laboratoires scientifiques destinés à rendre disponible en permanence, grâce aux travaux de la recherche fondamentale et appliquée, des solutions aux problèmes qui affectent l'homme et l'humanité, et à lui garantir de meilleures conditions de vie.

A.3. Pacte international relatif aux droits économiques, sociaux et culturels

Aux termes de l'Article 15 de ce texte[15], les États parties à ce Pacte reconnaissent à chacun le droit :

a) de participer à la vie culturelle ;
b) de bénéficier du progrès scientifique et de ses applications ;
c) de bénéficier de la protection des intérêts moraux et matériels découlant de toute production scientifique, littéraire ou artistique dont il est l'auteur.

À propos de cet instrument, nous estimons, en ce qui concerne la République démocratique du Congo, qu'en termes de mesures adoptées, il serait insuffisant de considérer que la figuration dans la structure du gouvernement d'un ministère de la Recherche scientifique et la création de quelques institutions étatiques (services publics ou établissements publics à vocation de recherche) ne suffisent pas à relever les défis de la vitalisation et de la participation de la recherche scientifique à la gouvernance de la chose publique. Il y a lieu, voire nécessité, de penser autrement l'intégration de la recherche scientifique dans l'action gouvernementale.

A.4. Déclaration de Kampala de 1990 sur la liberté intellectuelle et la responsabilité sociale des intellectuels

L'Article 22 de cette Déclaration dispose qu'il incombe à la communauté intellectuelle de faire sienne la lutte des forces populaires pour leurs droits et leur émancipation, tout en y prenant part.

B. Instruments juridiques nationaux en faveur de l'exigence du recours à la recherche scientifique

Un certain nombre de textes juridiques jettent les bases de ce qui peut être considéré comme éléments du droit national de l'exigence d'une gouvernance éclairée par le savoir scientifique.

B.1. Constitution de la République démocratique du Congo

Ce texte consacre, expressément, l'obligation pour l'État de veiller à la protection et à la promotion de l'expertise et des compétences nationales (Article 35).

À elle seule, cette disposition consacre l'importance que le constituant accorde au savoir-faire en tant que base de tout développement. Il s'agit en réalité de créer, dans le pays, un environnement qui permette aux citoyens

---

[15] Pacte international relatif aux droits économiques, sociaux et culturels, adopté et ouvert à la signature, à la ratification et à l'adhésion par l'Assemblée générale dans sa résolution 2200 A XXI) du 16 décembre 1966, entré en vigueur le 3 janvier 1976.

d'exploser de tout leur savoir-faire, et par ricochet, de participer activement au développement du pays tout en restant indépendants et épargnés de l'influence et de l'enrôlement politiques.

B.2. Loi-cadre n° 14/004 du 11 février 2014 sur l'enseignement national

Cette loi-cadre organise l'enseignement national dont la recherche scientifique est l'une des activités fondamentales. Elle considère, à juste titre, la recherche comme étant le moteur de développement. Aux termes de l'Article 4 de ce texte, l'enseignement national vise, entre autres, l'acquisition des compétences, des valeurs humaines, morales, civiques et culturelles pour créer une nouvelle société congolaise, démocratique, solidaire, prospère, éprise de paix et de justice. Il est complété notamment par l'Article 86 qui dispose que l'enseignement supérieur et universitaire vise à contribuer au développement de la société par une recherche scientifique organisée en fonction de ses problèmes, etc.

III. Regard sur l'environnement de la recherche en République démocratique du Congo : mystère et misère d'un secteur

En observant l'environnement de la recherche en République démocratique du Congo aujourd'hui, l'on peut réaliser qu'on a affaire à un secteur qui reflète tout à la fois l'image du binôme « mystère et misère ». Ci-dessous quelques traits de son côté « mystère », d'une part (A), et quelques traits de son côté « misère », d'autre part(B).

A. Mystère de l'Université congolaise

Le mystère de l'Université congolaise est intimement lié à l'histoire de ce pays, lui-même identifié comme un mystère par le fait qu'il a tout pour devenir une redoutable puissance mondiale grâce à la multitude et la variété de ses potentialités (scandale géologique ; selon Franz Fanon, l'Afrique a la forme d'un revolver dont la gâchette se trouve être la République démocratique du Congo).

C'est justement ici que devrait rebondir l'Université congolaise pour jouer pleinement son rôle de catalyseur de la transformation qualitative et du développement du pays[16].

En effet, en dépit des faiblesses qui l'affectent aujourd'hui et qui, à titre d'impact négatif, l'ont notamment réduite à son strict silence et reléguée au plus bas des classements internationaux, l'on ne devrait pas perdre de vue qu'il y a eu une époque où l'Université congolaise avait tout son prestige en

[16] Article 95, Loi-cadre n° 14/004 du 11 février 2014 sur l'enseignement national.

Afrique et au monde, exportant constamment ses chercheurs dans tous les domaines, etc.

Et même sur le chemin de cette descente collective aux enfers, l'Université congolaise compte encore ce jour des étoiles brillantes capables de redorer son blason et de la porter au plus haut sommet de sa gloire.

L'on ne saurait passer sous silence deux de ses étoiles brillantes qui, à partir des recherches menées localement dans le domaine de la médecine et dans des conditions très peu confortables, viennent de porter la recherche congolaise sur la vitrine internationale et n'ont pas, depuis lors, cessé d'accumuler des distinctions internationales (prix Nobel de la paix, Dr Denis Mukwege et professeurDr Muyembe).

Bien d'autres chercheurs sont à l'œuvre dans l'ombre, avec des moyens de bord, en train de penser, dans la solitude ou en équipe, des solutions et des réponses scientifiques aux différents problèmes et questions de la République démocratique du Congo et qui constituent un blocage à son développement.

B. Misère de l'Université congolaise

La misère de l'Université congolaise se traduit pour l'essentiel par le recul de la recherche fondamentale au profit de la recherche contractuelle.

Pierre Petit et Théodore Trefon(dans *L'Expérience de la recherche en RDC : méthodes et contextes*) trouvent inquiétant l'état de la recherche et la situation du chercheur congolais. En effet, sur le plan institutionnel, affirment-ils, la recherche au Congo procède sans guère disposer de ressources cartographiques, de statistiques ou d'autres banques de données fiables. La réduction dramatique des subsides accordés à la recherche et à tout le secteur académique a fortement affecté les capacités des scientifiques nationaux à initier leurs recherches sans recours à des financements extérieurs. Or, dans ce contexte, c'est dans une large mesure l'agenda des bailleurs et des « partenaires » qui définit les priorités et les modalités de la recherche : les études fondamentales ont très largement cédé la place à la recherche contractuelle.

Basimise Ngalishi Kanyegere parle de l'« ONGisation de la recherche scientifique » et constate que la recherche est moins valorisée par les universités en RDC par rapport aux autres activités académiques. Les priorités académiques se concentrent sur l'enseignement et l'administration, oubliant la recherche scientifique qui est pourtant l'une de ses missions clés.

Par ailleurs, il a été établi que cette recherche contractuelle offre un champ d'opportunités à de jeunes chercheurs qui y trouvent leur viatique. En même temps, elle oblige théoriquement le corps académique à venir sur le terrain et à se garder de tout enfermement dans la tour d'ivoire de l'Université, une tentation forte dans un pays où les aspects prosaïques de la recherche sont souvent jugés dégradants par de « grands professeurs ».

Petit et Trefon parlent ainsi d'*« un nouveau corps d'experts, de spécialistes et de consultants »* qui a investi le terrain ; connaissant peut-être la problématique de la consultation, mais pas nécessairement la culture ni le pays dans lequel ils sont amenés à travailler. Il s'ensuit une prolifération d'enquêtes réalisées sans connaissance particulière du milieu et selon des méthodologies préformatées, universelles et rapides (par exemple, *participatory rural appraisal*), qualifiées assez cyniquement de *quick and dirty* par les bureaux d'étude. D'où l'on assiste de ce fait à une arrivée en masse de jeunes experts occidentaux bien au courant de ces techniques d'investigation, qui tendent à remplacer les chercheurs de la génération précédente, nationaux ou non.

IV. Plaidoyer pour une intégration rationnelle de la recherche scientifique dans l'action gouvernementale

Arthur Schopenhauer[17]disait : *« Ainsi, la tâche n'est point de contempler ce que nul n'a encore contemplé, mais de méditer comme personne n'a encore médité sur ce que tout le monde a devant ses yeux. »*

En effet, dans un pays où les mêmes méthodes de gouvernance produisent les mêmes résultats depuis des décennies, revendiquer l'intégration de la recherche scientifique dans l'action gouvernementale n'est pas une démarche sans objet.

Cependant, si l'implication de l'élite a été effective, le format de son utilisation n'a pas toujours été de nature à garantir la liberté de pensée et d'action ainsi que la rigueur que requiert la recherche scientifique. C'est ici qu'il convient donc de relancer le débat sur les modalités d'utilisation de la recherche dans la gestion de la chose publique afin de jeter de nouvelles bases.

Ainsi convient-il d'abord de décliner les limites des anciennes méthodes (A), avant de poser les jalons d'une nouvelle forme de collaboration entre les pouvoirs publics et l'Université (B).

A. Faiblesses des anciennes méthodes d'utilisation étatique du savoir scientifique

Depuis le président Joseph Kasa-Vubu jusqu'au président Félix-Antoine Tshisekedi, en passant par Joseph-Désiré Mobutu, Laurent-Désiré et Joseph Kabila, des personnalités réputées comme étant des scientifiques redoutables ont été recrutées dans la scène politique avec différents rôles à y jouer.

---

[17] Arthur Schopenhauer est un philosophe allemand, né le 22 février 1788 et mort le 21 septembre 1860. Il est entre autres, l'auteur de *Eadem semper, sed aliter*, qui veut dire« La même chose, mais autrement ».

Cependant, les conditions de conception, d'élaboration et d'exécution des schémas de gouvernance ne garantissent pas à ces élites la latitude de déployer leur expertise scientifique. Par conséquent, ils subissent l'influence des pesanteurs politiques. C'est à cette raison qu'il est répandu dans l'opinion publique une certaine idée selon laquelle « ce pays a été tué par ses intellectuels ».

Nous devons cet échec à un mode opératoire caractérisé par des faiblesses parmi lesquelles on peut retenir : un contexte non classique de l'intégration politique de l'élite intellectuelle (A.1), les réalités des familles et cercles politiques (A.2), le recul de la recherche fondamentale au profit de la recherche contractuelle (A.3).

A.1. Contexte non classique de l'intégration politique de l'élite intellectuelle

La scène politique congolaise dans tous ses compartiments regorge d'éminentes personnalités du monde scientifique, parmi lesquels des professeurs d'université.

Cependant, le poste à occuper n'est pas souvent celui correspondant à leurs domaines de compétence, dans lequel ils auraient réalisé des travaux de recherches dont ils pourraient exploiter les résultats opérationnels à ce poste, mais juste un poste, pourvu qu'ils soient récompensés de leur militantisme.

Pépin Guillaume Manjolo écrit à ce propos que le chagrin qui nous hante est qu'en RDC, l'intelligentsia court les rues à la quête des postes les plus juteux dans l'espace politique et entrepreneurial, délaissant les laboratoires de production de l'intelligence[18].

Par conséquent, l'auteur pose une question qui dénote un désespoir à la limite du pessimisme. *« Comment voulez-vous qu'un État qui ne réfléchit plus, qui ne théorise plus et qui se politise à outrance puisse avancer ? Alors que cette intelligentsia surtout en ce quiconcerne les professeurs d'université aurait dû être la puissance de feu pour l'élévation de la nation, au lieu de sombrer dans la complaisance et l'avilissement. »*

A.2. Incompatibilités entre réalités politiques et rigueur scientifique

Pépin Guillaume Manjolo Buakila précité écrit que la clé de voûte en ce qui concerne le choix et l'organisation d'un gouvernement est la capacité dévolue à l'Homme de s'entourer d'éminences grises sur lesquelles il peut fonder ses espérances et construire son projet. L'auteur invite ainsi le politique à se dédouaner de toute ethnicité, de la tribalité, du régionalisme et surtout du fameux concept « majorité ». Hélas ! révèle-t-il, l'entourage d'un chef dans la politique congolaise est très souvent restreint aux seuls

[18] P. G. MANJOLO BUAKILA, *L'Homme et la Structure*, Kinshasa, éd. Mabiki, 2016, pp. 65-66.

courtisans, et que le principal critère caractérisant la communauté de gestion des affaires de l'État est l'hostilité à toute contradiction[19].

C'est dire que l'une des choses auxquelles le scientifique qui migre en politique est par prudence invité à renoncer, c'est sa rigueur scientifique pour pouvoir s'accommoder à la dynamique du groupe, et surtout, à la ligne éditoriale tracée par les instances dirigeantes du groupe (parti).

B. Quelques jalons d'une nouvelle forme d'utilisation par les pouvoirs publics de la recherche scientifique dans l'action gouvernementale

Face à un cadre juridique imparfait qui se limite à poser des principes sans prévoir de sanctions en cas de leur violation, il nous semble impérieux, si l'on veut faire atteindre à la loi ses objectifs, de penser à des mesures de contraintes. Cela passe donc par, en amont, la systématisation du recours par les gouvernants à la recherche scientifique, son intégration dans l'action gouvernementale, et en aval (B.1), l'élaboration d'un droit de la responsabilité civile et pénale y relative(B.2).

B.1. Systématisation du recours à la recherche scientifique et de son intégration dans l'action gouvernementale

La République démocratique du Congo est un vaste chantier. Les défis à relever sont multiples et tout y est, tel un perpétuel recommencement, à construire ou à reconstruire en commençant par l'organisation et le fonctionnement des institutions étatiques elles-mêmes.

Rien qu'à parcourir l'Ordonnance n° 20/017 du 27 mars 2020 fixant les attributions des ministères, l'on peut se rendre compte de ce que la gouvernance de l'État exige un savoir-faire pointu.

Aux termes de l'Article 1er de cette ordonnance, la première attribution commune à tous les ministères du gouvernement est l'activité de conception, d'élaboration et de mise en œuvre de la politique du gouvernement dans les secteurs qui leur sont confiés.

C'est dire qu'au-delà du partage des postes entre les militants, les partis politiques devraient systématiquement réserver une place de choix à la recherche scientifique pour pouvoir éclairer leur action gouvernementale. Pour ceci, il faudra donc mettre en place un cadre structurel (B.1.1) et un cadre opérationnel (B.1.2) permanents de l'utilisation par les pouvoirs publics de la recherche scientifique, échappant au syndrome des remaniements politiques.

[19] *Ibidem.*

B.1.1. Cadre structurel

Par cadre structurel, nous entendons un ensemble combiné des plateformes de recherche scientifique auxquelles les pouvoirs publics devraient formellement et systématiquement recourir en vue d'assurer une gestion rationnelle de la chose publique.

Il sera ainsi question d'instituer au sein de chaque ministère et de chaque entreprise publique, établissement et service publics, une structure rattachée directement au haut niveau de management de ces institutions politico-administratives, dont la mission sera de faire le pont entre ces dernières et l'Université, siège de la recherche scientifique. Ces structures devraient être composées des membres indépendants de partis et regroupements politiques, mais issus des milieux scientifiques en raison de leurs travaux réalisés dans leurs domaines respectifs de recherche et proposées par leurs paires à la suite d'un procédé transparent et exempt de toute manipulation d'ordre ethnico-tribal ou politique.

B.1.2. Cadre opérationnel

Après avoir mis en place des structures appropriées de recherche scientifique, il faudra penser à mettre en place des plans d'action opérationnels pour assurer une bonne coordination et harmonie du travail entre ces structures et les autres institutions traditionnelles de l'État. Il s'agira par exemple de définir les modalités pratiques d'intervention de ces structures de recherche scientifique dans le processus de conception, d'élaboration et d'exécution de la politique générale du gouvernement en général, et dans le processus de la conception, de l'élaboration et d'exécution des politiques sectorielles, en particulier.

B.2. Quelques jalons d'un droit de la responsabilité civile et pénale en matière de recours étatique à la recherche scientifique

Il est nécessaire d'élaborer un nouveau cadre juridique qui puisse servir de fondement au peuple congolais non-militantdes partis politiques d'établir la responsabilité civile et pénale de ses dirigeants dont le mandat n'aura pas fait progresser les institutions qu'ils auront eu à gérer. Qu'il soit précisé qu'il n'est pas ici question du droit de la responsabilité civile ou pénale du fait des détournements des deniers publics qui est déjà existant, mais d'un « *droit civil et pénal de la compétence managériale* » des dirigeants des institutions de l'État.

B.2.1. Responsabilité civile

La mise en œuvre de la responsabilité civile se repose sur le trio : « la faute, le dommage et le lien de causalité entre la faute et le dommage[20] ».

Ainsi, le cadre juridique du recours à la recherche scientifique devrait comprendre des dispositions qui érigent en faute de négligence toute abstention ou tout refus par les managers publics de recourir à la recherche scientifique appropriée ou d'expérimenter les résultats des recherches scientifiques sectoriels produits par les universités au cours de leur mandat, tout en infligeant aux institutions étatiques dont ils ont la charge une gouvernance non orthodoxe.

Nous proposons à ce sujet la création d'une « Inspection nationale scientifique de la gouvernance publique », INSGP, dont les conclusions devraient faire endosser sa responsabilité civile au dirigeant concerné avec toutes les conséquences de droit qui s'ensuivent, notamment la réparation des préjudices matériels qu'il aura fait subir à l'État par son incompétence.

B.2.2. Responsabilité pénale

La sanction étant le meilleur gage de l'efficacité d'une norme juridique, il convient, au regard de l'indifférence des acteurs politiques vis-à-vis des dispositions légales exigeant le recours à la recherche scientifique dans l'action gouvernementale, d'élaborer un régime répressif à l'encontre des animateurs des institutions étatiques.

Ainsi par exemple, des peines d'amende et de servitude pénales pourront, selon la gravité des faits, être infligées aux dirigeants qui auront enfreint les dispositions légales ou règlementaires instituant les procédures de recours par l'État à la recherche scientifique, et cela à tous les niveaux. Ceci appelle à amorcer une réforme ciblée du Code pénal congolais avec comme postulat la pénalisation de la non-intégration de la recherche scientifique dans l'action gouvernementale.

Conclusion

Il a été question, dans cet article, de rappeler l'importance de la recherche scientifique et le rôle que devrait jouer l'Université en tant que source et industrie de production du savoir scientifique dans la transformation qualitative de la société. Les problèmes quotidiens des populations urbaines comme rurales ainsi que les défis géopolitiques sous régionaux, régionaux et mondiaux contemporains et d'avenir auxquels font face les États ne peuvent plus laisser ces derniers se contenter d'un système de gouvernance en mode tatillonnant et qui a montré ses limites.

---

[20] Décret du 30 juillet 1888 (Code civil, Livre III) sur les contrats et les obligations conventionnelles.

Cela demande non seulement que soient redynamisées les structures de production des savoirs que sont les universités, mais aussi et surtout un nouveau leadership politique qui donne toute sa place qu'elle mérite à la recherche scientifique.

La systématisation du recours à la recherche scientifique dans l'art de gouverner la *res publica* devrait devenir un leitmotiv pour toutes les autorités en charge de l'animation des institutions publiques, en commençant par le président de la République lui-même, censé incarner la grandeur de la Nation. Il devrait jouer le rôle de promoteur de la recherche scientifique en faisant de sa propre institution la première consommatrice des résultats des recherches scientifiques nationales, d'une part, et en veillant, en sa qualité de garant du bon fonctionnement des institutions de la République à ce que tous les managers des institutions publiques (gouvernement, Parlement, pouvoir judiciaire, administrations publiques) commandent des études et des recherches tendant à améliorer ou à perfectionner la qualité des institutions de la République.

En revanche, la production des solutions aux problèmes sociaux devrait devenir la nouvelle priorité des universités congolaises, et par ricochet, un paramètre d'appréciation de leur viabilité. Cette interpellation est d'autant importante que si l'on n'y prend garde, l'on risque d'être rattrapé par cette anecdote célèbre relative aux chercheurs au Burkina Faso et relayée par le professeur Filiga Michel Sawadogo, ancien recteur de l'Université de Ouagadougou II et ancien ministre de l'Enseignement, qui dit : *« Des chercheurs qui cherchent, on en trouve ; des chercheurs qui trouvent, on en cherche ! »*

Le besoin d'assurer sa grandeur à la République démocratique du Congo exige que pour l'avenir, voire dès à présent, ceux qui par délégation de pouvoir du peuple souverain primaire gèrent la chose publique, non seulement rendent compte de leur gestion à la fin de leur mandat, mais aussi, et surtout, des méthodes et outils de gestion mis en place durant leur gouvernance. Car nous considérons que les managers des institutions publiques doivent assurer à l'État une gestion axée sur les résultats et au moyen des procédés et modes opératoires scientifiquement fiables et plus ou moins prévisibles et rigoureusement vérifiables.

Bibliographie

Textes juridiques internationaux

Charte des Nations unies. Signée à San Francisco, le 26 juin 1945.

Déclaration universelle des droits de l'homme. Adoptée le 10 décembre 1948.

Pacte international relatif aux droits économiques, sociaux et culturels, adopté et ouvert à signature, ratification et adhésion par l'Assemblée générale dans sa résolution 2200 A XXI) du 16 décembre 1966, entré en vigueur le 3 janvier 1976.

Déclaration de Kampala de 1990 sur la liberté intellectuelle et la responsabilité sociale des intellectuels.

Textes juridiques nationaux

Constitution de la République démocratique du Congo du 18 février 2006 telle que modifiée par la loi n°11/002 du 20 janvier 2011 portant révision de certains articles de la constitution de la République démocratique du Congo.

Loi-cadre n° 14/004 du 11 février 2014 sur l'enseignement national.

Loi n° 02/004 du 15 mars 2004 portant organisation et fonctionnement des partis politiques.

Décret du 30 juillet 1888 (Code civil, Livre III) portant des contrats et des obligations conventionnelles.

Ouvrages

ARON R., *L'Opium des intellectuels*, Paris(S.E.), 1955.

BIDAULT G., *Gouvernement de la recherche*, Paris (S.E.), 2006.

DUBOISM., *La Recherche scientifique : Objet d'étude et enjeu social*, Paris(S.E.) (S.A).

Le Petit Larousse illustré, Paris, Éd. Larousse, 2016.

MANJOLO BUAKILA G. P., *L'Homme et la Structure*, Kinshasa, Éd. Mabiki, 2016.

MORINE, *Science avec conscience*, Paris, Éd. Seuil, 1990.

NKINGA BONDALA L., *La Problématique de la promotion humaine au Congo*, Kinshasa, Éd. Épiphanie, 1998.

PETIT P. etTREFONT, *Expériences de recherche en RDC : méthodes et contextes* (S.E.) (SA).

TREMBLAY G. et FREIREVIERA P. (sous la direction de), *Le Rôle de l'Université dans le développement local, Expériences brésiliennes et québécoises*, Presses de l'Université du Québec, 2012.

Articles

BERNARD P., « Le rôle de l'Université dans un pays en voie de développement : un exemple dans le Nordeste brésilien », in*Revue d'histoire moderne &contemporaine*, Paris, 1972, pp. 654-666.

DENMANB D., « Comment définir l'Université du XXIe siècle ? », in*Revue Politiques et gestion de l'enseignement supérieur*, Paris, 2005/2 (n° 17), pp. 9-28.

POIGNART R., « L'élaboration d'une “politique scientifique” dans divers pays occidentaux et son lien possible avec la politique de développement économique », in*Revue économique*, mars 1964, n° 2, pp. 161-176, juin 28, 2019.

BASIMISE NGALISHI KANYEGERE, *L'ONGisation de la recherche scientifique*, juin 2019.

Document officiel et discours

Programme du gouvernement (Sylvestre ILUNGA ILUNKAMBA) du 30 août 2019, déposé le 31 août 2019 au Parlement pour approbation.

VALLS M. (Premier ministre français), Discours de clôture de la Conférence de la stratégie nationale de la recherche, le 14 décembre 2015.

PHILIPPE E. (Premier ministre français), Discours à l'occasion du 80e anniversaire du Centre national de la recherche scientifique, le 1er février 2019 à Paris.

MATATA PONYO A. (ancien Premier ministre congolais), Discours à l'occasion du lancement du premier numéro de la revue *Congo Challenge*, Kinshasa, 2019.

Webographie

[https://www.gicnetwork.be/longisation-de-la-recherche-scientifique/]

[https://fr.wikipedia.org/wiki/Recherche_scientifique]

[https://journals.openedition.org/hrc/1052]

[https://calmann-levy.fr/livre/lopium-des-intellectuels-9782702134740]

[https://www.cairn.info/le-gouvernement-de-la-recherche--9782707148100-page-75.htm]

[https://www.gouvernement.fr, données mises à jour le 17 mai 2017]

[https://www.gouvernement.fr/partage/10862-discours-lors-du-80e-anniversaire-du-centre-national-de-la-recherche-scientifique]

[https://journals.openedition.org/civilisations/285]

Les apologistes des premiers sièclessont-ils ennemis des césars ? Retour aux origines, sur un incontournable filigrane d'Église et État,

Esther N'LANDU MOYO

Introduction

Nous nous proposons d'aborder l'apport des apologistes des premiers siècles de notre ère dans le rôle civilisateur de la cité antique, notamment : l'intégration, la socialisation et la participation des chrétiens au développement de la romanité.

En effet, être citoyen dans l'Empire romain renvoi à un certain critérium. Au début du principat, sous Auguste, la citoyenneté était une affaire de la minorité, il s'agissait d'avoir le beau sexe, en d'autres termes, être de sexe masculin, de père romain ou de grand-père maternel romain. C'est donc un avantage d'une minorité dont sont exclus les femmes, les enfants, les étrangers, les esclaves et les affranchis.Dans cette optique, être citoyen romain procurait des privilèges notamment le droit de vote, de participer à la gestion de la *res publica* etc.À cette masse marginalisée s'ajoute « une nouvelle race » : les chrétiens !

Les premiers chrétiens n'avaient pas bonne presse dans la cité antique. Parmi les griefs dont ils faisaient l'objet, figurait celui de mauvais citoyens, ou des factieux, des insoumis ou des rebelles, on dirait des inciviques. Cette accusation était contenue tant dans les écrits d'auteurs païens que chrétiens. Pourquoi sont-ils considérés comme tels ? Nous ne puissions prétendre, dans les limites de cette réflexion, faire une étude exhaustive de tous les chrétiens de la période susmentionnée: nous nous limiterons à quelques érudits chrétiens ou une élite intellectuelle chrétienne des trois premiers siècles, communément appelés les « apologistes ».

Subdivisée en deux temps, le premier moment s'attèle sur la compréhension de quelques concepts et la deuxième étape survole les débats autour de la problématique relation Église–État (loyalisme et christianisme) dans l'entendement des érudits chrétiens de la société antique.

1. Compréhension de quelques concepts

Dans ce paragraphe, il s'agit d'expliciter la double citoyenneté d'après la conception des auteurs anciens.

1.1. Chrétiens, citoyens du monde et du ciel

À quelle période peut-on remonter le débat sur la double citoyenneté ? Historiquement, écrit Jean-Claude Fredouille, il y avait longtemps que la philosophie avait soulevé le problème du cosmopolitisme du sage et de sa double citoyenneté. Sans remonter à Anaxagore qui, montrant le ciel, assurait qu'il avait le plus grand souci de sa patrie, ou à Socrate, l'auteur, semble-t-il de l'expression "citoyen du monde"[1]. « Ce problème a tenu une grande place dans la vie et la réflexion du philosophe qui eut sans doute l'influence la plus profonde sur Tertullien, Sénèque : Zénon et Chrysippe ont fait mieux que s'ils avaient commandé des armées ou exercé des magistratures, car les principes qu'ils ont professés ne sont pas utiles à une cité en particulier, mais au genre humain tout entier; le lot du sage, c'est en effet, l'ensemble des affaires humaines et divines, et à ce titre il est citoyen du monde »[2].

Au fait, le troisième siècle est considéré comme étant une période charnière à ce que les historiens appellent « le christianisme, religion d'État » en ses débuts du quatrième siècle de l'ère chrétienne. Dans le domaine de la création des mœurs chrétiennes, le début du troisième siècle est capital. Jean Daniélou et Henry Irénée Marrou soutiennent que « c'est la période où les chrétiens cessent de vivre en petits groupes et envahissent la société. Le problème est de savoir ce qu'ils retiendront des mœurs de cette société et ce qu'ils devront rejeter. C'est précisément la tâche des grands moralistes chrétiens de l'époque, Clément et Tertullien en particulier, de les aider à opérer ce discernement»[3]. Daniel Ngoy Boliya corrobore cette thèse en ces mots:

> Les premiers siècles chrétiens constituent un moment capital dans l'histoire des rapports entre le christianisme et la culture antique. Après avoir émis des opinions différentes sur cette question, les Pères de l'Église tant de l'Orient que de l'Occident, se sont divisés en deux camps opposés. Pour les uns, il n'était pas question de chercher un compromis entre les deux ; le christianisme devait vivre dans un cloisonnement total. Pour d'autres, les modérés, il fallait trouver une

---

[1] Cf. J.-C. FREDOUILLE, « Tertullien et l'Empire », in *Recherches Augustiniennes*, vol. XIX, 1984, p. 118.

[2] J.-C. FREDOUILLE, « Tertullien et l'Empire », in *Recherches Augustiniennes*, vol. XIX, 1984, p. 118.

[3] J. DANIELOU et H.-I. MARROU, *Nouvelle histoire de l'Église. Des origines à saint Grégoire Le Grand,* L.-J. ROGER, R. AUBERT M.D., KNOWLES, Dir., Paris, Ed. du Seuil, 1963,pp. 206-207.

solution pour que les deux se rejoignent sur un terrain d'entente ; le christianisme ne devait pas s'étendre sans tenir compte des réalités existantes[4].

Pris en sandwich entre les obligations religieuses et les devoirs civils, « les chrétiens des trois premiers siècles hésitaient de participer pleinement aux activités de l'Empire. En réalité, ils résistaient aux lois antiévangéliques, telle que celle qui obligeait tout sujet à sacrifier aux dieux de l'Empire et à reconnaître l'empereur comme un dieu »[5]. Ainsi, en luttant contre toute forme d'idolâtrie, ils se démarquaient des autres citoyens du monde. Ils apparaissent *de facto* à l'opinion comme des ennemis redoutables de l'Empire, provoquant la colère des dieux. Dès lors, chaque fois que survient un événement néfaste, la colère de la foule se déchaîne contre eux, ainsi que l'expose ironiquement Tertullien :« Le Tigre a-t-il débordé dans la ville, le Nil n'a-t-il pas débordé dans les campagnes, le ciel est-il resté immobile, la terre a-t-elle tremblé, la famine ou la peste se sont-elles déclarées, aussitôt on crie : ''Les Chrétiens au lion !'' »[6].

Dans la populace païenne, il faut citer des intellectuels, philosophes pour la plupart, comme Pline le Jeune, Tacite, Epictète, Porphyre et surtout Celse, qui prirent la plume et reprochèrent aux chrétiens leurs crimes d'athéisme et de lèse-majesté. De leur côté, les chrétiens, « ne composant plus qu'une classe de pauvres esclaves ni de modestes artisans, mais d'une autre catégorie des personnes instruites issues de la bourgeoisie, vont s'employer à se justifier contre ces accusations : c'est l'avènement des auteurs dits apologistes»[7]. Comment concilier cette double citoyenneté individuelle en tant que sujet de l'Empire aux nouvelles exigences chrétiennes en sa qualité du « citoyen céleste » ? C'est la question fondamentale de notre réflexion dont l'objectif consiste à démontrer le rôle prépondérant que jouent les apologistes de la période susmentionnée au sein de l'Empire romain en général, dans l'intégration et la participation des chrétiens au développement de l'Empire en particulier.

1.2. Quid des apologies ?

Les apologies[8] sont des écrits de circonstance, qui répondent à une situation précise, à l'instar des rhéteurs, qui sont susceptibles de prononcer

---

[4] D. NGOY BOLIYA, *Foi et Culture dans De Doctrina Christiana de Saint Augustin. Essai d'interprétation,* Thèse de doctorat ès Sciences Religieuses (3ème Cycle) soutenue à l'Université des Lettres et Sciences Humaines de Strasbourg II, Faculté de Théologie Protestante, le 13 février 1981, p. I, Inédit.

[5] L'empereur Domitien (81-96), par exemple, se fait donner le titre de *Dominus et Deus* (Seigneur et Dieu).

[6]TERT., *Apol.* XL, 2 : traduction de J. P. Waltzing, Paris, Belles Lettres, 1931, p. 86.

[7] P. HENNE, *Tertullien l'Africain*, Paris, Cerf, 2011, p. 63.

[8]. Pour une étude détaillée sur la sémantique « Apologie », lire B. POUDERON, « La première apologétique chrétienne : définitions, thèmes et visés », in Kentron, *Revue Pluridisciplinaire du Monde Antique*, 24/2008, pp. 227-251, En ligne, 24 I 2008, mis en ligne le 13 mars 2018, consulté le 31 janvier 2022. URL : [http://lournals.openedition.org./kentron/1715].

un discours d'apparat devant l'empereur, ou des simples particuliers, qui ont la faculté d'adresser des requêtes aux autorités. Les auteurs d'apologies prennent la défense d'une communauté menacée en un lieu précis de l'empire il n'est pas sûr que les destinataires aient toujours eu connaissance desdites apologies. Mais leur statut de discours d'apparat ou de requête leur assurait une diffusion publique, du type de nos modernes lettres ouvertes[9].

1.3. Le binôme « loyalisme » et « christianisme »

Le vocable du loyalisme est très fréquent chez les apologistes des second et troisième siècles, appliqués à réfuter les griefs des païens, pour qui les chrétiens seraient des étrangers dans l'Empire, parfois des ennemis[10].À ce titre, le binôme « loyalisme » et « christianisme » ont longtemps été considérés comme représentations antagoniques. À en croire Jean Gaudemet, « Église et Société sont faites de mêmes hommes. L'appartenance à la première n'exclut pas la fidélité à la seconde. Entrant dans l'Église, les chrétiens, même les clercs, ne rompent pas tout lien avec le monde laïc. Ils conservent traditions, modes de penser, genre de vie, que leur a transmis l'héritage antique »[11]. Les deux sociétés, c'est-à-dire, l'Église et la Société antique forment un tout et non deux groupes parfois affrontés. Les deux entités antiques constituent la complexité des phénomènes sociaux. Être citoyen n'interdit pas la croyance à une quelconque religion. À cet égard, les chrétiens n'ont pas condamné en bloc la culture païenne. Gaudemet va

---

[9] Cf. G. DORIVAL, « Les formes et les modèles littéraires », in E. NORELLI et B. POUDERON (éd.), *Histoire de la littérature grecque chrétienne*, vol. I, Paris, Cerf, 2008. (A propos des apologies voir pp. 148-152. L'on se reportera aussi aux travaux de B. POUDERON, « La conversion chez les apologistes grecs. Convention littéraire et expérience vécue », in *De la conversion J.-C. ATTIAS* (éd.), Paris, Cerf (Patrimoines), 1997, pp. 143-167 ; B. POUDERON et J. DORE (éd.), « Réflexions sur la formation d'une élite intellectuelle chrétienne au IIe siècle : ''Les écoles'' d'Athènes, de Rome et d'Alexandrie », in *Les apologistes chrétiens et la culture grecque*, Paris, Beauchesne (Théologie historique 105), 1998, pp. 237 s.

[10] Cf. La lettre à Diognète, c. 5 (J. QUASTEN, *Introduction aux Pères de l'Église*, I, trad. 1955, 283, Justin, *Apol.* II, c. 2 (*PG.* IV, 444; Athénagore, TERT., *Apol.* ;*Ad. Nationes*. C'est contre l'inanité – l'inutilité - et l'injustice de la législation romaine contre les chrétiens que s'élevèrent les premiers chrétiens apologistes, qui osèrent s'adresser directement à l'empereur. Quadratus, le premier de tous, présenta son apologie (perdue) à l'empereur Hadrien durant un séjour en Asie mineure en 123-124 ou en 129. Aristide d'Athènes s'adressa au même empereur Hadrien (117-138), Justin à Antonin Le Pieux (138-161), Miltiade texte perdu) à Marc-Aurèle (161-180) et Lucius Verus (161-169), Apollinaire de Hiérapolis (texte perdu) et Méliton de Sardes (courts fragments) également à Marc-Aurèle, Athénagore d'Athènes à Marc-Aurèle et à Commode (176-192). L'adresse à l'empereur finissait par devenir un genre littéraire, plus ou moins factice –erroné-, qui ne pouvait convenir dans tous les cas puisqu'il était absolument exclu de la polémique contre les juifs, et cela conduisit les apologistes à adopter des présentations différentes. Cf. « Les apologistes grecs » in *Encyclopaedia Universalis*, 2013, [En ligne], Disponible sur http : //www.universalis.fr/encyclopedie/theophile, Consultée le 29 octobre 2013.

[11] J. GAUDEMET, *Histoire du Droit et des Institutions de l'Église en Occident*, t. III, *L'Église dans l'Empire Romain (IVe -Ve siècles)*, G. LE BRAS (dir.), Paris, SIREY, 1989, p. 22.

jusqu'à démontrer que les païens ont fait bénéficier la jeune société ecclésiastique de certaines structures transposables dans le monde chrétien[12].

L'humain est la somme de culture de la société dans laquelle il expérimente son existence. Il est conditionné dans ce monde qui lui « dicte » son comportement sans lequel il ne peut être considéré comme tel et penser autrement. Il est donc inimaginable de prétendre mettre un terme aux traditions de son pays au nom d'une nouvelle morale et agir autrement. Ce fait ne peut surprendre. Soutenant la même thèse, Jean-Claude Fredouille pense que « le cosmopolitisme du sage stoïcien ne trahit pas sa patrie »[13]. C'est à ce titre qu'on parle de la « double citoyenneté » des chrétiens, citoyens de l'Empire qui, suite à leur conversion à la nouvelle Église, se réclament citoyens de la « Cité céleste » à l'instar de Paul de Tarse.

En effet, l'apôtre Paul est l'un des chrétiens qui ont joui de ce double[14] ou mieux du triple héritage : Juif de la diaspora appartenant au groupe des pharisiens, citoyen romain et citoyen céleste. Son appartenance à la patrie céleste dont le Christ est Roi (Phil. 3,20) ne fait pas de lui un mauvais citoyen « terrestre ». Le passage ci-après en dit long sur son loyalisme et son allégeance à l'égard des autorités de l'Empire :

> Que toute personne soit soumise aux autorités supérieures ; car il n'y a point d'autorité qui ne vienne de Dieu, et les autorités qui existent ont été instituées de Dieu. C'est pourquoi celui qui s'oppose à l'autorité résiste à l'ordre que Dieu a établi, et ceux qui résistent attireront une condamnation sur eux-mêmes. Ce n'est pas pour une bonne action, c'est pour une mauvaise, que les magistrats sont à redouter. Veux-tu ne pas craindre l'autorité ? Fais le bien, et tu auras son approbation. Le magistrat est serviteur de Dieu pour ton bien. Mais si tu fais le mal, crains ; car ce n'est pas en vain qu'il porte l'épée, étant serviteur de Dieu pour exercer la vengeance et punir celui qui fait le mal. Il est donc nécessaire d'être soumis, non seulement par crainte de la punition, mais encore par motif de conscience. C'est aussi pour cela que vous payez les impôts. Car les magistrats sont des ministres de Dieu entièrement appliqués à cette fonction. Rendez à tous ce qui leur est dû : l'impôt à qui vous devez l'impôt, le tribut à qui vous devez le tribut, la crainte à qui vous devez la crainte, l'honneur à qui vous devez l'honneur[15].

On le voit, un digne citoyen du ciel doit être un bon citoyen de la terre, en restant soumis aux autorités et en payant l'impôt. D'après l'apôtre Paul, toute puissance, y compris celle par laquelle les dirigeants de ce monde exercent leur contrôle sur leur peuple, est d'origine divine. C'est par la

---

[12] J. GAUDENET, *op.cit*, p.12. Assouplissant parfois des positions de principes rigoureuses, ils (les chrétiens) tolèrent l'esclavage, bien qu'ils affirment la liberté des enfants de Dieu. Ils acceptent le service militaire, alors qu'ils condamnent l'effusion du sang. Ils reconnaissent le droit de propriété bien qu'il repose parfois sur l'injustice.

[13] J.-C. FREDOUILLE, art. cit., p. 111.

[14] Cf. D. MARGUERAT, *Un homme aux prises avec Dieu. Paul de Tarse*, Editions Cabédita, 2014, Chapitre Ier : Un citoyen du monde, pp. 13-22.

[15] Rm 13, 1-7.

volonté de Dieu que naissent les institutions politiques et pour le bien des citoyens. C'est encore à travers celles-ci que Dieu exerce son châtiment. Dans cette optique, les chrétiens n'ont pas à se dérober des obligations de leur pays. Ils le feront en vue d'une bonne conscience et non par crainte, car la crainte suppose un châtiment, dit-on. Et Saint Paul d'ajouter: « Rendez à tous ce qui leur est dû : l'impôt à qui vous devez l'impôt, le tribut à qui vous devez le tribut, la crainte à qui vous devez la crainte, l'honneur à qui vous devez l'honneur. » (Rm 13, 3). La pomme de discorde, c'est le cas de le dire, entre chrétiens et autres citoyens de l'Empire semble trouver son origine dans cette affirmation.

Il est certain qu'au départ, la communauté chrétienne, confondue avec le judaïsme, vit des conflits internes qui n'impliquent pas l'intervention de l'autorité romaine. « La première intervention de l'autorité romaine concernant les disciples du Christ est probablement l'expulsion de Rome, vers l'an 41 ou 49, des Juifs qui s'agitent "sous l'impulsion de Chrestus". Mais c'est lors de la répression qu'ils subirent sous Néron, en l'an 64, que des chrétiens furent pour la première fois expressément distingués des Juifs, comme le montrent les récits des historiens romains Tacite et Suétone »[16].

Il importe de retenir que « cette répression fait suite au grand incendie qui ravagea Rome la même année. Comme l'opinion publique cherchait des responsables à cette catastrophe et que les soupçons portaient vers l'empereur, accusé d'avoir provoqué l'incendie pour réaliser ses projets d'urbanisme, les autorités cherchèrent un bouc émissaire dans un groupe suspect, celui des chrétiens »[17]. Cela causa la mort d'une multitude de chrétiens. Cependant, cette thèse antique, véhiculée par l'historiographie des auteurs tels que Tacite et Suétone, a été remise en question par les historiens modernes qui pensent « qu'il est improbable que cet incendie brasier ait réellement eu une origine criminelle »[18]. Dans cette optique, ni les chrétiens ni Néron, ne sont responsables de l'incendie. À ce jour, Néron est considéré comme l'empereur qui a favorisé l'urbanisation de Rome.

Force est de reconnaître que le motif principal de la poursuite des chrétiens, comme le reconnaît Tacite, fut plutôt la haine générale qu'ils suscitaient. Lui-même tient leur doctrine pour une superstition exécrable, Suétone parlant de "superstition nouvelle et maléfique", autant de qualificatifs qui l'excluent du cadre de la religion et expliquent l'accusation d'impiété, et plus précisément d'athéisme, qui sera maintes fois portée contre les chrétiens. L'opinion publique les déteste pour leurs turpitudes

---

[16] S.C. MIMOUNI et P. MARAVAL, *Le christianisme des origins à Constantin,* Päris, 2006, PUF, p. 336.

[17]*Ibid.*

[18] Incendie de Rome, [En ligne], Disponible sur : [http://www.youtube.com/watch?v=bsDWIUVile] et [http://www.mystere-tv.com/qui-est-a-l-origine-du-grand-incendie-de-rome-v3383.html], Consultés, le 23 décembre 2013.

auxquelles s'ajoute la haine du genre humain[19]. Le propos de Tacite traduit le sentiment populaire des Gréco-romains envers les chrétiens. Il résume les critiques d'anthropophagie, d'infanticides rituels, de cannibalisme, d'isolement, des pratiques incestueuses... adressés contre les fidèles[20].

« Dès lors, la situation, ou mieux le statut des chrétiens au sein de l'Empire romain devient inquiétant et étonnant ! *Non licet esse uos!*[21] En d'autres termes, il est interdit d'être chrétien ou encore, le fait d'être chrétien est passible de la peine capitale. Par conséquent, l'existence même des chrétiens dans l'Empire romain paraît illégale. La terrible accusation d'ennemis de l'État s'était depuis longtemps généralisée à l'encontre des chrétiens. Elle fonde la relation si amplement discutée que fait Tacite[22] de la persécution antichrétienne ordonnée par Néron en 64 ; l'incident volontaire y est moins évoqué, comme cause de cette persécution, que la haine du genre humain (*odium generis humani*)[23]. Cette allégation peut se traduire par la

---

[19] S.C. MIMOUNI, *op. cit.*, p. 337. Selon la ''nouvelle'' théorie (début du 20ème siècle de notre ère) sur l'incendie de la ville éternelle (Rome) au temps de Néron, M. Carlo Pascal écarte l'opinion généralement déjà admise par les historiens modernes qui attribue l'incendie au hasard et l'opinion populaire, rapportée par Tacite qui l'impute à une volonté criminelle de Néron, il dénonce les chrétiens d'en être les véritables auteurs. Il appuie son argumentaire sur le fait que l'Église naissante étant une agglomération humaine est sans doute composée de bons et mauvais chrétiens. Il faudrait être bien naïf pour le contester. C'est parfait ! Pascal est donc porté à voir dans ces chrétiens ''grossiers'', gens du peuple animés d'une ''basse envie'' ou esclaves encore remplis de ressentiments et de rancunes, les misérables avides de vengeance, de violence et de pillage, les scélérats affranchis de tout frein humain ou divin, qui allumèrent l'incendie. Mais ce qui paraît moins logique, ce que Pascal prête en même temps à ces incendiaires des sentiments du plus extrême mysticisme. Selon lui, les gens qui brulèrent Rome crurent par-là avancer le règne de Dieu et hâter l'avènement du Christ. C'était donc pour eux, leur semble-t-il, le moyen de précipiter cette fin, d'amener par la destruction de Rome la fin de l'Empire. Cf. M. Paul ALLARD, *Les chrétiens ont-ils incendié Rome sous Néron ?* Paris, Librairie Bloud et Cie, 1904, En ligne, Disponible sur : [http://www.mediterranee-antique. info/ auteurs/ fichiers/ ABC/Allard/Chretiens_Neron/ NeronChretiens], Consulté le 1er novembre 2013.

[20] Cf. J. ZEILLER, *Histoire de l'Église primitive*, Paris, 1934, pp. 289-290 ; P. MARAVAL, *Les persécutions durant les premiers siècles du christianisme*, Paris, 1992, pp. 11-13 ; A. NAGY, Récits antiques d'anthropophages, recherche sur le contexte de l'accusation d'anthropophagie lancée contre les chrétiens au IIe siècle, Thèse de doctorat soutenue en juillet 2006 à l'Université de Genève, Autonomus Faculty of Protestant Theology, in *Revue genevoise d'anthropologie et d'histoire des religions*, 2007,, 2, pp. 137-142, Disponible sur persee.fr.

[21] J.-P. WALTZING, *Commentaire à l'Apologétique de Tertullien*, Paris, Société d'Edition « Les Belles Lettres », 1931, p. 46. Cette accusation avait déjà été portée contre les juifs. Elle vise essentiellement le fait qu'une communauté apparaisse suspecte du fait de ses coutumes propres. Le passage était facile de l'idée de mœurs différentes à celles de pratiques inhumaines, dès lors que la civilisation gréco-romaine était considérée comme la norme de la *philanthropia,* de l'humanisme. D'où les accusations, déjà portées contre les juifs et renouvelées contre les chrétiens, d'adoration d'un âne, de meurtre rituel, d'inceste. Cf. J. DANIELOU et H.-I. MARROU, *Nouvelle histoire de l'Église. Des origines à saint Grégoire Le Grand,* L.- J. ROGER, R. AUBERT, M. D. KNOWLES, (dir.), Paris, Editions du Seuil, 1963, p. 113.

[22] TACITE, *Ann.* 15, 44, 2-5.

[23] A.-M. RITTER, *op. cit.*, p. 97.

lèse-majesté, -attentat dirigé contre un prince ou contre son autorité qui est en fait le second délit pour lequel l'on condamne les chrétiens. Tertullien décrit ce crime comme étant celui d'avoir offensé une autre majesté plus auguste que celle des dieux : « Les païens servent César avec une terreur plus grande et une crainte plus vive que Jupiter de l'Olympe »[24].

Le Carthaginois approuve ce comportement, car d'après lui, un être vivant vaut plus que ces « dieux » morts. Cependant, pense-t-il, ils le font non par réflexion, mais par respect pour une puissance toujours prête à agir, prête à punir[25]. Par conséquent, soutient-il, les païens prouvent leur irréligiosité à l'égard de leurs dieux, puisqu'ils vouent plus leur crainte à un maître humain qu'à eux. Leurs sermons sont faits par le génie de César. Les dieux représentés doivent leur protection aux soldats. D'après Tertullien, ils (les dieux romains) semblent pouvoir procurer à César ce salut qu'eux-mêmes reçoivent plutôt de lui[26].

C'est à ce titre que le Carthaginois (Tertullien) déclare que l'empereur n'est pas le Tout-Puissant ; en revanche, il soutient que Dieu est le fondement de l'État. Le mérite de l'empereur vient de Dieu. Les païens devraient être très choqués.

Dans le même temps, les communautés chrétiennes secouées de temps à autre par de terribles persécutions, apparaissent solidement organisées. Le nombre des chrétiens s'est augmenté de façon très sensible en quelques années. Tertullien, en 197, traduit le mouvement de surprise indignée de ses compatriotes païens lorsqu'ils découvrent l'ampleur de cette extension : « Notre ville, s'écrient-ils, est envahie ; dans les campagnes, dans les bourgs fortifiés, dans les îles, il y a des chrétiens, tout sexe, tout âge, toute condition, tout rang même passe au nom chrétien »[27].

Quinze ans plus tard, à la fin de l'année 212, quand le proconsul Scapula reprend la persécution, il le menace d'une levée en masse des chrétiens qui pourraient bien, en venant s'offrir spontanément à ses coups, le placer lui-même dans un cruel embarras : « Que feras-tu [lui demanda Tertullien] de tant de milliers d'hommes, de tant de milliers de femmes de tout âge, de toute condition, qui présenteront leurs bras à tes chaînes ? Combien de bûchers, combien de glaives il te faudra ! Que de souffrances pour Carthage quand chacun reconnaîtra, parmi les victimes, des parents, des voisins, des hommes et des femmes peut-être de ton rang, des personnages de la plus haute distinction, des proches ou des amis de tes amis »[28]. Aux dires de Marie-Françoise Baslez, « Tertullien se représente la scène virtuelle d'un massacre général des chrétiens de la ville, si le proconsul l'ordonnait. [...] Il évoque un christianisme imbriqué dans toutes les communautés et tous les

---

[24]TERT, *Apol.*, 28, 3-4.
[25]TERT, *Apol.*, 28, 3-4.
[26]*Ibid.*, 29, 1-4.
[27] R. BRAUN, [...], p. 89.
[28]TERT, *Scap.*, 5,2.

réseaux qui constituent la cité antique : réseau familial et amical, communauté de vie et d'activité à l'intérieur de la ''maisonnée'', solidarité d'élite, avec bien sûr, sous-jacentes, des affinités corporatives, culturelles ou spirituelles »[29].

C'est, « en effet, la caractéristique de la cité antique de forger le sentiment de co-citoyenneté sur la participation collective à de multiples activités familiales, associatives et civiques, en établissant la *philia*, la relation personnelle réciproque, comme le lien social par excellence. Tous ces groupes, qui constituent le cadre de vie au sein de la cité, ont un point commun, celui d'exprimer ce qui unit leurs membres à travers des rituels et des pratiques de convivialité »[30]. Dans le monde gréco-romain, ce qui importait, c'était le vivre ensemble. Dans cette perspective, le martyre a un effet de déstabilisation et de fragilisation de la *philia*, du lien social. « Ainsi les apologistes chrétiens revendiquèrent la cause de leurs coreligionnaires, accusés d'être de mauvais citoyens de l'Empire, en soulignant a contrario leur parfait loyalisme »[31].

2. État-Église ou loyalisme et christianisme d'après les Apologistes

Vers l'an 97, Clément de Rome fit cette prière pour les gouvernants alors que les chrétiens romains sortaient d'une vague de persécution et qu'une nouvelle se profilait à l'horizon :« Donne-leur [aux gouvernants], Seigneur, la santé, la paix, la concorde, la stabilité, afin qu'ils exercent sans heurt la souveraineté que tu leur as donnée[32]».

Vers l'an 150, Justin de Naplouse proclame fièrement :« Nous sommes les premiers à payer les tributs et les impôts à ceux que vous préposez à cet office ; c'est encore là un précepte du Christ[33]». Il voit dans cette obligation, non seulement un devoir civique, mais également une recommandation du Christ. Ce dernier le leur a-t-il réellement recommandé ?

Un auteur de l'épitre à Diognète de la fin du second siècle écrit : « Les chrétiens ne se distinguent des autres hommes ni par la parole, ni par le langage, ni par le vêtement ; ils se conforment aux usages locaux pour la nourriture et la manière de vivre… Ils se marient comme tout le monde, ils

---

[29] M.-F. BASLEZ, *Les persécutions dans l'Antiquité, Victimes, héros, martyrs*, Paris, Fayard, 2007, p. 231.

[30] Ibid.

[31] Cf. P. MARAVAL, *op. cit.*, p. 492 ; de leur côté, écrit J. GAUDEMET, *op. cit.*, p. 21, déjà à l'époque des persécutions, les chrétiens affirmaient leur fidélité à la société dans laquelle ils vivaient, leur obéissance au prince, sous réserve de la primauté de la loi religieuse, leur respect des structures étatiques.

[32] CLEMENT DE ROME, *Lettre aux Corinthiens* 61, 1.

[33] JUSTIN, *Apol.*, I, 17, 1.

ont des enfants, mais ils n'abandonnent pas leurs nouveau-nés »[34]. La même thèse est soutenue par Tertullien dans son *Apologétique*, XLI, 4,5 qui va jusqu'à démontrer que les chrétiens fréquentaient le forum des Romains, servant comme soldats. Mais, l'abandon des enfants était-il une pratique courante au sein de la société antique ?

Fidèle à cette tradition, le maître de Cyprien, Tertullien, prie pour l'empereur et pour la survie de l'Empire. À Scapula, il dira :« Comme il [le chrétien] sait qu'il [l'empereur] est établi par son Dieu, il faut nécessairement qu'il le respecte, qu'il l'honore, qu'il prie pour la conservation de ses jours, et pour le salut de l'Empire romain, tant que le siècle subsistera ; car leurs destinées sont liées l'une à l'autre[35] ». Plus tard, il définira de manière plus précise son attitude à l'Empire :« Quant à ce qui touche les honneurs qu'il faut rendre aux rois ou aux empereurs, il nous est clairement prescrit, conformément à l'injonction de l'Apôtre, ''d'être soumis aux magistrats, aux princes et aux puissances'', dans les limites de notre foi, néanmoins, et tant que nous ne tombons pas dans l'idolâtrie[36]». À ce niveau, Tertullien restreint l'allégeance des chrétiens aux *potestatis* par rapport aux honneurs qu'il faut leur rendre. Il est d'avis qu'il leur faut l'allégeance, les égards et considérations, mais cela doit se faire conformément avec la parole de Dieu, car l'empereur ne doit faire l'objet d'un culte. Le culte de personnalité est d'après notre auteur, la première forme d'idolâtrie, qui détourne l'homme de Dieu, il est de ce fait, réservé à Dieu seul.

« Ainsi les chrétiens participent à la vie familiale, économique, politique. Néanmoins, ils veulent le vivre en conformité avec la nouvelle morale. C'est ainsi qu'ils se refusent à ce qui, dans cette vie sociale, en soi bonne, est contaminée par l'idolâtrie »[37]. Pourquoi les chrétiens sont-ils déclarés ennemis de la race humaine, dès lors qu'ils s'acquittent, conformément à l'enseignement de leur maître, de leurs devoirs civiques et familiaux ; participent au développement économique de l'Empire ; sont favorables à la survie et aux honneurs que l'on doit aux autorités impériales ? Si tel est le cas, les enjeux ou le nœud du problème sont ailleurs. Malheureusement, c'est dans cet antagonisme que les deux sphères des pouvoirs temporel et spirituel ont conjugué leurs destinées.

Cette situation a engendré deux tendances qui ont marqué l'attitude des premiers chrétiens envers l'Etat : « l'une que l'on rencontre dans la littérature apocalyptique et chez des rigoristes, qui le tient pour une réalité étrangère, mauvaise, ou du moins sans intérêt, puisque transitoire et destinée à disparaître ; l'autre reconnaît le rôle positif de l'État et prodigue des

---

[34] *Epître à Diognète*, V, 1-6 cf. J. DANIELOU et H.-I. MARROU, *op. cit.*, p. 206. ; TERT.., *Apol.* XLI, 1-3.

[35]TERT.. , *Ad Scap.*, II.

[36]*Ibid., De idol.*, XV, 8.

[37] J. DANIELOU et H.-I. MARROU, *op. cit.*, p. 206.

conseils aux chrétiens »[38]. Ces deux tendances qui s'opposent sur le plan politique, dont le premier est représenté par Paul (Rm. 13,1-7), les Hellénistes ou Clément de Rome (Epître aux Corinthiens, 61, 1-2) consiste en l'acceptation du pouvoir en place, car voulu par Dieu. Cette attitude est à l'origine d'une théologie politique faisant du pouvoir temporel le bras séculier du pouvoir religieux qui se mettra progressivement en place au IVe siècle avec Eusèbe de Césarée. Par contre, le courant de l'intransigeance est soutenu essentiellement par l'Apocalypse de Jean, dans laquelle l'Empire de Rome est condamné sous les traits de la ''Grande Babylone'' dont le commerce et la domination sont dénoncés sans détour[39].

La compréhension de l'autorité impériale est loin d'être conciliante chez les chrétiens des trois premiers siècles. « On a souvent glosé que Tertullien serait l'un des représentants de cette dernière tendance la plus rigide et la plus inflexible de la position qui considère que le Christianisme est inconciliable avec le *saeculum* (le monde, le siècle). Il semble qu'il prônait la séparation des chrétiens et de la *romanitas*, parce que, entre le chrétien et le monde, disait-il, il ne peut y avoir aucun lien de solidarité »[40]. Nous pensons qu'il est important de cerner les valeurs morales qui incarnent ces groupes antagoniques. Néanmoins, nous constatons que chez les chrétiens, il n'y a pas de neutralité en matière politique. Nous allons nous atteler sur Tertullien.

En effet, René Braun a consacré l'essentiel de ses recherches qui s'étendent à plus d'une trentaine d'années à Tertullien. Dans son article se rapportant au *Christianisme et pouvoir impérial d'après Tertullien*[41], notre auteur décrit Tertullien comme étant un sujet loyal et respectueux à l'égard des empereurs romains. Cet écrit est une réfutation de deux, voire trois thèses portées contre Tertullien[42] : la première opinion récuse la théorie de duplicité chez Tertullien ; la deuxième objection dément la thèse de ceux qui veulent voir en Tertullien un sujet rebelle vis-à-vis des autorités impériales et de la société civile ; la troisième affirmation, enfin, contredit les avis de tenants d'un Tertullien précurseur de Lactance et d'Eusèbe de Césarée, qui ont cherché à rapprocher le pouvoir temporel au pouvoir spirituel[43].

---

[38] Cf. S.-C. MIMOUNI et P. MARAVAL, *Le Christianisme des origines à Constantin*, Paris, PUF, 2006, p. 495.
[39] Ibid., p. 225.
[40] On a souvent glosé que Tertullien serait l'un des représentants de cette dernière tendance, la plus rigide et la plus inflexible de la position, qui considère que le Christianisme est inconciliable avec le *saeculum* (le monde, le siècle). Il semble qu'il prônait la séparation des chrétiens et de la *romanitas*, parce que, entre le chrétien et le monde, disait-il, il ne peut y avoir aucun lien de solidarité. On aurait donc pu déceler en lui une veine révolutionnaire fondée sur des espérances apocalyptiques et dominée par l'exaltation du martyre. Cf. P. SINISCALO, « Tertullien », in *Dictionnaire Encyclopédique du Christianisme Ancien*, Paris, Cerf, 1990, pp. 2395-2397.
[41] *Ibid*, pp. 56-67.
[42] *Ibid.*, pp. 58-59.
[43] *Ibid.*

Dans ses analyses, Braun a démontré que Tertullien en tant que sujet loyal envers les empereurs, même ceux qui ont été réputés les plus méchants, invitait ses coreligionnaires à prier pour eux, à demander un règne paisible et durable. En plus, Tertullien a loué les actes de certains empereurs qui ont contribué à l'expansion du Christianisme au sein de l'Empire.

Les chrétiens ne prennent aucune part aux manifestations publiques. Et l'on dit qu'ils agissent en *publici hostes*. Mais on a tort, pense Tertullien, car les chrétiens prient en faveur des empereurs dans leur cœur et non dans la débauche, comme font les païens. Ce sont, semble-t-il, des raisons morales qui empêchent les chrétiens de participer à ces fêtes impériales. Ils fêtent l'empereur en gardant leur chasteté et de manière sobre et modeste, d'une part[44].

D'autre part[45], l'enthousiasme des païens, d'après le Carthaginois, semble hypocrite, car c'est parmi eux que se trouvent les ennemis de l'empereur. La plèbe et ses propos irrévérencieux (6), son secret désir de voir un nouvel empereur pourvoir des congiaires -don en nature : d'huile ou de vin donné au peuple romain par des magistrats lors de grandes réjouissances publiques : naissance dans la famille impériale, victoires- (7). Les classes élevées ne sont pas plus sincères : attentats contre la vie du prince (8) ; guerres civiles, Cassius Avidius, C. Pescennius Niger, D. Claudius Albinus et les luttes de Septime Sévère contre ses rivaux (9-13). Hypocrisie des malveillants qui consultent l'avenir sur la vie du prince.

D'après le Carthaginois, si les chrétiens sont donc ennemis publics, de l'État parce qu'ils ne rendent pas aux empereurs des honneurs vains, mensongers et téméraires, et aussi parce que, hommes d'une religion sincère, ils célèbrent les fêtes des empereurs dans l'intérieur de leur cœur plutôt que par la licence[46]. Au dire de notre auteur, les festins publics se célèbrent de manière impudique, sans modestie. Il constate que toutes les pratiques considérées au quotidien comme orgie sont tolérées lors des festivités dédiées aux autorités impériales. Les chrétiens ne veulent donc pas s'en mêler[47]. Telle est la thèse de Tertullien en ce qui concerne sa conception de l'empereur d'une part et les causes des rivalités entre les chrétiens avec le reste de la population antique d'autre part, dès le début de son ministère.

Conclusion

Nous avons noté que l'antagonisme entre le christianisme et l'Empire romain est certainement un problème très délicat. Malgré les points de vue divergents de certains critiques à ce sujet, il s'agit de l'opposition de deux

[44] J.-P. WALTZING, *op. cit.*, p. 75.
[45] TERT., *Apol.*, 35, 5-10.
[46] *Ibid.*, 35, 1.
[47] *Ibid.*, 35, 2-5.

religions et deux conceptions de la vie, deux civilisations, comme nous disons aujourd'hui. Il est admissible que la raison profonde de l'antagonisme entre l'Empire et le christianisme réside entre autres dans la conception du monde et de la cité, car l'Empire lié essentiellement au paganisme, représentait par là-même une conception obsolète ; le christianisme, en introduisant au cœur de la cité de ce monde des aspirations à une cité céleste, dépassait et violait la conception de l'Empire.

Cependant, le culte des empereurs complique la situation, à cause de l'identification qui en est faite entre l'attitude purement religieuse et le loyalisme que l'on doit aux autorités temporelles. Sans doute l'empereur était nécessaire à la cité de ce monde, car il était la clef de voûte de son système politique et religieux. Ce qu'on défendait contre les chrétiens, c'était tout l'édifice de l'ancienne civilisation et non l'empereur pour lui-même.

On ne le dira jamais assez ! Dans une société encore majoritairement païenne, organisée autour du culte des idoles, la fidélité à la vérité de Dieu impose un christianisme de la résistance, qui ne se laisse contaminé ni par les pratiques idolâtriques, ni par les déviances hérétiques. Cette résistance exige une norme de conduite, que Tertullien trouve dans la mesure, qui distingue la conduite chrétienne, fidèle à la vérité, de tous les autres groupes philosophiques et religieux de son temps.

C'est une résistance non violente contre la violence et l'idolâtrie antiques, qui met en relief la limite de la soumission due par les chrétiens aux autorités politiques, dans la mesure où celles-ci n'enfreignent l'éthique chrétienne, d'une part, et tracent une ligne de démarcation entre les exigences des auxiliaires de Dieu vis-à-vis de leurs citoyens, d'autre part. Loin de Tertullien l'idée de la séparation de pouvoir, car tous travaillent de manière à contribuer au progrès de la civilisation. L'autorité par laquelle les agents du pouvoir temporel accomplissent leur fonction est loin d'être envisagée par l'Africain comme étant l'émanation du Diable, car elle est d'origine divine et relève de la volonté de Dieu. Cependant, l'État devrait exiger la soumission de ses sujets au respect de la vie humaine en tant que propriété privée de Dieu dont Il a seul le droit de vie et de mort. Le fossé est-il encore à démontrer entre certaines lois traditionnelles de l'Empire romain et la morale chrétienne ?

Bibliographie

Ouvrages et articles

ALLARD M. P., *Les chrétiens ont-ils incendié Rome sous Néron ?* Paris, Librairie Bloud et Cie, 1904, En ligne, Disponible sur

BASLEZ M. – F., *Les persécutions dans l'Antiquité, Victimes, héros, martyrs*, Paris, Fayard, 2007.

DANIELOU J. et MARROU H.-I., *Nouvelle histoire de l'Église. Des origines à saint Grégoire Le Grand,* L.-J. ROGER, R. AUBERT M.D., KNOWLES, Dir., Paris, Ed. du Seuil, 1963.

DORIVAL G., « Les formes et les modèles littéraires », in E. NORELLI et B. POUDERON (éd.), *Histoire de la littérature grecque chrétienne*, vol. I, Paris, Cerf, 2008. (À propos des apologies voir pp. 148-152.)

FREDOUILLE J.–C., « Tertullien et l'Empire », in *Recherches Augustiniennes*, vol. XIX, 1984.

GAUDEMET J., *Histoire du Droit et des Institutions de l'Église en Occident*, t. III, *L'Église dans l'Empire Romain (IVe -Ve siècles)*, Gabriel LE BRAS (dir.), Paris, SIREY, 1989.

HENNE P., *Tertullien l'Africain*, Paris, Cerf, 2011.

MARGUERAT D., *Un homme aux prises avec Dieu. Paul de Tarse*, Editions Cabédita, 2014, Chapitre Ier : Un citoyen du monde.

MIMOUNI S.-C. et MARAVAL P., *Le Christianisme des origines à Constantin*, Paris, PUF, 2006.

NAGY A., Récits antiques d'anthropophages, recherche sur le contexte de l'accusation d'anthropophagie lancée contre les chrétiens au IIe siècle, Thèse de doctorat soutenue en juillet 2006 à l'Université de Genève, Autonomus Faculty of Protestant.

NGOY BOLIYA D., *Foi et Culture dans De Doctrina Christiana de Saint Augustin. Essai d'interprétation*, Thèse de doctorat ès Sciences Religieuses (3ème Cycle) soutenue à l'Université des Lettres et Sciences Humaines de Strasbourg II, Faculté de Théologie Protestante, le 13 février 1981.

POUDERON B. et DORE J. (éd.), « Réflexions sur la formation d'une élite intellectuelle chrétienne au IIè siècle : ''Les écoles'' d'Athènes, de Rome et d'Alexandrie », in *Les apologistes chrétiens et la culture grecque*, Paris, Beauchesne (Théologie historique 105), 1998.

POUDERON B., « La conversion chez les apologistes grecs. Convention littéraire et expérience vécue », in *De la conversion* ATTIAS J.-C. (éd.), Paris, Cerf (Patrimoines), 1997, pp. 143-167 ;

QUASTEN J., *Introduction aux Pères de l'Église*, I, trad. 1955, 283, Justin, *Apol.* II, c. 2.

SINISCALO P., « Tertullien », in *Dictionnaire Encyclopédique du Christianisme Ancien*, Paris, Cerf, 1990.

TERT., *Apol.* XL, 2 : traduction de J. P. Waltzing, Paris, Belles Lettres, 1931.

TERT., *Scap.*, 5, 2.

WALTZING J.-P., *Commentaire à l'Apologétique de Tertullien*, Paris, Société d'Edition « Les Belles Lettres », 1931, p. 46.

ZEILLER J., *Histoire de l'Église primitive*, Paris, 1934, pp. 289-290 ; P. MARAVAL, *Les persécutions durant les premiers siècles du christianisme*, Paris, 1992.

Webographie

[http://lournals.openedition.org./kentron/1715].

[http://www.mediterranee-antique.info/auteurs/fichiers/ABC/Allard/Chretiens_Neron/NeronChretiens], Consulté le 1er novembre 2013.

Incendie de Rome : [http://www.mystere-tv.com/qui-est-a-l-origine-du-grand-incendie-de-rome-v3383.html], (consulté, le 23 décembre 2013).

Incendie de Rome : [http://www.youtube.com/watch?v= bsDWIUVile], (consulté, le 23 décembre 2013).

POUDERON B., « La première apologétique chrétiennè : définitions, thèmes et visés », in Kentron, *Revue Pluridisciplinaire du Monde Antique*, 24/2008, pp. 227-251, En ligne, 24 I 2008, mis en ligne le 13 mars 2018, consulté le 31 janvier 2022. URL : [http://lournals.openedition.org./kentron/1715].

Theology, in *Revue genevoise d'anthropologie et d'histoire des religions*, 2007, 2, Disponible sur [www.persee.fr].

Rapport général du Colloque

Kodjo Ndukuma Adjayi
Professeur à l'UPC et à l'UCC
Président du comité scientifique du Colloque UPC-UCC

À l'occasion des 60 ans de l'indépendance de la République démocratique du Congo (RDC), l'Université catholique du Congo (UCC) et l'Université protestante au Congo (UPC) ont co-organisé un colloque pluridisciplinaire sur le thème « Développement et renaissance de la RDC : perspectives politiques, économiques et socioculturelles ». Les travaux du Colloque se sont déroulés en trois jours : le 16 décembre 2020 à l'UPC et les 17 et 18 décembre 2020, à l'UCC. Avec un total de 26 exposés, 'on a assisté à 8 conférences en plénières et 18 conférences réparties en 3 ateliers, consacrés respectivement aux aspects politiques, économiques et socioculturels.

Le présent rapport général revient sur la philosophie qui a conduit à l'organisation du Colloque (I) et donne l'essentiel du contenu des communications (II) ainsi que les recommandations formulées (III).

Il importe de relever que le Colloque était initialement prévu pour la deuxième semaine du mois de juin 2020. Suite à la pandémie de Covid-19, l'organisation déjà lancée en mars 2020 a finalement pu voir le Colloque se tenir aux dates pré-rappelées afin d'enregistrer :

Sur le plan protocolaire, à l'ouverture des assises :

- l'adresse de bienvenue du recteur de l'UPC, Mgr révérend Daniel Ngoy Boliya ;
- le mot d'ouverture solennelle du Colloque par le pasteur N'Kwim, au nom du grand chancelier de l'UPC ;
- l'allocution du directeur de Cabinet a.i du Chef de l'État, le professeur Eberande Kolongele ;
- la présentation du Colloque par le co-président du Comité organisateur, le recteur de l'UCC, abbé professeur Léonard Santendi.

Sur le plan scientifique :

- 1 conférence inaugurale ;
- 7 conférences lors de deux séances plénières ;

- 18 conférences dans trois ateliers destinés respectivement aux aspects politiques, économiques et socioculturels.

Sur le plan protocolaire à la clôture :
- le mot de remerciement du recteur de l'UCC ;
- le mot de circonstance de la présidence de la République de la part du conseiller en charge de l'éducation au cabinet du chef de l'État ;
- la clôture solennelle du Colloque par le grand chancelier de l'UCC.

Le présent rapport général fait la synthèse de la philosophie qui a conduit à l'organisation du Colloque (I) ainsi que l'essentiel de ce qu'a été le contenu des communications (II) avec les recommandations formulées dans ce cadre (III).

I. La philosophie du colloque

La République démocratique du Congo se préparait à célébrer ses 60 ans d'indépendance. Le peuple congolais tout entier est appelé à mobiliser ses énergies en vue de l'instauration d'un nouvel ordre social susceptible de répondre à ses aspirations les plus profondes. Devant cette tâche, les forces intellectuelles ont une responsabilité historique pour mettre en lumière les acquis de ces soixante ans d'indépendance, relever les dérapages qui ont émaillé notre parcours, et dégager de nouvelles perspectives pour le développement intégral et la renaissance du pays.

C'est pour répondre à cette exigence que l'Université catholique du Congo (UCC) et l'Université protestante au Congo (UPC) ont eu à organiser ce colloque sur le thème : « Développement et renaissance de la RD Congo : Perspectives politiques, économiques et socioculturelles ».

L'objectif majeur est de dresser un bilan et dessiner des perspectives aux plans politique, économique et socioculturel. Un regard superficiel et une lecture hâtive du parcours de la RDC font le gros plan sur l'accumulation des échecs et des erreurs. Quel bilan faire scientifiquement de ces années de la gestion politique, économique, socioculturelle et religieuse du Congo par les Congolais(es) ? Quel Congo léguer à la postérité ? Quelle est la politique de développement qui inspire et coordonne la gestion publique et les activités quotidiennes ? Comment l'Université congolaise pourra-t-elle devenir un outil efficace au service de la renaissance de la RDC ? Autant de questions sur lesquelles les différentes conférences ont porté leur regard critique et proposé une réflexion stimulante.

Après évaluation et réception, par le comité scientifique, des projets de communication de la part des enseignants-chercheurs de l'UCC, de l'UPC et d'autres institutions, le Comité organisateur a retenu le programme du Colloque dont le présent rapport restitue l'économie jour par jour et activité par activité.

II. Le déroulement du Colloque

II.1. Mercredi 16 décembre 2020 à l'UPC

II.1.1. Cérémonie d'ouverture en matinée du 16 décembre

Sous la modération du professeur Célestin Dimandja de l'UCC, les activités suivantes ont donné lieu au contenu ci-après :

a) Prière d'ouverture par l'aumônier de l'UPC, le pasteur Mboyo Ibeka.

b) Adresse de bienvenue du recteur de l'UPC : Prof. Mgr Daniel Ngoy Boliya a souligné qu'il y a 60 ans, les pères fondateurs de notre indépendance ont lancé le credo : « Par le labeur, nous bâtirons un pays plus beau qu'avant dans la paix ». Plus qu'un défi, ce fut un engagement à tenir. Sommes-nous parvenus à transformer ce rêve en réalité ?, a-t-il pu partager l'interrogation pour les spécialistes du Colloque. Nous, Congolais, avons-nous suffisamment travaillé ? Qu'a-t-il réellement manqué à nos actes collectifs au quotidien pour réussir notre devoir citoyen ?

c) Ouverture solennelle du Colloque par le pasteur N'Kwim : celui-ci s'est exprimé au nom du grand chancelier UPC, Son Excellence monsieur le président de l'Église du Christ au Congo, le révérend Dr André Bonkundoa Bo Likabe, avec ses souhaits de plein succès à ce Colloque pluridisciplinaire avant de déclarer ouvertes ses assises.

d) Mot de circonstance du ministre de l'Enseignement supérieur et universitaire, Son Excellence Monsieur Thomas Luhaka Losendjola a solennellement dit que la RDC attend de ses universités de nouveaux paradigmes pour baliser le chemin de son avenir, des théories de changement éprouvées après l'épuisement des théories importées que Me savant congolais Valentin Yves Mudimbe a dénoncées sous le terme de la bibliothèque coloniale. Et d'ajouter que : « c'est à vous, universitaires congolais, de mettre à la disposition des décideurs ces idées audacieuses et novatrices ».

e) Allocution de la présidence de la République, par le directeur de Cabinet du chef de l'État : le professeur Eberande Kolongele a résumé en deux motsclés les vues du chef de l'État sur le grand événement de la pensée rétrospective et prospective organisée par l'UPC et l'UCC à l'occasion des 60 ans de l'indépendance : la pensée (du verbe penser) et le pansement (du verbe panser). Ce temps fort a été porté par l'anecdote de l'esclave nourri par son geôlier en échange d'un travail corvéable.

   Cet esclave s'étant affranchi de son joug se réjouit de sa liberté, mais sans pouvoir justifier à ses propres enfants les avantages d'avant la liberté et d'après celle-ci en termes du confort de l'esclave qu'il fut. Cet esclave est tenté de revenir vers son geôlier en soulevant la question de savoir si l'indépendance était une bonne chose et en répondant tout de suite que cela l'était. Quels ingrédients pour que l'indépendance de la RD Congo devienne plénière et pas seulement le Tcha-tcha-tcha ? Comment l'intellectuel congolais panse-t-il cette plaie ? Est-ce que le côté cosmétique est à abandonner pour aller du côté utile ? « J'aime le Congo », a-t-il dit en se mettant à la place de tout Congolais, pour inviter à regarder derrière afin de nous dire : « ai-je contribué à l'indépendance plénière de la République par ma technique, par ma connaissance ? » Avant de conclure que le savoir n'accepte pas ma fatalité ni la futilité.

f) Présentation du Colloque, par le recteur de l'UCC : l'abbé recteur Léonard Santedi, co-président du Comité d'organisation, a circonscrit en 10 blocs capitulaires son exposé, en mettant notamment en exergue les aspects suivants :
   - Pour construire cet avenir de la RDC, le peuple congolais tout entier est appelé à mobiliser ses énergies créatrices, innovatrices en vue de l'instauration du nouvel ordre social susceptible de répondre à ses aspirations les plus profondes. Devant cette tâche, les forces intellectuelles [...], les universités en particulier ont une responsabilité historique. Envisagée à cette lumière, la science est un moyen d'empêcher le fatalisme de l'avenir. Celui-ci n'est plus un destin à subir, mais un projet à réaliser, une tâche à accomplir, un défi à relever. Quel bilan dresser scientifiquement de ces soixante dernières années de la gestion politique, économique, socioculturelle et religieuse du Congo par les Congolais(es) ?
   - Pour répondre à ces questions lancinantes dans une approche évaluative et offrir des perspectives meilleures, les organisateurs de ce colloque placé sous le haut patronage de SEM le président de la République. L'attelage des conférences présente une architectonique de toute beauté.

g) Conférence inaugurale donnée par le professeur Isidore Ndaywelsur le thème « Vivre le devenir du Congo : un regard prospectif » :
   Quatre séries de propositions se sont dégagées de la conférence inaugurale :
   1° Maîtriser des données relatives à la démographie en vue d'une politique prévisionnelle ;
   2° Privilégier des actions de transformation de nos potentialités en réalité : pour autant, les revenus miniers devraient rendre possible la mise en valeur du potentiel hydroélectrique, hydraulique et agricole de la RD Congo ;
   3° Éduquer les hommes et les femmes pour concrétiser la mise en œuvre des potentialités ;
   4° Revoir l'organisation du pays en vue de son développement.

En fin de matinée du mercredi 16 décembre 2020, une photo de famille a été prise avant la pausedéjeuner.

II.1.2.Conférences en ateliers l'après-midi du mercredi 16 décembre (dans trois salles)

Les conférences spécifiques ont eu lieu simultanément dans trois salles de l'Université protestante au Congo, avec à chaque fois devant un public en bon nombre et en interaction soutenue avec les conférenciers.

Dans la salle d'atelier I

Sous la modération du professeur Philémon Mwamba, les trois conférences sur les perspectives politiques ont connu les interventions suivantes :

a) Abordant le thème « Penser et/ou repenser la souveraineté de la RDC », la conférence du professeur Mabaka Mukwabuyika a eu pour objet de démontrer que la République démocratique du Congo n'est pas un État « souverain », si ce n'est en apparence. Autrement dit, la souveraineté de la RD Congo serait fictive, un trompe-l'œil juridico-politique. Pour ce faire, il s'est appuyé sur quelques indicateurs objectivement observables de manque de souveraineté : la faiblesse de la monnaie nationale face aux dollars américains, la porosité des frontières nationales, les appuis permanents des bailleurs de fonds au budget de l'État…

b) Abordant le thème « Démocrate sans démocratie ? Difficile odyssée de la cohérence en politique », la conférence du professeurabbé Richard Ongendangenda Muyapense que la démocratie en tant que forme constitutionnelle et état d'esprit requiert un effort certain d'apprentissage, une sérieuse instruction et une vigilante culture des valeurs et normes que la démocratie elle-même promeut. Il rappelle l'exigence d'une instruction démocratique, décrypte les enjeux de la rationalité démocratique et tente de définir l'être démocratique authentique.

c) Abordant le thème « La RDC, Histoire de prédation des origines à ce jour », la conférence du professeur Héritier Mambi Tunga-bau a souligné avec force que l'histoire économique et politique de la République démocratique du Congo se construit sur fond de la prédation des ressources sur le plan économique, avec son pendant sur le plan politique, la « kleptocratie ». Le Congo-Kinshasa n'a jamais eu une direction politique qui se soit occupée de son développement humain et durable. La prédation, c'est ce système économique fondé sur le pillage des ressources matérielles, financières, naturelles, humaines, etc. Aussi, les origines de la RD Congo, ce n'est pas le jeudi 30 juin 1960, comme un mensonge devenu officiel le repend à travers l'Article 1 alinéa 1 de la Constitution du pays : « La RD Congo est, dans ses frontières du 30 juin 1960, un État de droit, indépendant, uni, indivisible, social, démocratique et laïc ». Ses origines, c'est plutôt le 1er août 1885. Et même avant 1885, depuis le XVIe siècle jusqu'au XIXe siècle, l'Afrique centrale dont la RD Congo avait connu une longue période de prédation de ses ressources humaines à travers la traite négrière des esclaves.

S'en sont suivis des débats et recommandations, avant la fin de l'atelier I du mercredi 16 décembre 2022 à 16 heures 30.

Dans la salle d'atelier II du mercredi 16 décembre

Sous la modération de la professeure Dédé Aliango, les trois conférences sur les perspectives économiques ont connu les interventions suivantes :

a) Abordant le thème « La PME en RDC. Son expansion et sa visibilité », la conférence du professeur Edgard Makunza Keke a permis de mettre en lumière les notions clés sur les PME/PMI. En effet, celles-ci sont créatrices de richesse dans une société par le canal de la valorisation et de l'utilisation des ressources locales. Elles jouent ainsi le rôle de moteur de l'économie. Toutefois, elles restent encore fortement marginalisées dans notre pays, la RDC.

En fait, afin de générer de manière optimale le développement durable de notre économie à travers les PME et les PMI, il faudrait, pour le professeur Makunza :

- favoriser un changement d'habitude de consommation, en faveur du « consommer local » ;
- améliorer le système bancaire et la fourniture en énergie dans les milieux ruraux pour transformer et/ou conserver des produits agricoles ;
- encourager la sous-traitance dans le domaine de l'exploitation des ressources naturelles ;
- mettre en place un fonds de garantie et promouvoir la pratique des moyens de financement alternatif ;
- soutenir les initiatives des jeunes dans les secteurs porteurs de la croissance économique et à forte intensité de la main-d'œuvre ;
- encourager les promoteurs des projets et les responsables des PME/PMI à suivre des formations continues et nouer des partenariats d'affaires entre opérateurs ;
- soutenir le développement des PME/PMI ayant des effets d'entraînement sur tous les autres secteurs de la vie nationale.

b) Abordant le thème « La politisation des entreprises du secteur public en RDC : quelles leçons de management, 60 ans après l'indépendance », la conférence du professeur Patrick Bakengela a permis de lever toute équivoque ou ambiguïté sur les raisons de la non-performance des entreprises publiques en RDC. En effet, les entreprises publiques sont assimilées en RDC à des « canards boiteux », étant donné leurs médiocres performances. Toutefois, comparativement aux évidences recueillies dans les pays d'Europe, il en ressort que les entreprises publiques sont parmi les plus performantes avec une technologie à la pointe et sont parfois cotées en bourse. Sur base de ce qui précède, il est clair que cette idée de penser que les entreprises publiques sont moins efficaces n'est pas une bonne idée, car sous d'autres cieux celles-ci font de très bonnes performances économiques et financières.

En effet, la décadence des entreprises publiques en RDC est essentiellement due au phénomène de « politisation » des entreprises publiques. Ce qui se manifeste par le partage des postes au sein des entreprises publiques sur base d'une appartenance à un même parti politique. Cela crée ainsi une forme de redevance entre la personne ainsi nommée et son parti politique.

Afin de lutter contre cette politisation au sein des entreprises publiques, il sied de mettre en place un management plus efficace axé sur une nouvelle façon de penser l'entreprise publique en RDC en y intégrant de nouvelles dimensions propres à son contexte.

c) Abordant le thème « L'entreprise publique congolaise à l'épreuve de l'indépendance », la conférence du professeur Justin Okana a permis de relever qu'après 60 ans d'indépendance, la majorité des entreprises publiques sont incapables de réaliser leur objet social en RDC. N'impliquant pas de fait que les entreprises privées y arrivent sans problème.

Le professeur Okana a souligné que l'indépendance devrait être comprise comme un moment favorable où les nationaux saisissent l'opportunité de prendre en main les entreprises de leurs pays afin de mettre en avant leur génie managérial. Malheureusement, cela n'a pas été le cas pour la République démocratique du Congo.

Ainsi, après l'indépendance et fort de l'héritage colonial, il s'en est suivi plusieurs réformes des entreprises visant à améliorer l'efficacité et la performance des entreprises publiques. Le bilan est bien amer : aucun objectif n'a été atteint ! L'État a contribué à la régression des activités économiques par une mauvaise gestion du cadre macroéconomique et par une mauvaise gestion des entreprises publiques. Cela est manifeste à travers le temps par une mauvaise désignation des gestionnaires sur des bases politiques.

Afin de redorer l'entreprise publique, il sied de mettre en place des institutions publiques fortes sur base d'un bon leadership.

S'en sont suivis des débats et recommandations, avant la fin de l'atelier II du mercredi 16 décembre 2020 à 16 heures 30.

Dans la salle d'atelier IIIdu mercredi 16 décembre

Sous la modération du professeur François Yumba, les trois conférences sur les perspectives socioculturelles ont connu les interventions ci-dessous rapportés

a) Abordant le thème « Une éthique pour le nouvel homme congolais : contribution à l'émergence d'une nouvelle société africaine », la conférence du professeur Sébastien Kalombo a mis l'accent sur l'enjeu de communication des valeurs et des dynamiques de sens pour fertiliser l'existence communautaire. Il milite pour l'émergence de la RD Congo, de l'Afrique, par la promotion de l'éthique du volontarisme et d'action de résurrection, décidée au plus profond des énergies vitales d'un peuple, pour le nouvel homme congolais, pour le nouvel homme sur le continent africain, au service de la communauté humaine, acteur principal au cœur de la dynamique de l'imaginaire sociale.
b) Abordant le thème « Éducation, facteur des puissances politiques et économiques », la conférence du professeur Hippolyte Mimbu a permis de découvrir qu'il existe des facteurs qui sont à la base de l'émergence d'une nation. Parmi ces facteurs, l'éducation occupe une place de choix. Si nous sommes d'avis que c'est l'intelligence qui guide le monde, il y a donc nécessité de l'éduquer. La RDC a tous les potentiels pour s'acquitter merveilleusement bien de cette noble tâche. Car son patrimoine culturel n'est pas pauvre. Cette éducation aux valeurs doit passer par l'argumentation ou le discours et par l'imprégnation. Pour y parvenir, le Congolais devraitdonc tenir compte de sa démographie qui est une force, de sa souveraineté scientifique qui a été détruite par la colonisation.
c) Abordant le thème « L'État congolais et la politique de la recherche scientifique », la conférence du chef des travaux André Lobo a permis d'affirmer que la recherche scientifique n'est pas l'ennemie de la stratégie de l'action gouvernementale pour que les politiques congolais y soient hostiles. Il est donc paradoxal que la RDC soit riche en ressources naturelles et humaines, mais qu'elle soit en même temps citée parmi les pays pauvres. Parmi les raisons qui sont à la base de cette anomalie, l'orateur révèle que le gouvernement ignore pratiquement le rôle de la recherche scientifique pour résoudre les problèmes réels de la société. Par ailleurs, il est aussi anormal que les scientifiques soient insensibles par rapport à tous les appels de notre société. La recherche scientifique doit être cette lumière qui éclaire l'action politique. Car gouverner c'est prévoir, dit-on.

S'en sont suivis des débats et recommandations, avant la fin de l'atelier III du mercredi 16 décembre 2020 à 16 heures 30.

II.2. Jeudi 17 décembre 2020 à l'UCC-Limete

II.3.1.Conférence plénière du jeudi 17 décembre

Sous la modération du professeur Dr Mampunza, secrétaire général académique de l'UPC, la conférence plénière s'est tenue l'avant-midi, dans l'amphithéâtre de l'UCC, avec les communications des conférenciers, ci-dessous rapportée.

a) La conférence du professeur Dr Jean-Jacques Muyembe, au sujet des « 60 ans après l'indépendance, quel bilan et quelles perspectives dans la lutte contre les maladies émergentes et réémergentes ».

b) La conférence du professeur Thomas Munayi, portant sur « Les véritables enjeux des différents découpages territoriaux dans le Congo indépendant 1960-2015 », a permis pour l'essentiel de noter que le découpage territorial d'un pays aux dimensions continentales comme le Congo est nécessaire en vue d'en faciliter l'administration, rapprocher les administrateurs des administrés. Deux constantes ont accompagné ce découpage territorial depuis 1887, année où fut décidée la division du pays, en de toutes premières circonscriptions appelées districts. L'exposé a porté sur :
   - les enjeux des découpages du pays en plusieurs provinces sous la première et la deuxième République (1960-1997), non seulement perçus en termes d'aspirations identitaires sous la 1re République (1960-1965), mais aussi d'après l'arbitraire du processus de transformation des districts en provinces sous la 2e République (1965-1997) ;
   - l'installation brusquée des nouvelles provinces en 2015 une opportunité d'un renvoi sine die élections prévues en 2016 ;
   - l'évaluation des résultats de différents découpages du pays en provinces, vue tout simplement comme la multiplication du nombre des provinces n'ayant pas apporté les résultats qu'on était en droit d'attendre.

Après l'entracte des débats et de changement de panélistes, sous la même modération, les travaux se sont poursuivis en plénières avec les conférences ci-dessous rapportées.

c) La conférence du professeur Jean Onaotsho aura attiré l'attention sur « Les dérives et défis politiques congolais ».

d) La conférence du professeur Mabi Mulumba, au sujet de « La politique économique de la RDC depuis l'indépendance et les perspectives d'un développement durable », a permis de procéder à une analyse du contexte historique pour mieux décliner la politique économique de la RD Congo à partir de la décennie précédant l'accession du pays à l'indépendance.

Sa démarche intellectuelle a conduit à un inventaire des défis économiques à relever pour engager la RD Congo dans un processus de développement durable, avec les principales articulations ci-après :

1° L'état de la production durant la décennie précédant l'accession du Congo à l'indépendance ;

2° Les options fondamentales et la politique économique après 1960 :
   - la politique économique de la 2e République et l'indépendance économique du pays ;
   - le résultat de cette politique économique censée renforcer l'indépendance économique du pays ;

3° Le programme d'ajustement structurel et la relance de l'économie ;

4° Situation prévalant avant l'entrée de la RDC en programme avec le FMI ;

5° État des lieux sur la politique économique du gouvernement après la reprise de la coopération avec les institutions de Bretton Woods ;

6° Les défis à relever par la RDC pour amorcer la trajectoire d'un développement durable.

En conclusion de son exposé, le professeur Mabi s'est associé aux propos interpellateurs de Georges Wolf et Fabrice Lusinde (« Les questions géospatiales et infrastructures », *Résilience d'un géant africain*, Banque mondiale, 2012, p. 4) en ces termes : « La RD Congo s'est reposée (dans la détermination de ses priorités) sur les analyses et les études réalisées par les bailleurs de fonds, mais n'a pas forcément fait valoir son propre point de vue. La RD Congo doit avoir une vision de son propre développement qu'elle doit exprimer à travers un plan stratégique et un processus de définition de ses priorités en fonction des besoins identifiés par les différents acteurs de la société congolaise ».

L'étape subséquente des débats et recommandations a permis de clore les activités de la matinée.

II.3.2. Conférences en ateliers l'après-midi du jeudi 17 décembre 2020 (dans trois salles)

Les conférences spécifiques ont eu lieu simultanément dans différentes salles de l'Université catholique au Congo avec à chaque fois un public, une attitude participative très remarquée de la part de l'assistance.

Dans la salle d'atelier I du jeudi 17 décembre

Sous la modération du professeur Baruani Saleh, les trois conférences sur les perspectives politiques ont connu les interventions ci-dessous rapportées.

a) Abordant le thème « Penser la renaissance de la RDC à partir de ses crises », la conférence du professeur Ghislain Tshikendwa, qu'elle soit politique, économique, sentimentale ou sanitaire, le professeur Père

Ghislain Tshikendwa Matadi estime que toute crise, comme c'est le cas aujourd'hui de la crise sanitaire provoquée par la pandémie de coronavirus, peut s'offrir comme une rare occasion de renaissance à moins d'y consacrer l'intelligence et le temps nécessaire pour en tirer, de manière lucide et courageuse, des leçons salutaires.

b) Abordant le thème « Des télécoms coloniales à la société de l'information en RDC », la conférence du professeur Kodjo Ndukuma a brossé en large traits l'histoire numérique de la République démocratique du Congo. L'orateur a présenté le parcours réel ainsi que l'évolution des enjeux de domination stratégiques, géostratégiques, géopolitiques, sécuritaires, voire militaires des télécommunications coloniales à la société de l'information de nos jours. Sa trame de raisonnement a démontré que dès les origines, les télécommunications, avec le télégraphe de Chappe en 1794, le téléphone de Graham Bell en 1876 et l'Internet des Américains depuis les années 1940, ont toujours été au service des puissances sur le terrain militaire et de la logique stratégique. La RDC a eu l'occasion de trois lois : l'Ordonnance législative d'août 1940 sur les télécoms, la Loi-cadre d'octobre 2002 sur les télécoms en RD Congo et, tout récemment promulguée, la Loi du 25 novembre 2020 relative aux télécoms et aux TIC. Les efforts de législations doivent tendre à combler le retard de la RD Congo face à la société de l'information, née de la révolution numérique.

c) Abordant le thème « Quelles pistes et bases de requalification de la communication d'État en RDC, 60 ans après », la conférence du professeur Aimé Kayembe a livré quelques pistes et bases de requalification de la communication d'État en République démocratique du Congo. Il a évoqué la faible valeur et qualité de la communication d'État, car, selon lui, de par sa position géostratégique et géopolitique, la RD Congo ne pouvait que développer une communication de puissance. La présidence de la RD Congo à la tête de l'Union africaine en février 2021 pourrait se présenter comme une opportunité unique pour requalifier la communication d'État. Pourquoi ne pas en profiter pour asseoir une communication de puissance ?

Il s'en est suivi des débats et recommandations, avant la fin de l'atelier I du jeudi 17 décembre 2020 à 16 heures 30.

Dans la salle d'atelier II du jeudi 17 décembre

Sous la modération de la professeure Claudine Tshimanga, les trois conférences sur les perspectives économiques ont connu les interventions suivantes :

a) Abordant le thème « Commerce extérieur et performance économique en RD Congo : Quelques enseignements d'une petite économie exportatrice des ressources naturelles », la conférence du professeur Sumata a permis de noter le lien existant entre le commerce extérieur et la performance économique dans une petite économie exportatrice des ressources naturelles. Sur base de la controverse existante sur l'efficacité du commerce extérieur sur l'économie par rapport à son niveau de développement. L'estimation à l'aide de la Méthode de moment généralisé fondée sur le modèle de Solow augmentée sur base des réalités de l'économie de la RDC a permis de mettre en évidence que le commerce extérieur semble avoir été productif en RD Congo de 1980 à 2018. Mais ces effets sont faiblement significatifs, à cause notamment de la non-diversification des exportations et aussi sa forte dépendance au secteur primaire.

Ainsi en vue d'améliorer l'influence du secteur extérieur en RDC, a-t-il proposé de :

- diversifier l'économie congolaise surtout du point de vue des exportations ;
- augmenter la valeur ajoutée dans les produits exportés par une meilleure industrialisation ;
- augmenter la production intérieure afin de réduire significativement la dépendance de l'économie vis-à-vis de l'extérieur.

b) Abordant le thème de « Réflexion sur l'évolution du système fiscal congolais. De la colonisation belge à nos jours et perspectives d'avenir », la conférence du doctorant et CT Guy Ngoma a permis de relever que l'impôt est la source principale des recettes d'un État et que la République démocratique du Congo n'est pas soustraite de ce qui paraît être une évidence. Il a eu lieu de relever quelques aspects du système fiscal qui constituent des obstacles à l'éclosion de la fiscalité comme béquille du développement économique de la RDC, c'est le cas notamment des faiblesses du système déclaratif favorisant à cet effet la fraude fiscale, l'application du principe de la territorialité réelle qui constitue un manque à gagner pour les revenus réalisés par les Congolais résidant à l'étranger, la faible existence des conventions fiscales portant « élimination des doubles impositions internationales » avec des pays en partenariat commercial.

Fort de son analyse faite du système fiscal congolais au regard de son évolution dans le temps, il sied de proposer ce qui suit :

- un pacte social solide, basé sur la confiance entre le gouvernement et le contribuable ;
- une technologie innovante pour intégrer le secteur informel.

En perspectives, il faudrait selon l'orateur :
- l'uniformisation des administrations fiscales locales avec la décentralisation de certains impôts ;
- la digitalisation des techniques fiscales de perception des droits, impôts et taxes devant renforcer des mécanismes de lutte contre la corruption et la fraude fiscale ;
- une bonne justice fiscale pouvant départager avec impartialité les contribuables et l'Administration publique ;
- le renforcement de la confiance fiscale à travers la morale fiscale en veillant sur la finalité réelle et la légitimité du système fiscal qu'est le financement des besoins d'intérêt général.

c) Abordant le thème de la « Pression démographique et développement en RDC. Corrélation linéaire ou curvillaire ? », la conférence du professeur Mika a permis de rappeler l'existence de plusieurs débats autour de la malédiction de Malthus. Il existe en effet trois modèles économétriques, le modèle néomalthusien de Coal-Hoover qui a abordé de la trappe malthusienne : la croissance démographique bloque le processus de développement ; le modèle antimalthusien de E. Boserup qui met l'accent sur la trappe de faible densité et montre comment la croissance démographique est un facteur de développement ; et le modèle non malthusien de S. Kuznets qui affirme qu'il n'y a pas de corrélation linéaire significative entre croissance démographique et croissance économique.

Le conférencier a aussi mis en lumière en RDC du point de vue économique le fait que :
- la crise est avant tout une question de mauvais choix et décisions économiques, comme de l'instabilité politique ;
- la crise n'est pas du tout le fait de la croissance démographique, d'autant plus que les besoins dits « improductifs » n'ont jamais été financés (éducation, santé, habitat et services d'assainissement) ;
- si la croissance démographique peut être un frein ou un atout, vu l'expérience de l'Asie, en RDC la corrélation n'a jamais été pratiquement établie ;
- et ce n'est pas la baisse de la fécondité qui fera développer automatiquement le pays.

Il s'en est suivi des débats et recommandations, avant la fin de l'atelier II du jeudi 17 décembre 2022 à 16 heures 30.

Dans la salle d'atelier III du jeudi 17 décembre

Sous la modération de madame la professeure Esther N'Landu, les trois conférences sur les perspectives économiques ont connu les interventions suivantes :

a) Abordant le thème de l'« Éducation théologique protestante, évaluation et perspectives », la conférence de madame la professeure Liz Vibila a permis de noter que l'éducation théologique protestante a évolué en viabilité, en ce qu'elle a évolué du modèle calqué sur son départ missionnaire en répondant aux préoccupations de notre société actuelle. Elle développe aujourd'hui les compétences des étudiants qui doivent passer du psittacisme à l'inventivité. Cette approche offre aux étudiants non seulement l'acquisition des connaissances, mais aussi et surtout la capacité de résister aux antivaleurs par la qualité de leurs vies. Pour ce faire, cette éducation théologique protestante ne s'est pas dédouanée de l'exigence de sa contextualisation, gage de la réception d'un discours théologique crédible et audible.
b) Abordant le thème de « Changer ou restaurer la RD Congo : Une tâche pour l'Église », la conférence du professeur Augustin Bita a permis de noter que le rêve de tout Congolais est celui d'un avenir plus beau qu'avant. Il suffit de lire sa Constitution et d'écouter son hymne national pour s'en convaincre. 60 ans après, son accession à la souveraineté nationale et internationale semble être irréalisable. C'est dans ce contexte de désespoir que l'Église doit prendre position pour restaurer notre beau pays. Entant que *« mater et magistra »*, l'Église doit résolument s'engager à éduquer, à former à la culture des valeurs, à accompagner tous les hommes à leur réalisation, à cohabiter avec le peuple pour écouter, voir et vivre les réalités du Congolais et enfin, interpeller et redresser quand il le faut.
c) Abordant le thème « De la transformation de l'éducation à l'éducation de la transformation en RDC, une approche missiologique », la conférence du professeur Lygunda Fohle a permis de noter que le décollage de la RDC est conditionné par le passage de la réactivité à la pro-activité dans son système éducatif. Pour en arriver là, il faut envisager une éducation qui vise la cohésion entre l'individu et la société qui sont en interaction permanente. L'enseignement universitaire en RDC doit quitter le stade de production des répétiteurs, des quémandeurs d'emplois pour former les créateurs d'emplois. Pour gagner ce pari, il faudrait inclure dans toutes les facultés, les matières sur le leadership, management, entrepreneuriat, NTIC, éthique, etc.

Il s'en est suivi des débats et recommandations, avant la fin des travaux de la journée à 16 heures 30.

II.3. Vendredi 18 décembre 2020 à l'UCC-Limete

La journée de vendredi a connu deux moments importants : les conférences en plénière la matinée, et la cérémonie de clôture solennelle dans l'après-midi.

II.3.1. Conférences plénières du vendredi 18 décembre

Sous la modération du professeur Dominique Mwenze Nkingi, de l'UCC, la séance en plénière s'est tenue dans l'amphithéâtre de l'UCC, avec les communications suivantes :

a) La conférence du professeur Esambo sur la « RDC, une Constitution pour quoi faire », a permis de structurer l'essentiel de son point de vue en quatre points, avant la conclusion suivant laquelle « la Constitution de la RD Congo est utile malgré ses attaques subies » :

1° Remarques préliminaires autour de trois points :
- l'utilité d'une Constitution,
- le nombre de Constitutions que nous avons eues dans notre pays,
- la question du reflet de nos réalités dans nos Constitutions.

2° Une Constitution : pour quoi faire ?
- Elle contient des valeurs partagées ;
- il n'existe pas d'État moderne qui ne fonctionne en marge d'une Constitution, d'un référentiel ;
- tous les États n'ont pas la même Constitution ;
- la RD Congo a été régie par plus de dix Constitutions dans son histoire, avec le besoin d'en comprendre le pourquoi.

3° Catégories des constitutions, à savoir :
- Constitutions octroyées où les Congolais n'ont pas apporté leur contribution, notamment la Loi fondamentale du 19 mai 1960 qui comportait des « dispositions conflictogènes », en l'occurrence les articles conférant des pouvoirs excessifs au chef de l'État ;
- Constitutions issues des accords et compromis politiques, notamment en novembre 1992, en 199 et en 2003 ;
- Constitutions soumises à l'approbation du peuple, comme celles de 1964 et de 2006, qui furent rédigées par des non-élus.

4° Constat scientifique :
- le Congo a vécu avec des Constitutions sans référentiels, en manque de valeurs protégées ;
- la Constitution au service de l'État et du pouvoir ;
- la Constitution est soumise aux contingences politiques ;
- le Congo a vécu des Constitutions de crise et de gestion des crises ;

- la technique de l'ingénierie constitutionnelle a fait des juxtapositions d'articles sans toute la maîtrise nécessaire des concepts opératoires ;
- la responsabilité du constat est partagée entre politiciens et intellectuels.

b) La conférence du professeur Lututala sur les « 60 ans de l'Université congolaise : une quête permanente de notoriété et de reconnaissance sociopolitique », a permis d'élucider des concepts et de donner des réponses autour des questions soulevées dans sa démarche :

1° Élucidation des concepts
- Quête permanente : être à la recherche de quelque chose traduisant une situation de non-accomplissement, d'insatisfaction ou de mal fonctionnement ;
- Notoriété : célébrité, réputation ;
- Reconnaissance sociologique : droit à une meilleure considération en rapport avec son importance, les missions qu'une personne remplit.

2° Questionnement
- Pourquoi les universités sont-elles en quête de notoriété ?
- Pourquoi ont-elles perdu leur notoriété ?
- Comment font-elles ou devraient-elles faire pour leur notoriété ?

3° Quelques réponses découlant de l'observation scientifique
- C'est parce que l'Université était née dans un contexte de réticence et de méfiance que celles-ci se poursuivent encore, avec les quolibets vulgaires à l'encontre de l'université comme : « colline expirée », « bato ya ba sciences », « économistes de chambre », « république des professeurs », « bato ya ba logique ».
- Au sujet des conflits permanents avec les pouvoirs publics, l'orateur a aligné des faits sur les revendications universitaires (estudiantines) de 1958 à 1991 en soulignant quelques faits, à titre d'exemple : le souci du pouvoir politique de dominer l'Université, la considération de l'Université comme foyer d'opposition politique, la politisation de l'Université, le prix payé par l'Université pour sa résistance contre le pouvoir.
- Le fait est que l'Université congolaise remplit difficilement et mal ses triples missions avec un constat de faibles performances en ce qui concerne l'enseignement et la recherche.

4° Huit axes de relèvement à privilégier, à savoir :
- réformes des programmes en profondeur,
- imposition de l'assurance-qualité,
- grande liberté académique,
- révision du système managérial,

- meilleure prise en charge par l'État,
- adaptation des infrastructures à la demande,
- redynamisation de la recherche,
- volonté politique de doter la RDCongo d'une université telle université.

c) La conférence du professeur Banyaku sur « les crises institutionnelles en RDC, de 1960 à nos jours » a été lue par un de ses délégués du fait de l'indisponibilité excusée du conférencier à prendre part à la séance et l'intégralité de son texte est à publier dans les Actes du Colloque.

d) La conférence du professeur Musibono au sujet du « Rôle de l'Université congolaise dans le développement de la RDC avec un environnement opulent et une population indigente » a permis pour l'essentiel de noter le paradoxe révoltant entre une richesse excessive de l'environnement de la RD Congo et l'indigence de sa population. Partant de ce constat de disparités, le conférencier a présenté un état de situation avant de proposer des pistes de sortie du pays des marasmes.

1° Disparités entre universités congolaises et étrangères ?
- Ailleurs, les budgets de grandes universités avoisinent le milliard de dollars et plus.
- Nos universités ne disposent pas de laboratoires de pointe.
- Nos universités fonctionnent avec un personnel enseignant dont les qualifications en présence ne sont pas suffisantes. Nos bibliothèques sont pleines de documents dont les données sont tournées vers l'extérieur.
- Les universités congolaises passent le clair de leur temps à la survie et démissionnent faute de moyens, sachant que l'argent est le nerf de la guerre et le frein à la réflexion.

2° Comment sortir le pays des marasmes ?
- L'Université doit avoir confiance en elle-même et être consciente de son rôle.
- L'Université doit être portée par la population et non se reposer sur des aides ponctuelles ou dépendre de l'humanitaire.
- Les chercheurs doivent être à l'abri des besoins avec un minimum garanti.
- Il faut exploiter l'héritage culturel et penser le développement à partir de lui.
- Si le rôle de l'État reste de subventionner les universités, celles-ci doivent néanmoins avoir foi en elles-mêmes pour convaincre ses partenaires.
- L'Université doit également réfléchir sur sa contribution à la gestion des crises.

II.3.2. Cérémonie de clôture

Dans l'après-midi, à l'Université catholique au Congo, sous la modération du professeur Dr Mampunza, secrétaire général académique de l'Université protestante au Congo, a eu lieu la cérémonie de clôture solennelle de ce premier Colloque interuniversitaire qu'organisent les deux universités.

La cérémonie a été rehaussée de la présence de Son Éminence Fridolin Cardinal Ambongo, archevêque de Kinshasa et de monsieur le conseiller principal en charge de l'Éducation au Cabinet du chef de l'État sous le haut patronage de qui a été placé le premier Colloque UPC/UCC.

Après l'exécution de l'hymne national suivi des hymnes de l'UCC et de l'UPC, le secrétariat scientifique, représenté par son coordonnateur Kodjo Ndukuma, professeur associé à l'UCC et à l'UPC, a donné lecture du rapport général en vue de son adoption ainsi que des recommandations du Colloque.

Par la suite, le recteur de l'UCC, l'abbé recteur Léonard Santedi a adressé son mot de remerciement à l'assistance, avant que le conseiller principal du chef de l'État en charge de l'Éducation délivre le mot de circonstance de la présidence de la République, dans lequel il a loué l'engagement de l'Église catholique ainsi que de l'Église du Christ au Congo dans leurs missions évangéliques et de formation avant et après l'indépendance.

Demandant, par ailleurs, la parole, le ministre de l'Enseignement supérieur et universitaire, SEM Thomas Luhaka a tenu à féliciter l'initiative du Colloque. Il a formulé aux deux principales universités confessionnelles la recommandation de voir se poursuivre au niveau de leurs formations universitaires leur action de formation intégrale dont le mérite s'en ressent dans l'enseignement primaire et secondaire. L'atout majeur des églises est la culture des valeurs, leurs universités qui relèvent de leurs missions évangélisatrices ont la responsabilité de former des hommes épris des valeurs. C'est le chaînon manquant dans l'éducation des cadres pour le pays. Le constat du ministre portait sur l'acquisition des valeurs sociales qui font toute la différence entre l'intellectuel congolais dans son propre pays qu'il ne sait pas encore transformer positivement et la part de développement apportée par les intellectuels dans les pays plus avancés.

En outre, les deux grandes universités confessionnelles de la RD Congo, UPC et UCC, ont signé entre elles un Accord de coopération, devant l'assistance au Colloque et en présence des autorités de l'État et de l'Église, l'UCC étant représentée par l'abbé recteur Léonard Santedi et l'UPC par son secrétaire général académique, professeur Dr Mampunza, agissant par délégation du recteur professeur Mgr révérend Daniel Ngoy Boliya.

Enfin, la clôture solennelle du colloque est sous les bénédictions du grand chancelier de l'UCC, Son Éminence Fridolin Cardinal Ambongo, archevêque de Kinshasa. Dans son adresse, le grand chancelier a rappelé que les Pères de l'indépendance ont rêvé d'un Congo plus beau qu'avant. 60 ans après, la RD Congo a besoin d'un grand rêve, d'une nouvelle vision, d'un grand souffle. Il a souligné que l'un des mérites de ce colloque est donc d'avoir démontré qu'il est possible d'assurer la grandeur et la prospérité de la RD Congo. Mais que reste-t-il encore à faire ? C'est simplement le passage à l'acte. C'est pourquoi en sa qualité de pasteur, au nom de la CENCO et à la suite du pape François, il a appelé les participants au Colloque à :

- contribuer activement aux efforts de la recherche mondiale visant à « apporter des changements effectifs aux paradigmes et systèmes qui mettent en danger la vie de l'humanité » ;
- penser (réfléchir) « courageusement en dehors des sentiers battus ». Les universités congolaises doivent « faire preuve de courage dans l'innovation, d'essayer de nouvelles solutions et d'oser de nouvelles voies ».

Ainsi a pris fin à 16 heures 30 le vendredi 18 décembre 2020 à l'UCC le Colloque pluridisciplinaire organisé conjointement par l'UPC et l'UCC à l'occasion des 60 ans de l'indépendance de notre pays sur le thème général : « Développement et renaissance de la RD Congo : perspectives politiques, économiques et socioculturelles », sous le haut patronage duprésident de la République, Son Excellence M. Félix-Antoine Tshisekedi Tshilombo.

III. Les recommandations

Le Colloque UCC/UCC a permis de formuler les recommandations suivantes, à l'orée des 60 ans d'indépendances de la RD Congo :

A. Au gouvernement congolais

- Rendre publics les travaux préparatoires de la Constitution du 18 février 2006.
- Augmenter effectivement la part du budget national alloué à l'Éducation et veiller à son exécution efficace et efficiente.
- Veiller à l'application stricte de la loi-cadre de l'enseignement national.
- Actualiser et « contextualiser » les programmes scolaire et universitaire.
- Mettre en place le cadre conceptuel et opératoire de la recherche scientifique composé des experts indépendants.
- Créer une inspection de recherche scientifique.
- Intégrer le cours de leadership dans toutes les facultés.
- Mettre fin à la marchandisation des diplômes d'État.
- Créer une loi contraignant tous les mandataires publics à consulter la recherche scientifique.
- Allouer un budget conséquent au ministère de la Recherche scientifique.

B. Aux universités (UCC/UPC)

- Créer une cellule de recherche (soit par université soit à travers un forum réunissant les deux universités).
- Éviter la vente anarchique des syllabus et des travaux pratiques.
- Engager les acteurs politiques et les intellectuels dans la voie du changement démocratique, c'est-à-dire en passant de la démocratie indirecte partisane à l'occidentale actuelle vers une nouvelle démocratie directe communautaire.
- Que nos deux universités soient réellement des lieux de production du savoir.
- Que les étudiants évitent la loi du moindre effort.

Fait à Kinshasa, le 18 décembre 2020.
Pour le comité scientifique

Présentation des auteurs

VOLUME I
PERSPECTIVES POLITIQUES

60 ans après, quel bilan pour le vouloir vivre ensemble en RDC ?
Professeur docteur Philémon Muamba Mumbunda
Docteur en sciences politiques et administratives de l'Université de Kinshasa
Doyen de la Faculté de sciences politiques
Université catholique du Congo

66 ans de l'Université,
Une quête permanente de notoriété et de reconnaissance sociopolitique
Bernard Lututala Mumpasi
Démographe
Professeur ordinaire, Université de Kinshasa

Les crises politiques en RD Congo de 1960 à nos jours
Eugène Banyaku Luape Epotu
Professeur ordinaire
Ancien juge à la Cour constitutionnelle

Dérives et défis politiques congolais
Regard rétroprospectif pour la renaissance de la RDCongo
Jean Onaotsho Kawende
Professeur des universités
Secrétaire général académique de l'Université catholique du Congo

Des télécoms précoloniales à la société contemporaine de l'information en RDC
Une histoire d'antan et de notre temps
Kodjo Ndukuma Adjayi
Spécialiste en droit (public) comparé et en droit du numérique
Docteur en sciences juridiques de l'Université Paris 1 Panthéon Sorbonne
Professeur à l'Université protestante au Congo
Professeur à l'Université catholique du Congo
Vice-doyen en charge de la recherche à l'UPC
kndukuma@hotmail.fr

La gouvernance éthique dans un État éthique : préalable pour le développement socioéconomique de la RDC
Lopaka Lodi Jean-Pierre
Ancien boursier de VLIR-UOS, Jean-Pierre LopakaLodi est docteur en économie et développement de l'Université catholique du Congo (UCC) depuis 2017. Il est professeur associé à la Faculté d'économie et développement de la même université et à l'Institut supérieur pédagogique de la Gombe (ISP-Gombe). Il assume les fonctions de directeur de services de diffusion des publications de l'UCC et, en même temps, celles de conseiller financier du président de l'Assemblée provinciale de Kinshasa depuis 2019.

Démocrates sans démocratie ?
Difficile odyssée de la cohérence en politique
Richard Ongendangenda Muya
Professeur d'université

Les enjeux des différents découpagesdu Congo-Kinshasa en provincesdepuis l'accession du pays à l'indépendance(1960-2020)
Thomas MunayiMuntu-Monji
Professeur émérite

VOLUME II
PERSPECTIVES ÉCONOMIQUES

Du paysannat indigène au mouvement paysan
Essai d'analyse historico-systémique de l'évolution de l'encadrement agricole et de l'organisation rurale en RD Congo
Grégoire Ngalamulume Tshiebue
Institut supérieur de développement rural, ISDR-Tshibashi et Université catholique du Congo, UCC (gregoire.ngalamulume@gmail.com)

Environnement et biodiversité en RD Congo : Perspectives pour le développement
Sinaseli Tshibwabwa
Biodiversité des poissons d'eau douce d'Afrique & Écotechnologie des eaux continentales
Responsable de l'Observatoire des ressources africaines en eau douce de l'INADEP-Europe
Directeur du Centre Congo-C.R.I.T.E.R.E.-B.
Professeur aux Départements de biologie et techniques appliquées &sciences/ISP-Gombe Kinshasa.
Courriels : sinaseli@hotmail.com ; longeshas2014@gmail.com
Claudine Tshimanga Mbuyi
Coordonnatrice de l'Observatoire des politiques économiques et de développement humain (OPEDH)
Responsable adjoint de la Cellule de coopération
Secrétaire académique à l'Université catholique du Congo
Professeure à la Faculté d'économie et de développement/Université catholique du Congo (Courriel : claudine.tshimanga@ucc.ac.cd)
Professeure à l'UPN (Courriel : priva_tshimanga@yahoo.fr)

Ndiadia Kabongo
Expert en contrôle et gestion de la police des parcs, eaux et forêts
Consultant en environnement et développement durable
Chargé de recherche scientifique à l'Observatoire des ressources africaines en eau douce de l'INADEP-Europe
Secrétaire du Centre Congo-C.R.I.T.E.R.E.-B.
Courriel : kabajila@gmail.com

La politique économique de la RDC : depuis l'indépendance et perspectives d'un développement durable
Evariste Mabi Mulumba
Professeur ordinaire
Ancien Premier ministre de la RD Congo

La propriété des coopératives d'épargne et de crédit congolaises : configuration et ruptures
Dédé AliangoMarachto
Université protestante au Congo
Centre de recherche interdisciplinaire en développement : économie, santé et société (CRIDESS)

Commerce extérieur et performance économique en RD Congo :
Quelle leçon pour une petite économie exportatrice des ressources naturelles ?
Claude Sumata
Professeur des universités

La PME en RDC, son expansion et sa visibilité
Edgard Makunza Keke
Professeur des universités

RD Congo : Histoire de la prédation, des origines à ces jours
Héritier Mambi Tunga–Bau
Professeur des universités

L'entreprise publique congolaiseà l'épreuve de l'indépendance
Justin Okana N'siawi Lebun
Professeur des universités

Entreprises publiques en République démocratique du Congo et recrutement des dirigeants :
Quelles leçons de management 60 ans après l'indépendance ?
Patrick Bakengela Shamba
Professeur à l'Université protestante au Congo
Directeur du master en microfinance

Pression démographique et développement en RDC
Corrélation linéaire ou curvillaire ?
Ruffin L.-M. Mika Mfitzsche
Professeur à l'Université catholique du Congo

Évolution du système fiscal congolais de l'indépendance à nos jours
Guy Pascal Ngoma Phanzu
Chef des travaux à l'Université protestante au Congo
Docteur en droit de l'UNIKIN

VOLUME III
PERSPECTIVES SOCIOCULTURELLES

Penser la renaissance de la RD Congo à partir de ses crises...Cas de la crise 1960-1965
Ghislain Tshikendwa Matadi
Professeur des universités

Vivre le devenir du Congo
Professeur Isidore Ndaywel è Nziem
Soixante ans de l'indépendance du Congo-Kinshasa
Historien congolais, professeur émérite de l'Université de Kinshasa

Le rôle de l'Université congolaise dans le développement de la RDC, noyée dans un environnement naturel opulent avec une population indigente
Dieudonné Musibonoeyul'anki
Professeur ordinaire à l'UNIKIN, Facultés des sciences
Recteur de l'Université Saint-Dominique, Kinshasa Limete

De la transformation de l'éducationà l'éducation de transformation en RD Congo : une approche missiologique
Professeur Fohle Lygunda li-M

L'éducation, facteur de la puissance politique et économique des nations ? Pourquoi les mesures destinées au redressement et à l'amélioration de la qualité de l'enseignement n'ont pas été appliquées ?
Hyppolite Mimbu
Professeur à l'Université catholique du Congo

Éducation théologique protestante : évaluation et perspectives
Liz Vibila
Professeur à l'Université protestante au Congo

L'impact de l'informatique dans le développement durable de la RD Congo : cas de la gestion informatisée de la population
Sr Odette Sangupamba
Professeur à l'Université catholique du Congo
Secrétaire académique en Faculté des sciences informatiques

Une éthique pour le nouvel Homme congolais :
Contribution à l'émergence d'une nouvelle société africaine
Professeur Sébastien KalomboKapuku
Université protestante au Congo (UPC)
Vice-doyen en charge de la recherche en Faculté de théologie

L'État congolais et la consommation de la recherche scientifique : contribution à l'étude des fondements juridiques
André Lobo Kwete
Chef des travaux à l'Université protestante au Congo
Doctorant à l'UNIKIN

Les apologistes des premiers siècles sont-ils ennemis des césars ? Retour aux origines, sur un incontournable filigrane d'Église et État, par une théologienne protestante
Esther N'Landu
Professeur de théologie à l'Université protestante au Congo
Assistant du Secrétaire général académique de l'Université protestante au Congo

TABLE DES MATIÈRES

Structures éditoriales du groupe L'Harmattan

L'Harmattan Italie
Via degli Artisti, 15
10124 Torino
harmattan.italia@gmail.com

L'Harmattan Hongrie
Kossuth l. u. 14-16.
1053 Budapest
harmattan@harmattan.hu

L'Harmattan Sénégal
10 VDN en face Mermoz
BP 45034 Dakar-Fann
senharmattan@gmail.com

L'Harmattan Cameroun
TSINGA/FECAFOOT
BP 11486 Yaoundé
inkoukam@gmail.com

L'Harmattan Burkina Faso
Achille Somé – tengnule@hotmail.fr

L'Harmattan Guinée
Almamya, rue KA 028 OKB Agency
BP 3470 Conakry
harmattanguinee@yahoo.fr

L'Harmattan RDC
185, avenue Nyangwe
Commune de Lingwala – Kinshasa
matangilamusadila@yahoo.fr

L'Harmattan Congo
219, avenue Nelson Mandela
BP 2874 Brazzaville
harmattan.congo@yahoo.fr

L'Harmattan Mali
ACI 2000 - Immeuble Mgr Jean Marie Cisse
Bureau 10
BP 145 Bamako-Mali
mali@harmattan.fr

L'Harmattan Togo
Djidjole – Lomé
Maison Amela
face EPP BATOME
ddamela@aol.com

L'Harmattan Côte d'Ivoire
Résidence Karl – Cité des Arts
Abidjan-Cocody
03 BP 1588 Abidjan
espace_harmattan.ci@hotmail.fr

Nos librairies en France

Librairie internationale
16, rue des Écoles
75005 Paris
librairie.internationale@harmattan.fr
01 40 46 79 11
www.librairieharmattan.com

Librairie des savoirs
21, rue des Écoles
75005 Paris
librairie.sh@harmattan.fr
01 46 34 13 71
www.librairieharmattansh.com

Librairie Le Lucernaire
53, rue Notre-Dame-des-Champs
75006 Paris
librairie@lucernaire.fr
01 42 22 67 13

www.ingramcontent.com/pod-product-compliance
Lightning Source LLC
LaVergne TN
LVHW010939061026
849535LV00007B/2474
* 9 7 8 2 1 4 0 2 5 9 6 5 4 *